이토록 멋진 인생이라니

이토록 멋진 인생이라니

모리가 화요일에 다하지 못한 마지막 이야기

The Wisdom of Morrie

모리 슈워츠

공경희 옮김

나무옆
의자

일러두기

1 본문 중 '옮긴이'라고 표시한 주 외에는 모두 지은이 주이다.

2 병기는 일반 표기 원칙에 따르면 최초 노출 뒤 반복하지 않으나 문맥의 이해를 위해 필요한 곳에는 반복해 병기했다.

3 본문에 언급된 책, 작품, 프로그램이 우리말로 번역된 경우 그 제목을 따랐으며 그렇지 않은 경우 원문에 가깝게 옮겼다.

차례

이 원고를 다시 발견한 것은 아버지가 세상을 떠나고 한참 뒤
인 2000년대 초였다. 뉴턴빌 우리 집 (앞에 단풍나무가 있는) 서
재의 책상 서랍에 박혀 있었다. 가족들이 오래 의논하고 고심
한 끝에 내가 원고를 편집해 책을 출간하기로 결정했다.

아버지는 이 집필이 아버지 생애 마지막으로 사람들을 돕는
데 크게 기여하리라 믿었다. 『모리와 함께한 화요일』*Tuesdays with
Morrie*이 나올 줄은 몰랐다. 하지만 미치 앨봄의 멋진 책을 읽어
본 분이라면 이 책에서 아버지의 생각들을 알아볼 것이다. 사
람들의 삶을 개선하는 데 큰 관심을 가졌던 아버지는 활기차고
즐겁게 늙을 수 있는 현실적인 요령과 기술을 이 원고에 창의
적으로 풀어냈다.

아버지가 집필할 때 나는 마주 앉아 아이디어들을 의논하

는 행운을 누렸다(이 내용은 '나오며'에서 더 이야기하겠다). 때는 1989년 봄과 여름으로, 아시아를 오래 여행하고 집에 돌아온 참이었다. 당시 아버지는 집필을 결정하고 1988년 중반부터 1992년 중반까지 원고를 썼다. 아버지는 말하고 싶은 바를 나와 깊게 논의했고, 그 일은 지금 이 책을 출간하는 데 귀한 자산이 되었다.

편집의 핵심은 아버지 특유의 목소리를 담는 것이었다. 이 책에는 아버지의 두 가지 소통 스타일, 즉 학구적이고 철학적인 동시에 현실적이고 허세 없는 사랑스러운 특징이 섞여 있다. 두 가지 면이 잘 어우러졌길 바란다.

아버지는 선견지명이 있어 몇십 년 뒤에 수용될 개념들을 받아들였다. 나이로 평가받지 않는 환경을 만드는 데 관심이 컸다. 평생 주 관심사는 개인의 심리 상태였다. 1954년 '브라운 대對교육위원회' 판결에서 대법원이 고수한 견해처럼, 주류사회에서 소외감이나 열등감을 느끼는 이들은 치유 불가능한 심리적 손상을 입는다고 보았다. 아버지는 사회가 고령자들에게 열등감을 느끼게 한다고 보았고, 이 책이 그 현상을 바로잡는 운동의 일환이 되기를 바랐다.

아버지의 교수직, 연구와 관련된 심리학적 측면이 그 배경이다. 아버지는 노인들이 삶을 적극적이고 활기차게 유지하도록 현실적인 방법들을 제공하려 했다. 4장에서 언급하는 웃음을 활용하는 아이디어처럼 일부 제안은 익숙할 것이다. 웃음은 최근 많이 거론되는 방법이다. 불교식 명상도 소개한다.

아버지는 곳곳에 에피소드를 더해 매력과 재미를 불어넣었다. 현실적인 묘사와 에피소드를 책의 핵심으로 보았다.

이 책은 『모리와 함께한 화요일』과 사뭇 다르다. 물론 두 책은 공통으로 인도주의와 넓은 사랑을 우선으로 삼는다. 『모리와 함께한 화요일』은 대단히 간결하고, 아버지의 철학, 사회, 개인적 가치관을 다룬다. 이 책은 더 복합적이다. 아버지는 요점을 보여주는 여러 실례와 글을 넣었다. 어찌 보면 두 책의 접근법은 정반대이다. 아버지는 그 점을 퍽 반길 것 같다. 좋아하는 철학 방식인 '상반의 긴장'을 보여주니까.

아버지의 생각을 세상에 소개하게 되어 무척 기쁘다. 이 원고는 아버지가 편찮기 전 마지막으로 쓴 글이다. 책 전체에 아버지의 목소리가 울리고, 때로 뉴턴빌의 서재에서 생각을 나누던 시절로 돌아간 것 같다. "창의적인 노화에 강제 은퇴란 없다."

메사추세츠주 브루클라인에서
롭 슈워츠

삶의 마지막 성장기

노후는 독특한 제약과 기회가 있는 특별한 성장기이다. 또 인생에서 가장 중요한 기간이기도 하다. 진심으로 원한다면 노후에 큰 변화를 이룰 수 있다. 어떤 이들에게 늙어가는 과정은 괴로운 변화의 연속이다. 당연시했던 것들이 산산조각 난다. 나이 드는 일에 놀라거나 창피해하거나 위축되거나 두려워하며 거기에만 정신 팔려 있거나 세상이 이미 정한 정체성을 못 견디면 '웰 에이징'에 집중하기 어렵다. 반대로 늙는다는 것을 잘 받아들여 도발적인 기회로 본다면 노화의 문제들을 좋은 사람이 되는 수단으로 활용할 수 있다.

늙는 것은 본질적으로 순리이다. 운이 좋아 중년을 지나 살아 있으면 상실과 기회라는 불가피한 경험들을 맞닥뜨린다. 특별한 개인사 외에 공통의 도전과 선택에 직면한다. 우린 죽음의 두려움에 맞설까, 부정하고 거부하려 할까? 가장 깊은 욕구를 이루려고 계속 애쓸까, 포기할까? 지혜로 접어들까, 절망에 빠질까? "어두운 밤을 쉬이 받아들일까" 아니면 애써 삶을 붙들고 발버둥 칠까? 고령자를 쓸모없는 잉여인간으로 보는 현대 선진국들과 달리 노후를 의미, 변화, 영성, 환희 가득한 기간으로 보는 문화권들도 있다. 나는 우리도 그럴 수 있다고, 그것이 바람직하다고 믿는다.

최근 책, 잡지, 언론에서 고령층에 대한 시각 변화가 보이는 기사와 전망이 늘어나고 있다. 노인들을 참여시키고 '이용'할 새로운 방식들, 노후가 성취, 즐거움, 창작의 기간이라는 새로운 기대가 드러난다. 아브라함 헤셸(Abraham Heschel, 독일 태생 유대인 신학자—옮긴이)은 노년을 "침체기가 아니라 내적 성장을 이룰 기회의 시기"*로 볼 수 있다고 말한다.

노년이 삶의 의미와 가치, 넘치는 활동력이 최고조에 이르는 시기라고 믿을 만한 이유가 많다. 노후에 이룬 특별한 업적들에 대한 뉴스가 매일 보이고 들린다. 새로운 견해로 새 지평을 찾고, 미지의 세계에 자신을 열고, 충만한 삶을 위해 새 자극과 맹렬한 호기심을 발견하는 노인들을 누가 막을까? 지각, 감정의 깊이, 자존감을 키워 삶의 질을 높이는 우리를 누가 막을까? (그렇다, 이 나이에도 우리는) 지금의 나, 앞으로의 나, 더 충만한

* Abraham J. Heschel, *The Insecurity of Freedom* (New York: Farrar, Straus and Giroux, 1955), 78.

존재의 본질이 무엇인지 밝힐 수 있다. 자신을 믿고 삶을 눈에 띄게 변화시키며 꿈꾸지 않았던 목표를 추구할 수 있다고 믿으면 된다. 카를 융처럼 "인생 후반부에 최대의 성장 잠재력과 자기실현이 존재한다"*라고 믿으면 된다.

늙는 것의 최고 장점은 뒤에서 흘끔대며 지시하는 상사가 없다는 점이다. 어느 때보다 스스로 알아서 시간을 관리한다. 새 도전에 직면하면 외적인 상과 벌은 전보다 미미하고 스스로 준 상벌만 남는다. 하지만 합리적이고 바람직한 욕망과 열망으로 삶을 가꾸겠다고 선택하면 노인을 다 끝난 무용지물로 취급하는 노인 차별주의에서 해방되고 내적 만족을 얻을 수 있다. '창의적인 노화에 강제 은퇴란 없다.'

이제 여전히 자신을 괴롭히는 해묵은 이슈들과 타협하고, 잘 늙고 최대한 좋은 사람이 될 때이다. 이 책에 힘입어 가장 훌륭하고 가장 뜻깊은 방식으로 그렇게 되기 바란다. 여기서 나는 수년간 쌓은 노화에 대한 지혜들을 여러분과 나누려 한다. 40년간 사회학 교수로 지내며 축적한 사회학과 심리학 지식, 인간관계에 대한 이해를 근거로 삼았다. 또 친구들, 동료들과 대화하면서 알게 된 바를 근거로 삼았다. 내 직업인 고령자 상담과 노화 관련 심리치료도 근거로 삼았다. 노화를 다룬 대중서와 학술서를 꾸준히 검토하고 고령자들의 자서전을 읽었으

---

* Bruce Baker, MD and Jane Hollister Wheelwright, "Analysis with the Aged," in *Jungian Analysis*, ed. Murray Stein (La Salle, IL: Open Court, 1982), 256-274.

며, 이와 함께 내 노화를 고찰하고 70대로 접어드는 경험을 반영했다.

최선의 사람이 되고 잘 나이 들며 문제들과 타협하려는 노력이 노후의 가장 중요하고 뜻있는 목표일 것이다. 완벽하게 이룰 수 없는 이상을 추구하고 잠재력을 실현할 수도 있다. 하지만 노력하면서 더 효과적으로 재미나게 사는 방법을 터득할 수 있다. 목표를 달성하는 정확한 계획이나 길, 특별한 과정을 여러분에게 제시할 수는 없다. 저마다 독특한 인생에서 일률적 접근방식을 추구할 수는 없기 때문이다. 다만 나는 제안한 목표들을 추구할 방법 몇 가지를 제시할 것이다. 여러분은 목표를 이루려고 애쓰면서 나름대로 나아갈 길을 발견할 것이다.

이 책은 '남은 인생을 어떻게 해야 하나?'라고 묻는 65세 이상과 은퇴자를 주 대상으로 삼지만 그 외 모든 연령대에도 해당한다. 중년에게는 미래의 모습을 그릴 유용한 토대가 될 것이다. 현재 삶에 적용할 내용도 많지만 나이 든 부모를 더 잘 이해하고 대하는 데도 도움이 된다. 또 노인 생활 센터와 공동 시설에서 노후의 기회, 도전, 딜레마에 대해 집단 토론을 할 때 담당자가 참고할 만하다. 물론 젊은 독자들도 얼마든지 이 책에서 노후의 삶을 내다보거나 유익한 정보를 얻을 수 있다.

환경이 노화에 영향을 주는 것은 당연하므로 나는 다양한 배경을 가진 독자들을 염두에 두었다. 예를 들어 평생 재택근무만 한 사람과 정년이 있는 기업의 직장인은 노후를 다르게 경험한다. 마찬가지로 젊어서 장애나 중병을 앓은 사람은 노후까지 건강한 사람과는 노화를 다르게 대한다. 이런 차이는 어떻게 늙느냐, 그 과정에서 어떤 문제들을 직면하느냐에 영향을 미친다. 이 책을 읽으면서 자신의 경험을 다루고 상상하게 만드는 개념들에 유의하기 바란다.

어느 작가나 꼼꼼한 독자를 선호할 테고 나도 마찬가지이다. 여러분이 책장을 가벼이 넘기지 않으면 좋겠다. 시간을 두고 이슈를 찬찬히 생각하고 다각도로 궁리했으면 좋겠다. 그 이슈에 대해 토론하고, 특히 토론 집단에서 이야기하면 좋겠다. 친구들, 동년배들, 가족과 대화하는 것이 중요하다. 사람들의 견해와 반응을 기록해도 좋다. 각각의 아이디어에 시간과 생각을 할애하자. 이 책은 자신을 더 많이 발견하기 위한 책이다. 노후와 노후의 넘쳐나는 기회에 대해 생각하게 할 것이다. 늘 바꾸고 싶었던 태도와 행동을 변화시키도록 도울 것이다.

The Wisdom of Morrie

1장

우리는 모두
나이를 먹는다

내가 고령자라는 사실을 깨닫고 화들짝 놀랐던 기억이 생생하다. 처음에는 등골이 서늘하다가 혼란과 우울감이 이어졌다. 그러다 마음을 정리한 다음 '마침내' 안정되고 대부분 사실을 인정했다.

67세였던 1984년 5월 전에는 거의 병치레하지 않았다. 질병이나 노화, 사회보장국이 '고령자'로 분류한다는 사실은 안중에 없었다. 또 스스로 노인 세대로 보지 않았다. 늙음을 노쇠하고 '한물간' 것, 노인은 존경의 대상이 아니라는 노인 차별주의를 은연중에 갖고 있었다. 그러니 누가 '늙고' 싶을까? 아니, 늙어 보이고 싶을까?

나는 대학에서 학생을 가르쳤고 젊은이들에 둘러싸여 지냈다. 동료들도 훨씬 연하였다. 대학 밖 친구들도 거의 예외 없이 나보다 훨씬 젊었으며, 몇 안 되는 연장자들도 활기차고 '나이에 비해 젊었다.' 당시 나는 건강하고 원기 넘쳤으며 다양한 프로젝트에 적극 참여했다. 실제보다 훨씬 젊어 보이고 그렇게 활동한다는 사실이 은근히 자랑스러웠다. 심장 전문의가 내 혈관 나이를 20세로 측정해 젊은 자아상을 부채질했다. 삶 전체가 협조해 '젊은' 자아상을 굳히고 곧 칠순이라는 사실을 밀어냈다. 생물학적 연령을 기피했다는 것은 노화 중 당연히 접할 문제들을 간과했다는 뜻이다. 내가 무지하게 나이 들고 노화에 무지했다고 말할 수 있었다. 나는 젊음을 추종하고 '노인들'을 경멸하는 문화의 피해자이기도 했다.

1984년 봄, 심한 천식에 시달리고 전립선 수술을 받게 되자 갑자기 모든 게 변했다. 병을 받아들일 준비가 전혀 되지 않았다. 천식은 만성이 되었고, 전립선은 노인들의 전형적인 문제였다. 단번에 몸은 노화를 피할 수 없게 하고, 위기와 정체성 변화로 이끌었다. 실제 나이와 노화의 취약성을 뼈아프게 인식하자 그 무게에 짓눌리고 깊이 절망했다.

마음을 다잡고 남은 시간을 잘 쓸 방법을 정리해야 했다. 앞서 언급한 세 가지 목표, 즉 노후에 세우면 이익을 얻을 만한 목표들을 추구하겠다고 결론지었다. 잘 늙기 위해 몸 상태를 좋게 유지하려 애쓰기로 결정했다. 규칙적으로 수영을 시작했고, 식이요법에 신경 쓰고 보조식품을 더했다. 매주 마사지를 받고 천식 증세를 줄이려 침 시술을 받았다. 심리적으로는 주기적으로 명상하고 가족과 친구와 더 가까이 지내며 그들에게 마음을 썼다. 또 따로 시간을 내서 긴장을 풀고 혼자 시간을 보냈다. 해로운 관계와 상황은 피하려 애썼다. 마지막으로 죽음의 두려움과 타협하는 게 중요하다는 것을 알게 되었다.

노화, 죽음 문제와 타협하는 가운데 질병은 삶의 질을 높일 방안을 강구해야 한다는 사실을 내게 일깨웠다.

그렇게 노후에 접어든 67세의 내가 거기 있었다. 생각할수록 그동안 가져왔던 노년에 대한 오해가 의아해졌다. 안타깝게도 천식 발작이 사색을 자주 방해했다. 증세가 완화되면 나는 내 운명과 취약성을 저주했다. 절망에 깊이 빠져 배신한 몸뚱이에 욕을 퍼부었다. 좌절해서 병들기 전으로 돌아가기만 바랐다. 병세가 나아지면서 강의, 상담, 심리치료 일을 계속하자 만족스러웠다. '정상으로 복귀'해 비교적 쉽게 호흡하고, 지난 수십 년간 했던 일을 하니 축복받은 듯했다. 마침내 증상이 완전히 가라앉자 제약이 많이 풀리면서 미래에 대한 기대가 솟구쳤다. 노화를 창의적인 활동과 모험으로 만든다는 아이디어에 끌렸다. 예전의 기술, 관심, 관계를 새롭게 할 기회로 보였다.

투병의 여러 단계를 거치면서 병이 감정, 야망, 정체성 형성에 영향을 준다는 인식이 강해졌다. 특히 투병 1단계에서 스스로 무용지물이라 책망하며 무척 낙심하고 수동적이었던 점에 주목했다. 2단계에서는 조금 자각하면서 기류에 따라 때로 활동적인 자신을 발견했다. 마지막 단계에서는 삶의 흐름에 열정적이고 활기차게 참여할 수 있다고 느꼈다. 노화를 지각하면서 실현하지 못한 잠재성을 이룰 가능성을 볼 수 있었다. 또 늙는 것에 대한 감정과 태도에 더 세심히 유의하고 경험을 기록하기 시작했다.

질병은 나에게 몇 가지 중요한 질문을 던졌고, 노년기를 보내는 사람이라면 누구나 나와 똑같은 의문을 가질 것이다. 어떻게 잘 혹은 잘못 나이 들까? 어떻게 죽음을 받아들일까? 어떻게 계속 희망을 품고 더 긍정적인 사람이 될 수 있을까?

나는 천식에 시달리면서도 정년인 70세까지 대학에서 가르치고 상담 업무를 이어갔다. 그리고 은퇴 뒤 '남은 시간을 어떻게 할까?'라는 질문에 맞닥뜨렸다. 주요 활동으로 상담을 늘리고 싶지 않았지만 힘을 얻고 열정을 쏟으며 도전할 만한 일이 필요했다. 한 친구가 늙는 것에 대한 책을 쓰면 나뿐 아니라 세상 사람들이 늙는 데 도움이 될 거라 조언했다. 그 책이 여기 있다.

신체 건강이 회복된 덕에 정신도 상승세를 탔겠지만 반드시 심신 상태가 좋아야만 성장하고, 잘 늙고, 최선의 사람이 되는 것은 아니다. 재정적 어려움, 질병, 장애가 웰 에이징을 얼마나 방해하느냐는 재정난이나 질병, 장애 정도와 개인이 마음먹은 수준에 따라 다르다. 『보스턴 글로브』1992년 7월 19일 자 기사*처럼 극단적인 곤경만 아니면 삶에서 만족을 얻을 방법

---

* Gary Libman, "At 81, this graduate proves it's always possible to learn more," *Boston Globe*, July 19, 1992.

을 얼마든지 찾을 수 있다. 81세 남성이 굳게 결심한 덕에 장애, 병, 상실 속에서도 계속 성장하고 잘 늙어가는 이야기이다.

81세 졸업생, 배움에는 나이가 없음을 증명하다

81세 제이콥 블리츠슈타인의 고등학교 졸업식에는 두 자녀와 세 손주가 참석했다.

래니 넬룸스 교장이 졸업장을 수여하면서 나이를 밝히자 블리츠슈타인은 축하객들에게 손을 흔들면서 울었다.

당연하지 않은가? 그는 1974년 센트럴 고등학교 개교 이래 최고령 졸업생일 것이다. 로스앤젤레스 지역 대변인은 관련 기록은 없지만 블리츠슈타인보다 고령인 고교 졸업자는 들은 적 없다고 말했다.

졸업장을 손에 쥐기까지 10년이 걸렸고, 그사이 이 은퇴한 상점 주인은 뇌졸중을 한 차례, 폐렴을 두 차례 앓았다. 인공 심박동기를 두 차례 삽입해야 했고, 아내와 형제자매 둘을 저세상으로 보냈다.

블리츠슈타인이 고교 과정에 매진한 데는 이유가 있었다. 그는 학교에 대해 이렇게 말했다. "최고의 명약이죠. 마음에 어떤… 목표를 품게 되니까."

그는 1920년대에 고국 우크라이나에서 고교 과정을 이수하고 유대교 교육도 받았다. "그런데도 공부하고 싶다는 생각을 늘 품고 살았죠. 미국은 평생 최고의 경험입니다. 이런 나라에 살면 역사를 알고 싶어지죠. 신문을 읽는 정도로는 성이 차지 않아요. 그래서 무슨 일이 있더라도 졸업장을 받겠다는 심정으로 고등학교에 다녔어요. 그사이 아프거나 죽을지 몰라도요."

블리츠슈타인은 죽지 않았다. 성적과 과제의 압박 속에서도 건재했다. 그는 1989년 졸업생 중 4.0 만점을 받은 두 사람 중 한 명이었다.

졸업장을 받겠노라 다짐했지만 반복되는 병마에 시달려 이따금 흔들리기도 했다.

"뇌졸중을 겪은 뒤 재등록해야 했는데 손이 너무 떨려서 서명을 못 하겠더라고요. 이제 그만할 때가 됐나 싶었죠. 그때 지도교사가 내 손을 잡더군요. 그러더니 '제이콥, 별일 아니에요. 걱정 말아요. 내가 대신 서명해줄게요'라고 말했죠."

졸업식에서 그는 흥분한 나머지 연단에서 내외빈과 악수하면서 동료 학생들이 기립박수 하는 줄도 몰랐다.

"나중에 아들에게 들었죠."

그래도 연단에서 시간을 물어볼 정신은 있었다. 학교 측이 졸업식을 6시 30분에 맞춰 시작한 덕분에 일몰 전에 귀가해 유대 안식일을 지킬 수 있을 터였다.

블리츠슈타인은 졸업식이 끝나자마자 일어났지만 함께 사진 찍어달라는 학생 열 명의 부탁에 응한 뒤에야 자리를 떠날 수 있었다.

그는 졸업장을 손에 들고 아직 끝나지 않았다고 말했다.

최근 그는 손님에게 말했다. "하나 말해줄까요? 난 대학에 진학할 작정입니다." 그는 웨스트 로스앤젤레스와 산타모니카 커뮤니티 칼리지에 합격했고, 거기서 4년제 대학에 편입할 계획이다.

"농담 아니에요. 2000년까지 산다면 아마 박사가 되어 있을걸요?"

나이 드는 두려움

◆

천식에 시달리며 이 책을 쓰는데 너무도 두려웠다. 미래가 불확실하고 예측할 수 없어 겁났다. 앞으로 통증, 고생, 기능 장애를 겪으리라 예상했다. 모든 것의 원인은 한 가지, 바로 노화였다. 연장자라는 이유로 사람들이 내게 부정적인 태도와 행동을 보이는 게 언짢았다.

3, 40년 만에 지인들을 만났을 때 나는 경악했고 속으로 소스라치게 놀랐다. 예전의 민첩함이나 생기라곤 없이 몸을 떠는 주름투성이 노인들이었으니! 서글펐다. 그들을 동정하다가 문득 궁금해졌다. 그들 눈에 나도 똑같지 않을까. 돌이켜 보면 나도 연장자들을 외면했다. 그들과 교류해야 할 때 같이 있으면 약간 혐오스럽거나 거북했다. 그런데도 스스로 인내심 많고 편견 없는 사람으로 생각하다니.

허물없는 사이이거나 모임에서 만난 이들도 마찬가지였다. 스스로 늙었다거나 '고령자'로 여기지 않았다. 당시 75세인 제인에게 언제 처음 늙었다고 생각했느냐고 묻자 그녀는 발끈하면서 쏘아붙였다. "누가 늙었다고 그래요? 난 나를 늙은이로 보지 않아요." 제인을 비롯해 많은 이에게 '늙다'라는 어휘는 이미지가 나쁘기에 사람들은 '늙음을 인정하기'를 거부했다. 또 자신이 노년기에 접어들었다는 사실을 부인하거나 무시했다. 자신이 아닌 타인들이나 겪을 일로 치부했다. 어떤 이들은 젊게 꾸미고 행동하려 애썼다. 남성들은 활동적인 스포츠에 매진하거나 젊은 여성들과 어울리려 했고, 여성들은 머리를 염색하거나 성형 수술을 받았다. 나는 스스로 시니어나 '노년층'으로 규정하는 일도 가치 있다고 조언했다. 하지만 그들은 노년기의 잠재력을 발휘하려고 전전긍긍했다. 이렇게 노인 차별적인 태도로 사고하고 행동하는 노인을 많이 봤다.

노년층이 노인들을 향해, 다시 말해 자신을 향해 낙인찍는 태도를 보인다는 사실은 그리 놀랍지 않다. 노인 차별주의가 사회에 너무 깊고 단단히, 무의식적으로 넓게 퍼졌으니까. 고령층 스스로 노인 차별주의를 내재화해 더는 유용하고 생산적이고 창의적인 삶을 기대하지 않는다. 이런 태도는 질병처럼 고령층을 약화시킬 수 있다.

자기 안의 노인 차별주의를 깨달으면 자신을 노인으로 인정하고 사랑할 수도 있다. 노인을 차별하는 태도와 행동의 결과가 노년층을 더 불안정하고 불확실하게, 수치스럽고 비인간적으로 느끼게 한다는 점을 깨달을 수 있다. 우리는 나이에도 불구하고가 아니라 나이, 즉 노인인 우리 모습 '덕분에' 귀하고 가치 있다고 느낄 수 있다. 노인 차별주의를 극복하면 자신을 긍정적으로 보게 되고, 노인 차별주의가 추한 머리를 쳐들 때마다 쉽게 맞설 수 있다.

여러분 인생의 동기는 무엇입니까

♦

노년기에 밀려드는 난관들에 맞서려면 원천이 강력한 동기가 필요하다. 강한 동기는 노인 차별주의, 상실감, 질병에 맞서 목표를 추구할 수 있는 에너지를 준다. 동기는 행동을 일으키는 영감, 즉 노력하고 집중해서 실행하라는 격려이다. 무기력, 저항, 싫증, 타성, 불안에 맞서 시도하라는, 당당히 나서라는 압력이다.

큰 동기가 부여되어 원기 왕성한 이들이 있는가 하면 지속력이 들쭉날쭉해 동기가 이 일에는 있지만 저 일에는 없는 이들도 있다. 많은 사람이 동기를 끌어내는 데 어려움을 겪고, 하는 일에서 의미를 찾기 힘들어한다. 동기와 거기 수반되는 에너지가 샘솟고 지속되게 하려면 내가 하는 일의 가치를 믿어야 한다.

평소의 동기 부여 수준과 상관없이 누구에게나 생동감, 생기, 활동하며 타인과 세상에 열정을 느끼고 싶은 욕구가 있다. 힘들거나 불가능해 보이는 일들을 하게 만드는 힘이 바로 동기이다.

우리의 생명력은 갇혀서 풀려나기를 기다리고 있을지 모른다. 밖으로 나오려고 밀어대는 중일지 모른다. 그 내적 생명력의 원천을 활용하는 일은 본인에게 달렸다. 그것을 풀어내고, 꺼내고, 부추기고, 달랠 방도를 찾는 것은 자기 몫이다. 잘 늙으려면 이 생기와 접하고 익숙해지고 그 기운을 키워야 한다. 생기를 불러들여 목표와 꿈을 추구하는 지속적인 힘으로 삼아야 한다.

동기의 진짜 특징을 발견하려면 적절한 질문들을 던져야 한다. 무엇이 날 자극해 과제를 회피하지 않고 대면하게 만드는가? 무엇이 내 감정을 이해하고 타인들과 소통하라고 압박하는가? 무엇이 필요하거나 바람직한 행동을 계획하거나, 행동하라는 타인의 요구에 응하게 하는가? 무엇이 프로젝트에 참가하고, 도전을 받아들이고, 기회를 잡고, 그 기회로 어떤 일을 하며 주변 세상에 참여하도록 만드는가? 무엇이 창조해내고 주장하고 야망을 갖게 만드는가? 간단히 말해 무엇이 내면에서 불길을 일으키는가?

프로젝트를 마무리할 때보다 시작할 때 동기가 더 강한가? 동기를 부여하기 위해 외적 수단들을 동원하는가? 혹은 내적 수단이나 양쪽 다 동원하는가? 동기는 어디서 나오며, 어떻게 동기를 키우거나 지속시키는가?

동기의 동원 가능성과 강도가 다양한가? 프로젝트나 상황, 관련자들에 따라 달라지는가? 동기가 커지고 작아지는 것은 에너지의 문제이니 에너지가 살아나기를 기다리기만 하면 되는가?

과제나 프로젝트의 특성,

상상하는 목표,

신체, 감정, 정신의 상태,

착수하면 얻는 보상,

누군가를 기쁘게 하려는 바람,

행위의 중요성,

프로젝트를 시작하고 흐지부지하거나 집중하지 않을 경우 자신에게 내릴 벌,

이런 것들이 동기에 어떤 영향을 미치는가?

나는 87세의 경제학 교수인 조시에게 깊이 감동받아 아들 롭에게 그에 대해 이야기했다. 조시는 교통사고로 중상을 입고도 놀라운 동기를 보여주었다. 집필한 원고를 출판했고, 회복 중인데도 저자 사인회를 두 차례나 열면서 행사를 일일이 챙기겠다고 고집했다. 나중에 그가 내게 말했다. "행사를 치를 기운이 없을까 겁났어요. 자신감이 부족했고, 사인회를 못 할까 봐 걱정되기 시작하더군요. 하지만 스스로 달래면서 해내야 된다고 압박했습니다. 결국 제대로 해냈고 행사도 썩 잘됐어요."

조시는 이렇게 설명했다. "난 스스로 기대치가 아주 높아요. 나를 '너'라고 부르면서 말을 걸죠. '난 네가 책임을 다하리라, 제구실을 해내리라 기대한다'라고 말해요. 줄곧 스스로 타일러야 하지만 그 소리를 귀담아듣지 않을 때도 있어요. 사고를 당

한 뒤로는 침대에서 나가라고, 씻으라고, 아침 식사를 하라고, 뭔가 하라고 스스로 닦달해야 해요." 그는 곧 덧붙였다. "난 청교도적인 태도를 가졌어요. 시작한 일을 완수하라고, 중단하거나 미루지 말라고 자신에게 말합니다. '그러지 않으면 난 화날 거고, 결국 넌 이 일을 할 거야'라고요."

조시는 생각에 잠겼다. "충동이 생기는데 그걸로 아무 일도 못 하는 것, 그 자극을 사그라지게 하는 건 정신건강 면에서 최악이죠. 한참 지나면 충동이나 욕망이 생기기도 않아요. 생긴들 소용없는 걸 아니까요. 충동이 점점 잦아들고, 이루지 못한 욕망만 잔뜩 안고 있게 되죠. 그 욕망들은 장차 충동을 다룰 때 장벽이 됩니다. 그게 습관이 되면 파괴적으로 변하기도 해요. 행동하라고 자신을 계속 채찍질해야 될 테니까요."

이런 생기를 키우는 동기를 어디에서 얻느냐고 묻자 조시는 대답했다. "아마 인생을 진심으로 사랑하는 데서 올 겁니다. 삶은 언제나 날 흥분시켜요. 소소한 일들도 멋지게 느껴지죠. 그런 일들이 사람들과 저를 계속 이어줍니다. 저는 사람을 아주 좋아하거든요."

The Wisdom of Morrie

2장

감정 밸런스
게임

늙어가면서 가장 신경 써야 하는 것은 균형이다. 균형이라는 밧줄을 잘 잡아야 한다. 양식 있는 모습을 지키기 위해 적당히 잘 유지하고, 용기 내고, 쾌활하고, 관심을 가지며, 놀랍도록 솔직해야 한다.

— 플로리다 스콧 맥스웰, 『늙는다는 것의 의미』 중에서

고등학교 2학년(미국 고등학교는 4년제이다—옮긴이) 때 프랑스어 선생님이 'Quel est le plus bel âge de la vie?'(인생에서 가장 아름다운 때는 언제인가?)를 주제로 작문 과제를 냈다. 답이 금방 떠올랐다. '물을 것도 없다. 젊을 때이다.' 이후 20대 때 『인생은 마흔에 시작한다』*Life Begins at Forty*라는 책을 접했다. 괴상하고 허풍이 심한 제목이었다. 인생이 마흔 살에 시작된다고 믿는 사람이 있다니 이해되지 않았다. 그 무렵이면 인생은 거의 끝난

것 아니던가. 이렇게 심각한 노인 차별 태도를 되돌아보면 내가 그런 편견에 아주 단단히, 무비판적으로 사로잡혀 있었다는 점을 깨닫는다. 멋진 노후의 가능성에 대해 완전히 무지한 채 노년을 얼마나 두려워하고 경멸했던가. 오늘날 내가 살고 만들어가고 경험하는 '지금'이 인생의 화양연화임을 이제는 안다.

늘 당연히 여겼던 일들이 더 이상 당연하지 않다. 어려운 일들이 많고, 나이 먹을수록 더 어려워진다. 보고 듣기 더 힘들어지고 걷기, 숨쉬기, 움직이기, 계속 움직이기가 더 힘들어진다. 정신 차리고, 집중하고, 체온을 유지하기가 어렵고, 사람을 알아보기 더 어려워진다. 밤잠을 이루기도, 숙면하기도, 아침에 일어나기도 어렵다. 예전에 익숙했던 길을 찾아다니기 쉽지 않고, 복잡한 일들을 처리하고 정신을 똑바로 차리기 벅차다. 허튼소리와 부정적인 생각들을 견디기가 더 어려워진다.

그런데 70세의 이스라엘 여성은 이렇게 말한다.

"나이가 드니 매사 '더 가뿐해져요'. 부담이 줄고 위태로운 느낌이 적어져요. 마치 '중차대한' 결정들이 좋든 나쁘든 오래전에 내려져 이제 과거지사가 된 것 같죠. 또 사회의 압박, 특히 미혼이나 자녀 없는 여성이라는 압박에서 해방돼요. 희열까진 아니라도 은퇴가 주는 만족감은 커리어와 '커리어를 가진 일'까지 더는 걱정하지 않아도 된다는 점이에요. 지금 하는 일이 '커리어' 일부가 아니라고 느끼죠. 그런 면에서 커리어를 좋든 아니든 깨끗이 잊게 됐어요. 이런 식으로 표현해도 될지 모르겠지만 지금 하는 일은 어떤 부류의 커리어에서도 '치외법권' 같아요. 이제 과제나 어떤 요구를 완수하느냐로 평가받을 걱정이 없거든요. 어떤 면에서도 '저울질'당하거나 '점수 매겨질' 필요가 없어요. 이제 나는 그냥 나일 뿐 아무도 내게 이래라저래라 하지 않아요."

이 여성처럼 내게도 더 쉬워진 일들이 있다. 더 쉽게 안달하고 짜증 내고 낙심하고 비평한다. 더 쉽게 피곤해지고 물건을 떨군다. 하지만 이런 부정적인 반응들을 더 쉽게 알아차리고 멈추기도 한다. 더 쉽게 마음을 열고 인간적이 되고, 더 쉽게 이해하고 공감한다. 또 어떤 일들은 더 명확해진다. 나 자신과 관계들을 더 명확히 보고, 인간의 본성과 조건에 대해 더 확신한다. 예를 들면 사람은 누구나 선하면서 악하며, 자신과 타인들에게 파괴적이면서 건설적이다. 대우와 처지에 따라 선하거나 악하게, 파괴적이거나 건설적으로 처신한다.

내가 겪은 감정의 고조와 저하, 모순과 대립을 이야기해보려고 한다. 나와 같은 경험을 한 이가 많을 것이다.

열정과 절망

◆

삶에 결의와 열정을 느끼지만 때로 절망과 낙망을 경험한다.

심하게 아플 때처럼 다 포기하고 끝내고 싶은 때도 있었다. 그런 암담한 순간에는 호시절이 지났으니 그보다 못한 나날을 살 이유가 있을까 하고 생각했다. 나보다 나이 많은 주변 사람들이 고통스런 암과 알츠하이머를 겪는 참담한 상황을 보면서 내게는 그런 일이 없을 거라고 계속 스스로 달랜다. 낙심하고 침체되는 시기를 넘기면 내 본모습을 유지하려고 계속 싸운다. 내가 되어야 되는 모습을 그리며 그렇게 되려고 애쓴다. 그러면 현재의 관계들과 가꿔가는 관계들, 내적 성장과 지혜를 얻기 위해 당장 해야 할 일과 다음에 해야 할 일들에 열정이 생긴다.

안정과 불안정

◆

병에 취약해지면서 점점 불안정해졌다. 앞으로 생길 병뿐 아니라 지금 앓는 병에 대한 불안정감이 내 앞에 펼쳐진다. 시간이 지나면서 정신이 흐려질 게 빤하다. 선택한 일들을 자유롭게 독자적으로 계속할 수 있는 시간이 얼마나 남았을까? 얼마나 살게 될까? 어떤 상태로 살까? 삶이 어떻게 끝날까? 이런 미지의 현실을 궁리하고 경험하면 불안과 불안정을 느낀다. 그러니 예기치 못한 일들을 예상해 어떤 상태로 닥치든 감당할 준비를 해야 한다. 하지만 한편으로 더 안정적이고 차분한 상태도 경험한다. 목표가 더 온전하고 선명해지며, 가치관과 인생의 지향점이 더 확실해진다. 삶을 보는 시야가 더 넓어진다. 무엇이 중요하고 중요치 않은지 더 명확해진다. 또 더 강인하게 역경을 감당하면 안정감이 생긴다. 나는 규칙적인 활동들을 명확히 정했다. 가족과 친구를 정기적으로 만나고, 규칙적으로 운동한다. 유머 감각을 잃지 않고, 독서하고, 글을 쓰고, 가르친다. 또 정기적으로 명상하고, 관심사가 비슷한 집단과 만난다. 이런 규칙적인 일들이 나를 지탱하고, 평정심과 마음의 평화를 어느 정도 가져온다.

나이를 잊을 때와 나이를 느낄 때

◆

내 나이를 믿지 않고, 믿을 때도 잊으려는 자신을 발견하고 충격받는다. 나이가 속속들이 느껴지는 때가 있다. 알 수 없는 피로감이 밀려들어 한동안 지속되다 희한하게 가라앉을 때 그렇다. 숙면하지 못한 다음 날, 열정적으로 춤을 추려는데 고작 몇 분 만에 기운이 빠질 때도 마찬가지다. 내가 76세임을 꾸준히 상기해야 한다. 그걸 기억할 때는 이렇게 오래 살았다는 사실을 받아들이기 어렵다. 때로 정신적으로는 제 나이를 모르는 듯하다. 마치 세월이 흐르지 않은 것처럼 젊은 내가 존재 속 틈새에 숨어 있는 것 같다. 기운차고 발에 용수철이 달린 것처럼 걷는다. 열정과 에너지가 충만하다. 그러다 누군가에게 주름진 얼굴, 흰머리, 늙은 몸을 지적받으면 화들짝 놀란다. 물리적인 나이를 떠올리고 연신 "현실을 알아야지. 인생이 저물었다니까"라고 혼잣말해야 한다. 세월이 얼마나 빠르고 휙휙 지나가는지! 말년에 접어드니 시간이 더 있으면 좋겠다. 훨씬 더. 하지만 충분치 않을 것 같다. 그렇다면 남은 시간을 어떻게 해야 할까.

솔직함과 자기기만

◆

노년기는 특히 자신에게 솔직해야 할 시기이다. (지금 아니면 언제 솔직할까?) 그래서 존재의 진실, 특히 나와 내 안팎에서 일어나는 일에 대한 망상들을 마주하려 애쓴다. 하지만 자신이나 타인에 대한 날카로운 진실들을 회피하고 싶기도 하다. 정치 사회적 관계와 인간관계에 만연한 위선과 기만을 들추지 않는 게 더 쉽다. 자신에 대해 솔직하려는 노력은 늘 진땀 나는 일이다.

또 내 어두운 면을 외면하려는 유혹에 맞서야 한다. 나 자신도 인정하기 싫은 것들을 생각하고 느낀다. 예를 들어 누군가 반대 의사를 표하면 그에게 적대감이 생긴다. 누군가 우쭐대면서 자기만족에 빠진 듯하면 그를 헐뜯는다. 나보다 젊은 사람의 기술을 감탄하면서도 한편으론 질투한다. 파헤쳐보면 질투심이 생기는 이유는 그가 나보다 건강하고 열정적이고 강인하기 때문이다. 결국 그가 앞으로 살날이 더 많기 때문이다. 질투의 뿌리는 그것이다. 지인이 죽으면 슬픔과 죽음의 대상이 내가 아니라 다행이라는 감정이 뒤섞인다. 때로는 타인의 병치레와 고통에 무심하다. 좋아하지 않는 사람이거나 내 병이 재발할까 겁날 때는 유독 그렇다. 역으로 타인의 행운에 부아가 나기도 한다. 동년배인데 신체적, 경제적, 사회적 상황이 훨씬 우월하면 나도 모르게 그가 싫어진다. 그런 '못된' 생각이 들면 스스로 책망하거나 수치스러워한다. 나 자신이 밉거나 못나 보이기 시작한다. 그때는 생각일 뿐이라고, 속으로 느낀 감정이니 자책하거나 마음 쓸 것 없다고, 누구나 다 그렇다고 자신을 다독인다. 이 검은 속내는 가끔 우리를 빠져나와 의식 속으로 쑥 들어온다. 특히 상황이 나빠져 남은 시간이 쑥쑥 주는 기분일 때 심하다. 이처럼 원치 않은 생각과 감정의 영향을 줄이려면 그것들을 충분히 지각하고 종종 그런 생각과 감정이 들 거라고 각오하면 된다. 늙으면서 생기기 마련인 결핍과 불만에서 그 생각과 감정이 비롯한다는 사실을 알면 된다. 어두운 면을 묻어두기보다 인정하면 감정과 그에 따른 행동을 더 제어할 수 있다.

스스로 지각하지 못하는 한계와 자기기만도 분명히 있다. 너무 고통스러워서 맞서기 힘든 행동과 내적 상태가 있다는 사실을 안다. 하지만 나는 이상에 맞춰 살아보기로, 자신과 관계에 대해 최대한 솔직하기로 마음먹는다. 부인하고 변명하는 것들과 더 쉬운 길로 가려는 충동을 가려내려 애쓴다. 이런 진실 앞에서는 내 행동이나 본모습을 과장하거나 낭만적으로 보거나 합리화하지 않는 것이 중요하다. 자신을 과소평가하거나 평가 절하하지 않는 것도 중요하다. 대신 어떤 상황인지 현실을 파악해 자신에게, 때로는 타인들에게 명확히 밝혀야 한다. 하지만 진실을 알기란 쉽지 않다. 현실은 다양하고 다층적인 면이 있다. 복잡하고 혼재되고 모순되는 부분들로 이뤄진다. 진실이 하나가 아니거나 일반적이지 않고 부분적일 수도 있다. 수정되거나 얼룩졌을 수도 있다. 하지만 이런 한계들에도 맥락 안에서 탐색은 계속되어야 할 것이다.

그래서 자신에게 이렇게 묻는다. 나는 진정 어떤 사람인가? 어떤 일들을 해왔나? 정말 좋고 쓸모 있는 일을 하는가? 무엇을 믿으며 그 이유는 무엇인가? 자신과 타인들을 얼마나 잘 아는가? 어떤 관계들을 맺고 있으며 어떤 종류의 관계를 원하는가? 계속 살고 싶게 만들 만큼 내게 중요하고 의미 있는 것은 무엇인가? 내가 살아온 것이 어떤 차이를 가져왔는가? 자긍심을 느낄 만한 기여를 했는가? 어떤 가치를 굳건하고 명확히 고수하며 그 이유는 무엇인가? 어떤 재능을 가졌는가? 아직 실현하지 못한 잠재성이 있는가? 그걸 이루려면 어떻게 노력해야 하는가? 낙관과 비관을 어떻게 조율할 것인가? 인간 본성과 인간의 조건에 대해 무엇을 알고 있으며 무엇을 알고 싶은가? 인류의 발전과 생존에 대해 무엇을 아는가? 온전한 인간이 되는 것은 어떤 의미이며, 그 잣대에서 나는 어디쯤 있는가?

현실 세계와 영적 세계

◆

현실 세계는 구체적인 요구사항들로 이뤄졌고, 영적 세계는 신비와 미지로 이뤄졌다. 두 세계에 존재하는 것은 한 쌍의 대조적인 경험이다. 현실적이고 세속적인 세계에서는 수입보다 지출을 적게 하고 인간관계를 지속해야 한다. 내게 중요한 이들에게 충실하고, 살림이 정리되고 제대로 돌아가도록 챙겨야 한다. 사색에 잠길 때면 현실적인 일들이 저만치 있는 것 같다. 이런 때는 영적 세계와 이어진 상태로 있고 싶다. 가령 삶과 죽음의 의미에 대해 읽고 대화하고 생각하고 싶다. 전 인류의 화합과 '영원'의 의미를 사색하고 싶다. 자연과 어우러질 방법들을 모색한다. 영적인 글들이 탐색하는 궁극의 현실에 대해 생각한다. 명상 중 언뜻 보는 초월 상태, 더 고양되고 숭고한 상태를 경험하고 싶다. 하지만 일상은 계속된다. 일상적인 활동 속에서 성스러움을 찾는 동시에 영적인 세상을 경험할 방도를 강구하려니 곤혹스럽다.

느린 노화와 빠른 노화

◆

어떤 때는 신체 (일부 정신) 능력이 차츰 잠식되며 노화 과정을 경험한다. 하루하루는 변화가 거의 느껴지지 않지만 돌이켜보면 그제야 언덕을 오를 때 기운이 예전 같지 않으며 숨이 차 휴식을 취해야 하는 걸 알아차린다. 또 어떤 때는 신체 기능이 급격하고 급속하게 쇠퇴하며 노화를 경험한다. 어제는 청각에 이상이 없었는데 갑자기 어려움을 느낀다. 어제만 해도 호흡이 의식되지 않았는데 오늘은 기침이 나서 씨근대고 들숨과 날숨에 신경이 쏠린다. 모두 내게 일어난 변화이니 스스로 익숙해져야 한다.

노화를 겪으며 내가 알고 있던 내 모습에 맞추려고 나도 모르게 애쓴다. 작은 변화도 알아채고 간극을 메우려 한다. 되돌아보고서야 내가 다음 단계로 접어들었다는 사실을 깨닫는다. 작은 변화와 그 변화를 깨닫는 시점 사이에는 간격이 있다.

차갑거나 뜨겁거나

◆

병에 걸린 뒤 타인들뿐 아니라 나 자신의 통증과 괴로움을 한층 깊이 경험한다. 남들의 상황과 경험에 더욱 공감하고 그 영향력을 강하게 느끼게 되었다. 때로 어둡고 악화되는 시간 속에 살려니 절망적이다. 탐욕, 오만, 이기심을 대하면 더 화나고 참기 어렵다.

또 나와 타인들의 기쁨과 슬픔을 더 깊이 경험한다. 더 크게 웃는다. 영웅적이고 숭고하고 뭉클한 행위를 접하면 전보다 감동받아 눈물짓는다. 클래식 음악에 더 감동받고 책을 탐독한다. 젊을 때는 농밀하고 다채로운, 아름다운 장면을 접하면 무척 자제했다. 왠지 다 받아들여 마음을 차지하게 둘 수 없었다. 아마 흥분해서 폭발할까, 감미로운 경험에 압도될까 겁났겠지. 혹은 자극에 빠져 제대로 흡수하지 못할까 두려웠다. 이제는 어떤 장면을 느끼고 아름다움을 느긋하게 받아들일 수 있다. 아름다움, 복잡미묘함, 다양한 새로움을 더 섬세하게 온전히 흡수하는 경험을 만끽한다. 또 나를 챙기는 이들과 더 감정적으로 어우러진다. 관계에 몰입하고, 프로젝트에 집중해 열정적으로 임할 수 있다. 소소한 일들이 더 신바람 난다. 전반적으로 더 생동감 있고 생기 넘친다. 생의 슬픔과 기쁨에 마음이 더 열리고 쉽게 반응한다.

한편 거기서 떨어져 나온 기분일 때도 있다. 무덤덤하고 초연하고 무관심하면서 고립된 느낌이다. 나 자신에게 닿기 어렵고 타인들과 소통하기 꺼려진다. 그들이 내게 닿기도 쉽지 않다. 껍질 속에 틀어박혀 고립감 속에서 괴팍한 희열을 느낀다. 자기연민에 빠지고 나머지 세상에 눈감는다. 지치고 위축되어 아무것도 느끼고 싶지 않다. 지친 기분 말고는 어디도 집중하지 못한다. 그저 휴식과 회복을 원할 뿐이다. 거기서 빠져나오려면 이 상태를 지각하거나 친구와 따뜻하게 소통해야 한다.

차분하고 감정이 격앙되지 않아 자신과 타인들과 상황을 담담하게 응시하는 기분일 때도 있다. 바위 끝에서 풍경을 내려다보는 느낌이랄까. 매사 공평하게, 아무 이해 상관 없이 벌어지는 일이나 그 결과에 무심해진다. 그러니 다양한 시공간에서, 다양한 기분 속에서 모든 것을 더 느끼기도 덜 느끼기도 한다. 디 많이 개입하기도 덜 개입하기도 한다. 순간에 더 사로잡히거나 거기서 더 멀어지기도 한다. 노년의 강한 물살이 오가면서 경험하는 것들이다.

상반되는 기류와 타협하는 법을 아는 것이 성공적인 노년의 핵심 요소이다. 서로 다른 경험 사이에서 균형을 잘 잡을수록 잘 나이 든다.

The Wisdom of Morrie

3장

인생이라는
하모니

앞에서 언급했던 감정의 균형을 잡는 일 외에도 배운 게 하나
더 있다. 나이 들면서 우리는 모순되거나 상충하는 방향과 방
식으로 나아간다는 점이다. 예컨대 혼자 있고 싶은 마음은 관
계를 지속하고 싶은 욕구와 상충한다. 사회생활에 참여하려는
욕망은 집단과 거리 두고 싶은 마음과 충돌한다. 우리는 어떤
현실을 대하고 싶은지, 어떤 현실을 피하거나 부인하고 싶은지
갈등한다. 누군가에게 도움받아야 한다는 사실을 인정해야 하
지만 최대한 독자적으로 할 수 있는 일들을 해서 의존하는 정
도의 균형을 맞추려 애쓴다. 결국 우리는 희망을 품는 일과 절
망에 지는 일 사이에서 갈등해야 한다.

이런 반대 성향이 양극단의 충돌이나 한쪽으로 치우치는 갈
등으로 보이기도 한다. 양극성이나 상충이 아니라 노년기의 모

습을 인정하고 융합하는 과정의 양면으로 볼 수도 있다. 나는 후자로 보고 싶다. 노년기는 이질적인 것들을 조율하려고 애쓰는 시기이다.

혼자 그리고 함께

♦

우리는 혼자이고 싶은 욕구와 어울리고 싶은 욕구 사이에서 균형을 잡으려고 애쓴다. 한쪽으로 기울지 않도록 균형을 맞추면서 자신에게 '적합한' 평형 상태를 찾을 수 있다.

고독과 외로움

♦

혼자인 것과 혼자라는 느낌은 어느 정도는 인간의 기본 조건이며, 현대 사회에서 필연적이다. 노후에 삶의 일부였던 사람들과 상황들에서 소외되면 고독이 중요한 이슈가 된다.

때로는 타인들 때문에 고독해지기도 한다. 너무 까다롭고 요구가 많다는 이유로 가족이나 친구에게 외면당한다. 가까운 이의 죽음을 겪기도 한다. 삶의 공허를 채우고 싶지만 그 빈자리가 메워지지 않아 외롭다. 어떤 이는 고독을 선택하기도 한다.

어떤 고독한 시간은 풍요롭고 알차서 설렌다. 또 어떤 시간은 고통스럽고 꺼려져 공허하다. 고독이 고통스럽고 부정적으로 느껴진다면 고독을 받아들이고 긍정적으로 타협하는 법을 배울 필요가 있다. 원치 않는 고독을 혼자서 호젓하게 보내는 시간으로 바꿀 방법을 찾아봐야 한다. 때로는 혼자인 시간을 줄이고 사람들과 어울릴 방도를 찾아야 한다. 어느 쪽이든 혼자인 시간을 잘 보내면 힘을 얻고 삶을 통제하는 기분을 느낄 수 있다.

고독과 외로움은 낮과 밤처럼 다른 개념이다. 내가 혼자 보낸 날들을 기록한 아래 글을 보면 이 개념이 어떻게 다른지 비교할 수 있다.

오늘은 묵상과 독서, 집필 중인 책을 구상하고 음악을 들으며 보낸다. 저녁에 친구를 만날 일이 무척 기대된다. 집안 행사들을 점검하고, 수업 중 강조하고 싶은 현안들을 머릿속으로 메모한다. 소중하고 즐거운 하루다. 푸근하고 조용하며 평온한 분위기가 감미롭게 느껴지는 날이다. 즐거움과 환희가 넘치는 날이다. 편안하고 느긋하고 탁 트인 기분이다. 시간이 무한히 지속되듯 하루가 끝없이 펼쳐진다. 하루가 일주일 같고, 쓸 수 있는 시간의 몇 곱절을 누리는 기분이다.

오늘은 불편한 날이다. 간밤에 잠을 못 자서 아침에 불쾌한 피로감이 밀려들었다. 운동하기가 힘들고, 벌인 일들은 에너지를 지나치게 요구한다. 명상하려다 나도 모르게 잠들었다. 깨고 나니 기분이 좀 전환되어 원고를 작업하려 했지만 앞이 막힌 기분이 들었다. 환기할 거리를 찾다 가벼운 주간지를 읽었다. 그것도 따분했다. 산책하러 나가거나 실내 자전거를 탈까 생각하다 기운이 없어 둘 다 하지 않기로 했다. 하루가 흘러가고 있지만 '괜찮은' 날은 아니라는 사실을 인정할 수밖에 없었다. 친구와 만날 저녁이 되자 놀랍게도 기운이 났다. 혼자일 때 나를 지탱하는 건 누군가를 만난다는 기대감이다.

고독이 주는 것들

♦

외로움의 고통과 달리 고독은 혼자만 가질 수 있는 만족스럽고 기쁘고 유익한 경험을 하게 한다.

고독은 혼자여서 풍성해지는 기회를 준다. 자신을 경험하고, 인생을 관조하고, 관계 맺는 사람들을 생각하고, 공상에 빠질 시간과 여유를 선사한다.

고독은 차분하고 평온하고 한적한 환경에서 하고 싶은 일을 하게 해준다. 관심사들을 떠올리고, 자연이나 예술을 감상하고, 정신 수행에 몰두하게 한다. 타인들의 통제, 시선, 평가에서 벗어나 느긋하게 본래의 내가 될 기회를 준다. 이 시간에는 역할을 수행하거나 감동을 줄 걱정 따위는 내려놓아도 된다. 혼자

일 때는 남의 단점과 유별남을 견딜 필요 없이 원하는 시간에 자고 깨도 된다. 한마디로 고독은 자신, 우주와 깊이 이어준다.

또 고독은 고요를 탐구할 기회를 준다. 온갖 소리로 넘쳐나는 생활 속에서 고요는 소리들 사이의 이상하고 불편한 공간일지 모른다. 하지만 고요 자체를 경험으로 보면 무척 유익하다는 걸 알게 된다.

고요가 나름의 소리, 감각, 영향력을 가진다는 점을 놓치기 쉽다. 고요를 이용하면 내면의 풍경을 발견하고 육체를 경험할 수 있다. 내밀한 감정들을 살피고, 자신이 그 고요의 공간에 어울리는지 알아볼 수 있다.

고요에는 아주 고유한 특징이 있다. '자궁의 고요'는 가능성이 넘쳐나며 새것이 잉태되는 생기를 준다. 반면 '무덤의 고요'는 묵직하게 무기력과 슬픔을 자아낸다. 고요는 명상에 필수적으로, 흔히 접할 수 없는 영역을 발견하는 촉매제가 된다.

누구나 외롭다

◆

안타깝게도 혼자인 시간이라고 해서 모두 고독으로 충만한 것은 아니다. 오히려 외로움을 타기 쉽다.

외로워본 적 없는 사람은 거의 없다. 아메리카 원주민의 지혜에 따르면 모든 인간의 유일한 공통점은 외로움이다. 누구나 살면서 각기 다른 시기 외로움에 시달린다.

알다시피 외로움은 우리가 자신, 타인, 자연이나 다른 것과 연결되어 있지 않다고 느낄 때 오는 내적 진통이다. 군중 속이나 관계 안에서도 외로울 수 있지만 대부분 물리적으로 혼자일 때 외로움을 느끼기 쉽다. 외로움은 사람의 손길이나 목소리가 아쉬울 때 느끼는 격한 통증부터 뭔가의 부재를 거의 지각하지 못하는 경우까지 특징, 기간, 정도가 다양할 수 있다. 또 외로움에는 소외, 굴욕, 공허, 방치 같은 느낌, 다른 사람과 접촉이 끊긴 기분이 포함된다. 아무도 나에게 관심 없거나 신경 쓰지 않는다고도 느낀다. 이런 불편한 마음은 얼마 뒤 사라지기도 하지만 장기간 지속되기도 한다.

외로움 때문에 삶이 불편해지는 걸 막고 싶다면 여기 외로움을 달랠 몇 가지 방법이 있다.

외로움 마주하기

◆

종종 외로움이 너무 아프고 두려워 제대로 마주할 엄두가 나지 않는다. 하지만 그 감정을 객관적으로 살피면 외로움을 더는 데 유용한, 깊은 지혜를 얻을 수 있다. 소외와 괴로움의 근원을 파헤치고 싶다면 자신에게 묻자. 내가 혼자인 것은 남들을 불신하거나 그들의 의도가 불안하기 때문인가? 혹은 자존감이 낮은 탓에 남들이 내 결점을 알아채 흥미를 잃거나 무시할까 두렵기 때문인가? 과거의 관계 문제가 현재에 반복될까 걱정되기 때문인가? 남들에게 배신당하고 상처받고 거부당하고 실망하거나 분노해서인가? 아니면 과거 미움과 시샘을 받은 경험으로 다시 그런 악감정의 대상이 되기 싫어 사람들과 거리를 두기 때문인가?

많은 사람이 타인에게 경멸과 무시를 당한 경험 때문에 관계 맺기를 꺼린다.

위의 어느 상황도 외로움의 원인일 수 있지만 영원히 그러라는 법은 없다. 선택만 하면 외로움의 이유를 바꿀 방안을 찾을 수 있다. 가치 있는 일은 확신이 없어도 시작해볼 수 있다. 때로 살짝만 손을 뻗어도 멀리 이어지기도 하니까.

상상력을 펼쳐볼까

◆

또 다른 외로움 해소법은 책, 영화, TV를 활용해 상상력을 펼치는 것이다. 예컨대 세상이 2만 년 전에는 어땠을지, 1,000년 뒤에는 어떨지 떠올려보자. 500년 뒤 인간은 어떤 모습일까? 가깝고 먼 미래에 사회적으로 어떤 일이 가능할지 상상해보자. 우주의 초월적 존재나 능력자의 이미지를 그리거나 영적인 각성이 어떤 의미일지 생각해보자. 범위를 좁혀 집에 가구를 들이고 꾸미는 이상적인 방안을 상상해보자. 옷차림을 획기적으로 바꾸면 어떤 기분일지, 그러면 삶이 어떻게 바뀔지 느껴보자. 암기 훈련으로 기억력을 개선하고, 규칙적으로 운동하고, 명상으로 영적 세계를 접하면서 조용히 가만있어봐도 좋다. 물리적인 환경에 집중하며 그에 따라 어떻게 움직이고 어떤 영향을 받는지 가늠해보자.

아직도 외롭다면

◆

상황을 바꾸려고 노력해봐도 여전히 외로울 때가 있다. 외로움이 마음을 짓누를 때는 마음을 딴 데로 돌리는 게 최선일 수 있다. 이럴 때 감각적인 부분을 파고들면 놀랍게도 위로가 된다.

마음에서 슬픔을 빼내 다른 통로로 흘려보내고, 그것이 감각에 남기는 경험을 면밀히 살필 수 있는 방도는 무척 많다. 의식 속에 들어오는 광경, 소리, 맛, 냄새에 초집중해보자. 가령 방 안의 표면과 물건들을 만져보며 촉감을 만끽하자. 실크의 매끄러움, 다듬지 않은 목재의 거침, 플러시로 직조된 러그의 표면, 나뭇잎 가장자리의 독특한 느낌을 느껴본다. 음식의 풍미에 빠져본다. 달콤하고, 시큼하고, 맛깔나고, 얼얼한 맛, 액체의 물맛, 주스와 술의 다양한 맛을 느껴본다. 감동적인 교향곡에 푹 빠져도 좋다. 긴 풀이 산들바람에 서걱대는 소리, 거리의 활발한 소음, 지붕을 가만가만 때리는 빗소리나 황금방울새 노래처럼 위로를 주는 소리에 집중해도 좋다.

생활 공간에서 보이는 것들을 찬찬히 바라보자. 사물의 형태, 색상, 밀도, 높이, 배열. 다른 사물들이 교차하고 만나는 풍경, 색깔, 소재. 방에 놓인 여러 가구의 미학과 기능성. 환한 오후 벽에 쏟아지는 햇빛.

손을 꼼꼼히 보고 세세히 살펴보자. 피붓결, 색깔, 잔주름, 손톱 색깔, 주먹 쥘 때 관절이 구부러지는 모양, 손가락이 뻗은 모양. 손바닥을 들여다보면서 손금과 패인 부분을 살펴보자. 각 손가락이 다른 손가락들과 움직이는 모양, 주먹 크기, 팔의 힘. 살냄새를 맡아보자. 살결이 보드라운지, 거친지 만져본다. 양손을 맞대고 손끼리 만나는 모양을 살핀다.

바깥을 내다보면 아름다운 해돋이나 석양이 보이는가? 집, 나무, 하늘이 흥미로운 구도와 색채와 채도를 이루는가?

운동 감각을 살펴보자. 평가하지 말고 몸의 느낌에 집중하자. 몸통이 체중을 어떻게 떠받치는지, 어떻게 걷는지, 어떻게 앉는지, 통증과 쾌감, 어떤 자세로 공간을 차지하는지 눈여겨본다.

각 방에서 나는 다른 냄새들을 맡고 실외의 냄새와 비교해보자. 집 밖에서 상록수와 젖은 풀 냄새가 난다. 주방에서는 커피 냄새나 음식이 상하기 시작하는 냄새가 나기도 한다. 거실에 놓인 꽃병에서 백합 향기가 은은하게 퍼진다. 가까운 정원이나 숲에 나가 시시각각 새로워지는 자연에 오감을 열자. 와인을 시음하러 가자. 이국적인 음식들의 맛과 향을 즐기자.

사물, 사건, 바깥 상황에 집중하면 외로운 기분을 어느 정도 떨칠 수 있다.

결국 외로움과 싸우려면 원인을 파악해 변하려고 노력해야 한다. 외로움을 고독으로 바꾸거나 덜 괴로운 상태로 변화시키면 외로움에서 괜찮은 면을 얼마든지 끌어낼 수 있다. 사랑하는 마음과 사랑하는 이들과 함께하는 것이 최고의 치료이다. 관심과 에너지를 깊이 쏟을 만한 창작 활동은 명약이 될 수 있다. 외로워서 생활에 지장이 생기거나 낙심하지 않도록 마침내 외로움을 견디거나 받아들이거나 변화시키려 노력해볼 수 있다. 노년기에 그렇게 했다는 사실만으로 잘 살았다는 뜻이다. 외로움을 내보내면 우리는 타인이나 세상과 나눌 것을 많이 가진 마음 부자이고 매력적인 사람들이다.

외로움은 인간 조건의 일부이지만 그 파장을 줄일 방법들이 있다. 새 관계를 만들거나 모색해보자. 막 시작된 관계를 진척시키거나 현재 가까이 있는 사람을 찾아 단순히 아는 사람에서 친구로 바꿔가면 된다.

결국은 관계

◆

노년기에는 혼자 있는 시간과 인간관계가 전보다 중요해진다.

가성과 일의 소용돌이 속에서 관계에 부담을 느낀다. 전보다 혼자 있고 싶어 하거나 같이 있을 상대를 고르고 싶어 한다. 한편 원치 않는데 혼자가 되고, 맺고 싶은 관계를 얻기 어렵다는 사실을 깨닫기도 한다.

고령층에게 인간관계는 삶을 만족스럽게 만드는 요소이다. 우리에게는 이야기와 생각과 아픔과 기쁨을 나눌 사람이 필요하다. 교류하며 존재감을 확인시켜주는 상대방의 현실도 경험해야 한다. 관계는 애정, 아낌, 인정을 주고받는 중요한 요소이다. 관계에서 타인과 깊이 교류할 기회를 얻고, 노후의 삶을 만들고 회복시킬 수 있다.

관계의 형태는 다양하다. 장기적인 관계와 단기적인 관계, 가벼운 관계와 진지한 관계, 피상적인 관계와 친밀한 관계, 일시적인 관계와 지속적인 관계. 관계는 의미 있거나 상대적으로 중요하지 않을 수도 있고, 약하거나 강할 수 있으며, 문제가 많거나 조화로울 수 있고, 최근에 이뤄졌거나 충분히 확인되었을 수 있다.

관계를 맺는 이유와 토대 역시 다채롭다. 관계는 서로 사랑하는 마음에 몰입하며 피어날 수도 있고, 상대에 대한 미움과 싸움으로 생길 수도 있다. 또한 서로 이익이 되는 관계이거나 습관이나 반복되는 일상 때문에 생기기도 한다. 관계가 깨지는 것이 두려워 이어가기도 하는데, 단순히 외로워지는 일을 두려워할 수도 있고 버림받은 사람으로 보이는 것 자체를 두려워할 수도 있다. 한 사람의 주도적인 면을 어느 한쪽이 좋아해 지속되기도 한다. 서로 도움이 되거나 목적이 같아서, 혹은 각자 이익을 얻어 형성되기도 한다. 또 요구, 의존, 상호 의존에서 생기기도 한다.

어떤 노인들은 좋아하는 사람과 친밀한 관계를 유지하는 것만으로 삶을 가치 있게 여긴다. 한편 어떤 노인들은 친밀한 관계 이상을 필요로 한다. 프로젝트에 몰두하고, 영적 생활을 추구하며, 단체에 가입하고, 관심 분야 지식을 공부하거나 탐구해야 만족한다. 가깝고 친밀한 관계가 없으면 존재감이 무너지고 삶 전체에 부정적인 영향을 받는 사람이 있는가 하면 반대로 관계를 줄이고 싶어 하는 사람도 있다.

젊은 시절부터 친밀했던 관계가 사라지면 새 친구를 사귀기 어렵다. 관계를 맺고자 하는 상대와 자신 모두 수줍고 어색해 마음을 열고 자기를 보이기 주저한다. 하지만 관계가 없으면 끈 떨어진 연처럼 느낄 수 있다.

우리는 누구나 긍정적인 관계를 유지하고 싶어 한다. 서로 사랑하고, 보살피며, 공동의 삶을 추구하고 싶어 한다. 안타깝게도 때로는 갈라선다. 두려워서, 서로 이해하지 못해서, 경쟁심과 미움과 무시 때문에, 기대와 가치관과 성격이 달라서 멀어진다.

관계를 이어가는 데 문제와 난관이 있더라도 우리는 동성과든 이성과든 서로 좋아하고 보살피고 상냥하고 염려하고 존중하고 인정하고 신뢰하고 의미 있는 관계를 맺고 싶어 한다. 누구나 친밀한 관계에서 사랑, 애정 넘치는 유대, 깊은 긍정적 감정을 갈망한다. 상대가 본인의 행복뿐 아니라 내 행복도 챙기기를 바라며 나 역시 그러고 싶어 한다. 대부분 노년층의 주 관심사는 보살핌과 관심이다. 노년기에 보살핌과 관심에 대한 욕구는 약해지기는커녕 더 강해진다. 이럴 때 다정한 신체적 접촉은 우리의 자존감을 올려주고 몸과 마음의 건강을 안정적으로 유지시켜주는 데 꼭 필요하다. 더 중요한 것은 이런 접촉이 친밀한 관계에서 비롯된다는 점이다. 자신이 호감 가고 매력있는 존재인가에 의심이 들 때는 자신감을 다시 회복해야 한다. 이때 걱정하고 함께해주는 배우자, 형제자매, 이웃, 자녀나 손자녀, 친구가 도와준다면 이상적이다.

흔히 친밀한 관계에서 우정, 온기, 성관계, 진솔한 대화, 가슴속 감정과 생각을 공유하려 한다. 서로 욕구를 세심히 살펴 충족시켜주는 일도 거기에 포함된다. 위로, 응원, 안심, 상호 존중을 주고받고, 나의 안위만큼 상대의 안위를 살피면서 자연스럽게 지내길 바란다.

친교와 고독의 본질을 알면 다양한 방법을 찾을 수 있다. 노후의 소망을 같이 추구하고 싶고 또 그럴 수 있는 사람을 찾을 수 있다.

관계를 대하는 자세

◆

문제와 난관이 없는 관계가 있다면 오히려 이상하다. 새로운 관계를 맺거나 기존의 관계를 유지할 때 자주 마주하는 사항들이 있다.

결별이나 사별로 사랑하는 사람을 잃으면 그를 대신할 사람이 없다고 느낀다. 그래서 그와 비슷하거나 그 빈자리를 메울 사람을 찾을 엄두조차 내지 못한다.

시간이 흐르면서 관계를 중단하거나 깨뜨리고 팽개치기도 한다. 친했던 사람들을 외면한다. 자녀와 소원해지기도 한다. 오랜 관계인데 서로에게 의미나 관심이 없어져 결국 헤어진다. 갈등과 적대감이 너무 크다는 이유로, 매몰차고 성내는 대화가 오간다는 이유로 관계를 저버린다.

이처럼 방치한 관계들을 되짚어보면서 개선하거나 다시 시작하고 싶은지 자문해보자. 관계를 되살릴 만한 사람들을 알아낼 수 있는가? 아직도 아픔, 실망, 원망, 불신이 심한가? 아니면 이런 감정이 많이 줄어 재출발을 향해 걸음을 뗄 수 있는가?

회복하고 싶은 관계가 없다면 어떻게 시작해야 할지, 누구와 이어지고 싶은지 확신이 없을 것이다. 관계를 만들거나 유지할 수 있을지 자신할 수 없을 것이다. 관심 있을 만한 이들을 어떻게 알아내고 찾아서 접촉한다는 말인가? 상황을 조율해줄 만한 제3자에게 마음을 명확히 밝히면 도움이 될까? 다리를 놓아줄 사람이 있기는 할까?

관계를 만들고 싶은 마음이 있지만 동기가 약할 수도 있다. 수줍음, 거절에 대한 부담감, 과거의 실패, 낮은 자존감이 가로막아 남들이 자신에게 관심 없을 거라고 믿는다. 관계를 맺는데 에너지가 많이 필요할 텐데 자신의 에너지 수준이 너무 낮다고 느끼기도 한다. 하지만 뭐든 막아서는 것이 있으면 극복하려 노력하면 된다.

관계를 맺고 싶은지 확실히 모를 수도 있다. 혹은 관계를 맺으려 애쓰지만 성공하지 못하기도 한다. 관계를 맺고 싶은 사람에게 퇴짜 맞고, 손 내미는 사람들을 밀어낸다. 왜 관계가 만들어지지 않는지 난감해한다.

현재 관계가 불만스러운 이유는 서로 기질이 다르거나 상대를 무덤덤하게 느끼기 때문이다. 혹은 유의미한 관계가 되기에는 감정이나 이해의 깊이가 너무 얕아 관계가 피상적이기 때문이다.

어떤 관계에는 충돌과 오해가 너무 많다. 희생양이 되고, 비난하고, 둘 사이에 해소되지 않은 반감이 많다. 우리의 자존감은 너무 자주 공격받거나 무너져내린다. 자신의 요구가 너무 많거나 상대의 기대가 너무 크다. 어느 쪽이든 사랑, 배려, 따스함, 헌신이 모자란다. 그러니 필요하고 원하는 것을 얻지 못한다.

이와 같은 불만족은 서로의 관계 속에서 충분히 자유를 누리지 못해 답답함을 느껴 생길 수 있다. 혹은 사랑과 따스함을 원하지만 상대방에게는 기대할 수 없기 때문일 수도 있다. 경솔함과 위선 위에 관계가 형성되기도 한다. 혹은 설명할 수 없는 이유로 두려움이나 불편함을 느낀다.

때로는 자의로 선택한 관계가 아닌 경우도 있다. 억지로 혹은 떠밀려 관계를 맺었거나 의무감에서 관계가 지속되기도 한다. 이제 벗어나고 싶지만 어떻게 해야 하는지 모른다.

오랜 관계라면 '자동 주행 장치'를 켠 것처럼 습관과 타성으로 지속될 수 있다. 관계에 큰 즐거움이나 열정이 없지만 끝내고 싶다는 확신도 없다. 서로 의지하기에 관계가 필요하면서도 그 의존이 불편하다. 상대가 나를 참아줄 뿐이라고 느끼면서도 관계가 끝난다고 상상하면 불안하다. 상대에게 얻을 수 있는 귀한 것을 놓칠 것 같고, 관계를 포기하면 박탈감을 느낄 것 같다.

관계에는 해소되지 않은 사안이 많다. 당사자는 정확히 무슨 사안인지 모르면서도 해결이 미진하다고 느낀다. 또는 어떤 사안인지 알지만 상대가 방어적이 되거나 이해하지 못할 것 같아 말을 꺼내지 못한다. 문제점을 파악해 제기해도 제대로 해결되지 않는다.

프라이버시를 원하고 성격이 특이해 타인의 존재를 견디기 힘들어할 수도 있다. 이런 점이 관계의 확장에 제약을 준다. 반대로 인간관계가 너무 많고, 너무 많은 사람을 자주 만나 자신에게 느긋하게 몰두할 시간이 부족하다고 느끼는 경우도 있다.

이런 점들을 따져 당면한 관계의 문제들을 파악해 어떻게 처리하고 싶은지 고민해보자. 그러면 문제를 다룰 최선의 방법을 찾을 수 있다. 문제를 내버려둘 수도, 직면할 수도, 무시할 수도, 적극적으로 뛰어들 수도, 초월하려 노력할 수도, 극복할 방도를 파고들 수도 있다.

공동체 안에서의 나

♦

사회에 참여하느냐, 물러나 있느냐는 현재의 관계나 맺고 싶은 관계의 부류와도 관련 있다. 이는 사회생활에 적극적으로 임하려는 동기가 얼마나 부여되었는가에 따라 달라진다.

나이가 들면 정반대의 생각들이 충돌하기도 한다. 한편으로는 프라이버시를 지키며 자기 영역으로 물러나 사회활동 없이 고립된 채 자신에게 집중하고 싶다. 다른 한편으로는 집단, 공동체, 정치적인 활동에 더 적극적으로 참여하는 쪽에 끌린다. 여가가 늘어나니 바쁘게 생활할 때는 하지 못했던 사회생활에 참여할 수 있다. 이쪽저쪽으로 끌어당겨지고, 상반하는 욕구와 충동 탓에 반대 방향으로 떠밀릴 수도 있다.

사회 참여를 줄이는 일과 늘리는 일 사이에서 갈등을 느끼는가? 여럿이 진행하는 프로젝트에 동참하는 일과 그러지 않는 일 사이에서 갈등을 느끼는가? 어느 정도 지치거나 무관심해지면 성가셔지거나 관여하기 싫어지지 않는가? 아니면 새로운 활동과 사업을 수용하고, 특히 보살핌 공동체를 설립하는 데 참여하고 싶은가? 사회, 정치, 경제, 여가 활동에 열의가 있는가? 활동에서 벗어나 저만치 있는 일과 세상일에 관여하고 관심을 갖는 일 사이의 균형은 어떤가? 집단 활동을 모색하거나 타인의 복지에 기여하는 활동이나 행사에 참여하는 일과 혼자 지내면서 참여를 거부하는 일 사이에서 괴로울 수도 있다. 집단 활동은 삶의 에너지, 동기, 호기심, 집단생활에 연결되고 기여하려는 욕구를 불러일으킨다. 반대로 거리를 두고 조용히 있고자 하는 욕구는 수동적인 성격, 에너지 부족, 사회에 대한 무관심에서 비롯한다. 한편으로는 수동적이고 다른 사람들과 어울리지 않으며 편안함과 휴식을 추구하고, 다른 한편으로는 어떤 일에 몰두하며 다른 사람에게 신세지지 않고 시간과 에너지를 쓰면서 내 내면에서는 상반된 두 마음이 갈등했다. 내가 참여하기로 한 프로젝트에 임하고, 세상에 중요한 사업에 동참하겠다는 열정으로 아침에 일어나면 이런 갈등은 사라졌다.

우리는 집단 활동에 참여할 수도, 불참할 수도 있다. 집단에 소속될지 그러지 않을지 선택할 수 있다. 집단이나 공동체 또는 사회에 기여할 수도 있고, 사회적으로 유용한 일을 하지 않을 수도 있다.

어느 한쪽으로 끌리는 이유는 무엇일까? 쉬고 싶고, 집단 활동에 참여하고 개입하는 데서 오는 불편을 꺼리기 때문일 수 있다. 위험한 세상에 노출되기 싫어서일 수도 있다. 자신을 거부하고 심한 상처나 고통과 아픔을 준 세상에 대한 반감과 미움 때문에 물러나기도 한다. 포기하고 절망에 무릎 꿇었기에 행동해봐야 소용없다고 느낄 수 있다. 뭘 하든 무용지물이고 하찮고 무의미하다고 믿을 수 있다. 자기 고민에 빠져 공공의 목표나 사업 같은 남들 문제에 개입할 시간, 에너지, 관심이 없을 수도 있다.

이와 달리 이타주의를 지녀 사람들과 함께하고 싶을 수 있다. 계속해서 활기를 얻고 삶에 몰두하고 개입해 세상에 도움이 되는 데 열심일 수 있다. 사람들의 행복과 지구의 생존을 걱정할 수도 있다. 보살핌 공동체를 발전시키면서 사회와 깊은 유대를 지속하고 싶어 할 수도 있다. 사람들과 프로젝트를 계속하려는 결단에 이끌리는가, 아니면 포기와 소극적인 태도에 짓눌리는가?

사회에 더 참여하기로 결정했다면 나아갈 방향과 기여할 방법을 정하는 데 도움이 될 아이디어가 몇 가지 있다.

그날의 뉴스를 토론하는 모임이나 매주 기도 모임에 가입해보자. 기후 변화와 끊이지 않는 환경 파괴 문제에 관심 있다면 오염과 자연 파괴를 멈추기 위해 힘쓰는 환경 보호 단체를 알아보자.

사회, 정치, 경제 문제가 차고 넘치니 관심을 가질 방법은 쉽게 찾을 수 있다. 예를 들어 혼자인 아이를 손주로 입양하거나 불우 아동의 선생이 되면 흐뭇할 것이다. 핵실험 반대 모임이나 평소 지지하는 정치 단체에 가입해도 좋다.

지역 공동체를 위해 봉사할 수도 있다. 초등학생 등교 지도 도우미, 지역 박물관 해설 봉사자, 지역 병원 자원봉사자, 젊은 중독자들의 재활 프로그램 도우미, 감정적으로 힘든 이들을 위한 전화 상담원, 방과 후 교실 미술 교사 등 노년층의 신체, 정서, 사회적인 면을 돕는 프로그램과 집단 활동이 공동체 센터마다 많이 마련되어 있다. 인근에 그런 프로그램이 없다면 새롭게 만들어봐도 좋지 않을까?

인도주의적 목적을 추구하는 단체에 가입하자. 인도주의를 강화하고 인간애를 발휘할 기회를 얻으면 전에 없이 인간 공동체의 일원이 된 기분을 느낄 것이다.

현실과 대면하기

◆

특정한 현실을 직시해 담판 지을지 아니면 모른 척할지 결정하기 어려울 때가 있다.

평소 현실을 직면하는 성향인가, 아니면 외면하는 성향인가? 대면할 수밖에 없는 현실을 얼마만큼 직시하고 싶은지, 그러고 싶기는 한지 모르는 경우도 있다. 그러니 자신이 어떤 사람인지, 성향이 어떤지, 어떤 조건에서 현실을 피하거나 대면해

야 하는지 알면 당황스럽거나 어려운 일이 생겼을 때 감당하기
쉬워진다.

세상을 살아가려면 매일 많은 현실을 대면하고 처리해야 한
다. 불쾌하거나 해롭거나 너무 힘들어 회피하거나 외면하거나
달아나거나 무시하는 현실도 많다. 회피하는 대가가 크지 않으
면 현실을 피하기 마련이다.

현실이란 것은 과연 무엇인가

◆

현실을 대면하기에 앞서 그게 무엇인지 알아야 한다. 현실은
때로 아주 뻔하고 쉽게 파악된다. 실제로 정신 능력 상실 여부
와 같이 애매하거나 불확실한 현실이라면 우선 관찰, 검사, 평
가를 통해 그 현실이 무엇이고 얼마나 영향을 미치는지 잠정적
으로 결론을 내린다.

현실 직시라는 복잡한 과정의 첫걸음은 새로운 주요 사건을
인식하는 일이다. 이 과정은 여러 질문과 관계된다. 다리 골절
처럼 당장 처리할 긴급한 일인가? 아니면 가벼운 기침이나 코
감기처럼 즉각 조치하지 않아도 되는 일인가?

손거스러미, 감기, 손목 화상처럼 일시적인 상황인가? 만성
질환처럼 다소 지속될 상황인가? 다시 말해 지나갈 일인가, 계
속될 일인가?

고착된 일인가, 변하는 일인가? 단기기억상실처럼 지속될 일인가, 세월에 따른 심신 약화처럼 변하는 일인가? 우리는 질문해봐야 한다. 미래에 일어날 일에 비해 현재는 어떤가? 고착된 일인지, 변할 일인지 가늠하기 어려울 수도 있다. 예컨대 교통사고 뒤에 심한 두통이 생긴다면 이 증상이 평생 지속될지, 아니면 일시적일지 모른다.

어떤 현실들은 명확하지 않고 다양하게 해석할 수 있다. 예를 들어 친구가 까다롭고 종종 성질부린다면 이것은 명확한 현실이다. 이와 달리 친구가 유난히 둔하다면 그에게 무슨 일이 벌어지는지 애매하거나 불분명하다. 누구는 그가 우울하다고 짐작하고, 다른 누구는 그가 힘든 활동 뒤에 쉬고 있다고 짐작한다. 또 누군가는 그가 사색하는 줄 안다. 같은 현실과 조치 방법을 놓고도 해석이 분분하다.

불안정한 걸음걸이처럼 현실이 완전히 새로운가? 현기증처럼 전에도 겪었는데 사라졌다가 다시 나타나 익숙한가? 시력 감퇴나 청력 상실처럼 기본적인 건강과 안정을 위협하는가? 아니면 그럭저럭 괜찮은가?

현실이 미온적인 상태로 나타나는가, 심각한 상태로 나타나는가? 팔에 난 종기처럼 조치할 수 있는 일인가? 아니면 황반변성으로 인한 시력 저하처럼 방법이 없는가? 조치할 수 있다면 직접 시도하고 싶은가, 아니면 누군가에게 요청해야 하는가? 혹은 장래 어느 시점까지 조치를 미루고 싶은가?

현실은 다양한 경로로 다가온다. 낙상해 어깨가 탈구되는 일처럼 사고를 당할 수도 있다. 노화로 인한 청력과 시력 저하처럼 살다 보면 나타나기도 한다. 미움으로 관계를 망치듯 무의식적인 행동으로 자초하기도 한다. 위험한 동네에 들어섰다가 공격받아 다치는 일처럼 무심코 선택하거나 수학 심화 과정처럼 의도적으로 선택하기도 한다. 사랑하는 이가 중병에 걸리는 일을 경험할 수도 있다. 선택이든 자연이나 사고의 결과이든 현실은 어떤 태세를 취하고 어떤 조치를 취할지 결정하게 만든다.

현실을 대면해야만 하는가

◆

의식적인 선택으로 현실을 회피하는 것이 아닌 경우도 있다. 지각 밖에서 결정되어 다른 요소가 끼어들 때까지 무의식적으로 그 현실을 외면하는가 하면, 의도하거나 얼핏 의식하면서 현실을 외면하기로 결정하기도 한다. 이런 경우 특정 현실을 대면할지 말지 결정하려면 고려할 사항이 아주 많다.

어떤 경위로 생긴 특정한 현실은 다른 현실들보다 쉽게 지각한다. 현실이 너무 위압적이고 끈질기고 삶을 방해하기 때문에 금방 알아차린다! (조치하기도 하고 그러지 않기도 하지만!) 현실이 불러오는 고통이나 괴로움은 현실을 대면할지 말지 결정하는 데 영향을 미친다. 안위나 생존을 위협하는 두려움이나 깊은 절망처럼 강한 감정을 일으키는지 여부도 결정하는 데 영향을 준다.

현실과 대면해 조처한다면 삶의 통제력을 얼마나 잃을까? 또 얼마 동안 그럴까? 대면하지 않기로 결정한다면 어떨까? 현실을 대면한다면 감정적으로 다루기에 얼마나 무거울까? 회피하기로 결정한다면 어떨까? 특정 현실을 미래에 대면하는 게 낫다고 느낄 수도 있다. 그때가 되면 지금 신경 써야 할 다른 현실들이 얼마간 사라졌을 테니까.

이 현실을 대면하려면 어떤 조치를 취해야 할까? 그 행동에 불쾌함이나 괴로움이 얼마나 따를까? 해결하지 않으면 활동을 제한하는 신체 이상 같은 현실을 직시하는 편인가? 특정 현실을 대면할 때 즉시 나서서 도와줄 사람이 있는가?

얼마나 자주 특정한 현실을 마주해야 하는가? 각 선택은 어떤 결과를 낳는가? 조처하는 게 상책인가? 무대응이 상책인가? 달리 말해 지금 현실을 대면하면 육체, 감정, 경제, 사회적으로 어떤 대가를 치를까? 또 대면을 미루면 어떤 대가를 치를까? 지금이 그 현실을 대면하기에 최적의 상황이고 장소인가? 가장 좋은 시점인가? 이 현실에 어떤 자세를 취해야 가장 마음 편하고 평온할까?

여기 노년에 고심해볼 주요 현실이 몇 가지 있다. 이에 따라 자신이 어떤 사람인가라는 현실을 마주하거나 회피할 수 있다.

자신을 직면하고, 통찰하고, 자신에게 솔직하기로 한다면 예상보다 나은 자신을 발견할 것이다! 당신은 어쩌면 더 친절하고 배려심 있는 사람일 것이다. 반대로 생각보다 못한 자신을 발견할 수도 있다. 더 제멋대로이거나 타인에게 적대적이거나 무관심하고 불쾌한 사람일 수 있다.

관계들, 특히 중요한 관계들의 현실을 직면하거나 회피하기로 선택할 수도 있다. 특정한 관계의 실제 상태를 직시하면 놀라거나 실망할지 모른다. 하지만 속상하든 기쁘든 최소한 자신의 자리를 알게 된다.

우리는 노화라는 현실을 직면하거나 피하거나 부정할 수 있다. 노화를 지각하면 신체적, 감정적으로 적응할 기회를 얻어 변하는 상황에 대처할 수 있다. 하지만 그런 직면은 걱정, 두려움, 무력감을 일으키기도 한다. 한편으로 부정이나 회피는 잠시나마 불안이나 염려를 피할 수 있고, 때로 그 상태를 오래 지속시킬 수도 있다.

병이나 장애라는 현실을 대면할 수도, 외면할 수도 있다. 질환이나 장애를 지각하고 인정해 조치하면 태도와 감정을 준비해 장애가 삶을 삼키는 일을 막을 수 있다. 질병을 지각하기를 미루거나 부인하면 조치할 방안을 찾지 않아 치료 시기를 놓칠 수 있다.

죽음이라는 현실을 직면하면 집착이 생길 수도 있다. 공포, 부정, 과도한 불안, 불편함을 느끼지 않고 적응할 준비를 하기도 한다. 혹은 각기 다른 시점에 모든 반응을 골고루 보이기도 한다. 부정은 다양한 형태로 나타난다. 어떤 이들은 자신이 영원히 살고 죽지 않을 거라고 무의식적으로 믿는다. 아주 먼 일이나 지금 걱정할 필요 없다고 생각하기도 한다.

현실을 받아들인다

♦

현실을 직면한다는 것은 실체를 직시하고 정확히 인식해 의식 속에 온전하게 받아들이고 반응한다는 뜻이다. 거기 뛰어들어 해결하려 노력하고, 나름대로 타협해 결국 할 수 있는 일을 한다.

현실을 직면하거나 회피하는 방식은 정도가 다양하다. 양발로 뛰어들어 특정 현실을 온전히 대면할 수도 있고, 되도록 적게 대면하거나 전혀 대면하지 않을 수도 있다. 또 기분과 에너지 수준에 따라 대면하다 말다 할 수도 있다.

일반적으로 현실을 대면하겠다는 선택은 현실의 특징과 그것이 현재와 미래에 미치는 영향에 좌우된다. 예를 들어 귀가 감염된 것처럼 아프면 진찰받고, 청력을 잃으면 보청기를 착용하듯 정면으로 마주해 대처 방안을 강구할 수 있다.

현실에 천천히 다가가 조금씩 흡수하기도 한다. 친한 친구가 암에 걸려 6개월 시한부 판정을 받는다면 처음에는 그 사실을 믿지 못한다. 친구는 아주 생기 있고 활기차 보이기 때문이다.

그러다 처음의 충격이 가라앉고, 친구가 점점 기운이 없고 창백해지면 죽음이 임박했다는 사실을 차츰 받아들인다.

현실을 도전으로 보고 제압하려 하기도 한다. "폐렴에 걸린 게 무슨 대수라고. 어쨌거나 난 외출할 거야"라는 식으로 말이다. 현실을 있는 그대로 수용할 수도 있다. 이전에 부정하거나 부인했던 일을 피치 못할 현실로 믿고 경험한다. 배우자가 가정을 버렸다는 사실을 마침내 받아들이는 일처럼 현실을 인정하고 이해한다.

내 경우 천식이 그렇다. 내 삶의 한 부분이고, 오래 함께한 만큼 나는 그 현실을 존재 일부로 받아들였다.

현실을 회피할 수도 있다

◆

인간으로서 현실을 부정하고 회피하는 것은 다반사이며 나쁜 일도 아니다. 때로 부정과 회피가 두려움을 눌러주기도 하지만 반대로 해가 되기도 한다. 현실 인식을 꾸준히 거부하면서 상황이나 상태가 악화되기 때문이다. 핵심은 어떤 상황에서 어느 정도까지 회피하거나 부정하면 별문제 없이 위태롭지 않을지 아는 것이다. 이따금 현실을 왜곡, 회피, 부정하는 일은 괜찮다. 자족감을 지켜주고 자기 생각이 맞다고 증명해준다. 또 원하는 상황에서 자기 모습에 흡족하도록 돕는다. 긍정적인 허상은 장래에 희망을 갖게 하고, 앞날을 긍정적으로 기대해 나아가게 한다. 문제는 그 희망을 얼마나 오래, 잘 견지할 수 있는가이다. 허상은 언제 무너질지 알 수 없다. 그런 상황이 벌어지면 희망이 절망이나 불안한 현실 도피로 바뀔 수 있다. 유진 오닐의 희곡『아이스맨이 오다』가 떠오른다. 극에서 주인공은 오랜 세월 술집에서 지내다 마침내 바깥세상을 마주하러 나온다. 그는 곧 '거기 밖'의 현실을 직면할 수 없다고 깨닫고 술집으로 돌아와 허상을 안은 채 막연하게 산다. 여기서 오닐은 어떤 현실들을 회피할 가능성이 없으면 인간은 생존하지 못한다는 점을 지적한다.

넌덜머리 나는 현실을 만나면 우선 피하거나 무시하고 싶다. 회피의 정도와 방법은 다양하다. 휙 쳐다보는 것부터 완전히 누르는 것까지 가지각색이다. 의도적으로, 혹은 얼핏 지각하면서 현실 인식을 거부하기도 한다. 예컨대 나는 중국 여행에 앞서 만성기관지염을 진단받았다. 중국 도시들의 매연이 심해 여행하면 병이 악화될 위험이 있다고 경고받았다. 하지만 경고를 무시하고 여행을 떠났고 천식에 걸렸다.

자기도 모르게 무의식적으로 현실을 억제하기도 한다. 예를 들어 시력이 약화되었다는 점을 전혀 모르고 있다가 누군가에게 지적받으면 그 사실을 즉시 부정한다. 혹은 현실 직시를 미룬다. 수개월 동안 위통이 지속되는데도 진찰을 미룬다. 드문드문 청력 저하를 애매하게 의식하지만 대체로 그 사실을 잊거나 무시하거나 아닌 듯 행동한다. 특정한 현실을 접하거나 상황이 목전에 다가오면 두려워 도망치고 현실로 인정하지 않기도 한다. HIV 검사 양성 결과나 재능이나 기술이 예전보다 못하다는 사실을 인정하지 않는 일처럼 말이다. 발레리나나 오페라 가수가 기량이 떨어졌는데도 계속 무대에 서면 결국 달갑지 않은 결과가 생긴다.

회피 과정은 현실 경험을 거부하면서 시작된다. 인지하고도 중요하지 않다고 무시하거나, 인지하고도 제대로 관심 쏟는 일을 나중까지 미룬다. 혹은 자신을 속여 현실을 다르게 생각하거나 허상을 만들고, 그로 인해 현실의 심각성과 중요도가 줄어들거나 사라진다.

어떤 이들은 현실 직시와 회피 사이를 오간다. 어느 한쪽에 정착하기까지 이랬다저랬다 한다. 혹은 지속적으로 우유부단하게 반응한다. 죽음과 그로 인한 공포라는 현실을 대면할 때 그런 경우가 많다.

핵심은 현실 직시와 회피 사이에서 최대한 균형을 잡는 것이다. 특정 현실의 경우 어떻게, 언제, 어디서, 누구와 대면하거나 회피할지 결정해야 한다. 현실을 직시해 그것이 무엇인지 알고 이해하는 일과 조치 가능하고 필요하면 조치하는 일은 다르다. 조치가 불가능하고 불필요하다 해도 최소한 자신이 처한 실제 상황을 알게 된다. 고칠 수 없는 (혹은 그럴 필요 없는) 현실을 회피하면 일시적으로든 지속적으로든 수반되는 두려움, 난관, 혼란이 줄어든다. 이는 지금 더 효율적이고 편히 지내기 위해 미래에 나쁜 결과가 생길 위험을 감수하겠다는 의도적 선택이다.

누군가에게 의존해야 할 때

♦

대부분 노년층은 젊은 시절처럼 삶의 주도권을 원한다. 최대한 자신을 책임지고 알아서 결정하고 싶어 한다. 자립해 나름의 계획을 실천하고, 혼자 힘으로 움직이고 싶어 한다. 또렷한 정신을 유지하고 적극적으로 지내고 싶어 한다. 해야 하는 일과 하고 싶은 일을 하고, 선택한 사람들과 관계를 유지하고 싶어 한다. 원하는 프로젝트에 건설적으로 참여하고 싶어 한다. 독립적이고 통제권을 갖고 싶어 한다. 상호 의존하고 자발적으로 행동하고 싶어 한다.

의존해야 하기에 절망하며 포기해야만 하는 자신의 처지에 분노할 수도 있고, 침착하게 받아들일 수도 있다. 하지만 나이 들면서 의존도와 도움의 필요성이 커지는 일은 피할 수 없다. 어떤 시기에 어떤 일들을 전문가에게 조금이나 많이 도움 받게 된다. 혹은 골고루 많은 일을 긴 시간이나 항상 의존할 수도 있다. 의존과 자립이 섞인 상황에서 문제가 생기면 일부 의존할 수밖에 없음을 지각하고 인정해 필요한 도움을 받아야 한다. 자신의 능력을 과대하거나 과소하게가 아니라 정확히 평가할 수 있는가가 핵심이다.

자립 능력을 과대평가해 힘들어지거나 다치는 경우와 과하게 의존해 진력을 다하지 않는 경우가 부딪친다. 의존해야 할 때 의존하고, 도움을 구해야 한다는 신호가 나타날 때 어떤 도움을 얼마나 받을지 스스로 판단해야 한다. 그러려면 자신과 수행할 일의 특징을 파악해야 한다. 상황과 능력에 적합한 의존도와 자립도의 균형을 현실적이고 적절하게 조율해야 한다. 또 지나친 의존과 경솔한 자립 사이에서 적정선을 취해야 한다. 신체, 감정, 외적 환경이 변하면 상황을 평가해 시간을 조정해야 한다. 여기서 자신의 능력과 가능성에 확신이 없으면 큰 난관에 봉착한다. 어떤 종류의 도움을 얼마나 많이, 누구에게 받을지 확신이 없는 경우도 마찬가지이다. 나 아니면 누가 이걸 판단할 수 있을까? 내 판단을 신뢰할 수 있는가? 이 판단을 할 때 타인의 도움에 의지하면 될까?

감정 상태에 따라 도움 받아야 할 때와 그 필요성을 거부하는 때가 부딪치기도 한다. 마찬가지로 어떤 일을 할 능력이 부족하다고 믿지만 실제로 능력이 있어 예상보다 잘할 가능성도 있다. 전자는 과장된 독립성과 자립성을 보이고, 후자는 과장된 의존성과 도움의 필요성을 나타낸다.

고집의 대가

◆

나는 한때 스테로이드 투약을 한사코 거부했다. 천식이 시작되자 호흡기 전문의는 천식을 치료할 약물들과 함께 스테로이드 복용을 권했다. 하지만 천식 환자이자 병자를 행동치료법으로 치료하는 심리학자가 약물 사용 장애를 우려하면서 스테로이드 복용을 말렸다. 그는 일단 스테로이드를 투약해 일정 기간 지속하면 절대 중단하지 못한다고 믿었고, 그 점을 뒷받침하는 증거도 많았다. 하루 복용량과 투약 기간에 따라 스테로이드가 여러 내장 기관에 심각한 부작용을 일으키기도 하는 것은 사실이다. 나는 심리학자의 충고를 근거 삼아 발병 이후 9개월간 스테로이드 복용을 거부했고, 그 결과 심하게 진통했다. 수차례 천식 발작을 일으켜 응급실에 두 번 갔고, 두 번 입원했다. 나는 계속 고민했다. 67세에 처음으로 평생 약물에 의존할 길을 갈지 결정해야 했다. 9개월이 지나갈 무렵 제대로 생활하기 위해서는, 아니 발작 빈도와 정도가 심해져 생명을 부지하기 위해서는 스테로이드를 거부하면 안 된다고 결론지었다. 마침내 주치의의 강권으로 프레드니손 5밀리그램을 투약하는 데 동의했다. 약을 복용하자 병은 크게 차도를 보였고, 덕분에 정상 생활을 되찾을 수 있었다. 결과적으로 나는 스테로이드 의존에 항복했고, 마지못해서이긴 하지만 안도하면서 언제까지 먹어야할지 모르는 약을 복용하게 되었다.

편하게 도움을 요청하자

◆

잠시 의존하는 것이 현명할 때가 있다. 휴가에서 돌아오는 길이었다. 나는 가방 두 개를 수하물로 부치고 가벼운 짐 몇 가지는 기내로 들고 갔다. 비행하는 동안 옆에 앉은 중년 남성과 아주 유쾌하게 대화했다. 그가 수화물 찾는 곳에서 내 가방을 찾아 택시 승차장까지 옮겨주겠다고 하자 처음에는 이런 생각이 들었다. '내가 할 수 있어. 도움 따윈 필요 없어. 나를 등이 아픈 늙은 천식 환자로 보는군.' 그와 대화하던 가운데 등 통증과 천식 증상이 나타났기 때문이다. 이어서 이런 생각이 떠올랐다. '이 짐을 혼자서 챙기려면 힘들 거야. 게다가 이 사람은 진심으로 돕고 싶어 해. 나보다 힘이 좋을 테니 도움 받아야지.' 내가 그에게 짐을 맡기고 진심으로 고마워하자 그는 감사 인사를 받고 퍽 기뻐하는 눈치였다.

도움을 받을 이유가 충분한데도 많은 사람이 자립심이 줄고 의존적으로 변했다며 감정적으로 힘들어한다. 무력감과 통제력 상실감이 커지다 자존감을 잃고 무용지물이 된 기분으로 이어진다. 독립적이고 자기주도적인 사람이라면 통제권을 놓기가 (혹은 빼앗기기가) 쉽지 않다. 자신을 도우미, 기관, 전문가의 손에 맡기거나 치료약 같은 물질에 의존하기 어렵다. 평생 독립심을 중시했다면 더욱 그렇다. 내면에서 반발심이 솟구쳐 마침내 항복할 때까지 부인, 저항, 거부 증상을 다양하게 드러낸

다. 의존해야 하는 현실을 받아들여 적응하는 데 시간이 걸린
다. 한편으로 무력하다는 환상, 식물인간이 되거나 치매에 걸릴
두려움에 빠지기도 한다. 독립성과 생활 통제권을 제약받으면
좌절과 분노가 생기고, 합리적이거나 비합리적인 방식으로 의
존과 맞서 싸우게 된다. 의존한다는 사실을 숨기거나 축소하려
든다. 얼마나 의존하면, 어떤 종류의 의존이면 절망에 빠지는가
는 까다로운 문제이다. 의존하는 데는 수치심, 민망함, 무기력
함, 낙인찍힌 기분이 필연적으로 따르는 것일까?

의존이 주는 느낌은 돕는 이들과도 상관된다. 그들이 내게
연민이 있고 공감하는지, 내 욕구를 얼마나 잘 이해하는지, 할
수 있는 일은 자립해서 독립적으로 하도록 격려하는지에 따라
느낌이 달라진다. 그들이 생색내며 친절을 베풀거나 동정하는
태도로 대하는가? 혹은 내가 잘하거나 잘 아는 부분은 돕게 해
주는가? 계속 나를 존중하며, 의존은 '나'의 일부일 뿐이고 나는
그 이상의 존재라고 알려주는가?

재닛 벨스키Janet Belsky가 저서 『여기서 내일』Here Tomorrow에서
인용한 연구는 도움 받는 쪽이 얼마나 의기소침해질 수 있는지
보여준다. 가족에게 도움 받는 사람들은 "주는 일로 균형을 맞
출 수 없을 때 어떤 식으로든 보답하려 했고, 우울해지는 경향
이 있었다. (…) 따라서 도움 받아야 한다면 뭔가 돌려주려 한
다. 자존감을 위해 보답해야 한다고 설명한다."*

어떤 이들은 의존해야 한다는 사실을 인정하지 않는다. 그

런가 하면 가능할 때마다 기꺼이 의존하는 사람들도 있다. 의존이 필요한 현실에 소란 피우지 않고 담담하게 접근하는 사람들도 있다. 그들은 자존감을 해치지 않고, 앞서 말한 균형을 잘 잡으면서 의존하는 법을 배운다. 정말 필요할 때 도움을 청하고, 필요에 따라 도움을 이용한다. 필요 없을 때는 사양하고, 상황에 맞출 능력이 있을 때는 자신의 통제력에 안정감을 느끼면 된다.

　친구 조시가 자립심을 확고하게 보인 것은 사고 뒤 회복하면서 돌아다니기 시작할 때였다. 휠체어에 타자마자 그는 아무도 자신을 밀지 못하게 했다. 직접 바퀴를 돌리겠다고 고집했다. 휠체어에서 일어날 수 있자 아무도 자신을 부축하지 못하게 했다. 스스로 몸을 일으키려 했다. 지팡이를 짚고 걷기 시작하자 아무도 자기 팔을 잡지 못하게 했다. 혼자 힘으로 차에 타고 내리겠다고 고집했다. 누군가 아파트 건물 옆 통로에서 차를 내려줄 때도 그는 독립성을 보였다. 15미터쯤 되는 통로는 약간 오르막이었다. 그런데도 그는 도움을 거부하고 지팡이에만 의지해 끝까지 걸어갔다. 조시는 "난 최대한 혼자 잘하고 싶습니다"라고 말했다. 그리고 그 말대로 했다.

✳　Janet Belsky, *Here Tomorrow* (Baltimore: Johns Hopkins University Press, 1988), 132.

희망과 절망 사이

◆

한 유명한 시인은 '희망이 영원히 솟는다'라고 말했지만 특히 노년기에 자주 나타나는 무력감과 절망에 대해서는 말하지 않았다.[*] 기쁘고 충만한 삶을 위해 절망보다 희망을 선호하는 식으로 균형을 잡고, 희망이 앞서도록 절망을 잠재우거나 줄일 방도를 찾아야 한다.

인생을 살면서 누구나 희망과 절망 모두 경험한다. 나이 들수록 서로 반대인 희망과 절망이 더 강렬해진다. 그러니 둘을 어우러지게 해 조화롭게 균형을 이뤄야 한다. 희망과 절망이 내면에 나란히 자리 잡고 특정한 시점에 똑같이 균형을 이루든, 한쪽이 강하든, 시간차를 두고 번갈아 나오든 잘 늙고 싶다면 이 감정들을 신경 써야 한다.

두 감정을 연속선상에 두고 보는 것도 도움이 된다. 한쪽 끝에는 비참한 절망이 있고 다른 끝에는 샘솟는 희망이 있다. 연속선상에서 내 자리는 늘 거기일 수도, 심하게 왔다 갔다 할 수도 있다. 희망과 기대감의 비율은 시시각각 다르다. '기질'을 살펴 자신의 지점을 확인해도 좋다. 중간점이 두 감정의 교착 상태를 나타낼 것이다. 때로는 희망과 기대감이 느껴지지 않기도 한다. 기대감이나 무력감은 인생 전체에 스며 전반적으로 보이

---

[*] Alexander Pope, *An Essay on Man*, Epistle I, 95.

는 감정일 수도, 특정 시점에 나타나 영향을 주는 특별한 기분일 수도 있다. 하지만 절망에 뒤덮일 때도 희망은 희미하게 남아 내가 버티고 나아가도록 사그라지지 않을 것이다.

절망과 무기력을 경험한다는 건 어떤 일일까? 현재가 황폐하고 지금은 물론 앞으로도 좋은 일이 없으리라는 느낌이다. 온 우주가 암울한 기분이다. 내면의 어둠에 항복하는 일이며 슬프고 우울한 감정이다. 운명이 자신을 거스르는 느낌이다. 이미 몰아친 불운의 결과를 바꿀 길이 없고, 미래에 불운이 계속되고 악화되리라 믿는다.

한편 희망은 좋은 일이 있다는, 바라는 대로 된다는 신념과 기대이다. 순전한 우연이나 노력으로 생긴다. 희망은 어떤 소망이 이뤄진다는 믿음이다. 희망은 삶을 빛, 열의, 열정, 미래지향적 태도로 채운다. 희망은 계속 나아가게 한다. 계속 싸우고 저항하고, 역경 더미를 없애려고 노력하게 한다. 힘든 상황에서도 패배를 인정하지 않게 한다. 자신감을 높여 미래의 성공을 위해 노력하도록 동기를 부여한다. 절망이 "뭐 하러 신경 써? 그럴 가치가 없는데"라고 말하면서 포기하는 반면 희망은 상황이 변할 거라고, 긍정적인 가능성이 현실로 꽃필 거라고 믿는다. 희망은 생의 활력과 어우러져 역경에 굴하지 않겠다는 의지와 다짐으로 노력하게 만든다. 절망이 "포기해"라고 말하는 반면 희망은 "버텨"라고 말한다. 절망하면 모든 게 너무 힘들다. 희망을 가지면 할 수 있고 견딜 거라고 느낀다. 절망에 빠지면 죽음이라는 형태의 수동적인 삶에 무릎 꿇는다. 희망을 가지면 계속되는 행동의 물줄기 속에서 삶이 약동한다.

아래 표는 희망과 절망의 차이를 조명한다. 희망적인 면과 절망적인 면이 대화한다면 아래와 같을 것이다.

희망	절망
나는 아직 인생을 충분히 누리지 못했어. 이대로는 부족해. 내 인생은 아직 끝나지 않았어.	이만하면 충분해. 내려놓을 준비가 됐어. 내 인생은 끝난 것 같아.
나는 삶을 관리하고 통제할 수 있어.	삶을 감당하기 어려워.
사람들과 유대 관계를 지속하고 싶어.	사람들을 만나고 싶지 않아.
언제라도 새로 시작할 수 있어. 나는 관심사와 목표를 확장할 거야.	어떤 일을 하기엔 너무 늦었어. 방향성도, 할 일도 없이 하루하루 살고 있어.
나는 활기차고 에너지와 열정이 넘쳐.	나는 늙고 지쳤어. 기운 없고 우울해.
전과 다르게 살고 있지만 여전히 괜찮고 계속 살 만한 가치가 있어.	내가 겪은 좋은 일은 과거에만 남아 있어. 미래도 지금 같겠지, 쓸쓸하고 입맛 없고.
삶을 좋게 유지하고 의미 있게 가꿀 거야.	이제 아무것도 남은 게 없어.

아침에 일어나서 하던 일을 계속하고 싶어.	지겨워 정말. 일어나서 하루를 맞는 게 끔찍해. 더 자게 놔둬.
하고 싶은 일을 다 할 시간이 부족해.	바라는 것도, 하고 싶은 것도 없어. 인생이 따분하고 무덤덤해.
나는 인생에 관심이 많고, 매사에 탐구할 기회가 생기면 깊이 파고들어.	지금은 인생에서 최악의 시기이고, 내가 어떻게 해볼 도리는 없어. 무엇도 도움 안 되고, 인생을 가치 있거나 의미 있게, 유용하게 만들기 위해 할 수 있는 일이 없어.
나는 권태롭지 않아.	인생에 대한 관심이 모두 사라졌어. 해볼 만한 일이 없다니까. 늘 따분해. 어떤 일에도 흥미가 생기지 않아.
나는 계속 변화하고 성장하고 싶어.	할 만큼 했으니 사는 방식을 바꾸려고 힘 빼고 싶지 않아.
나는 누군가에게 중요하고 다른 사람들에게 기여하고 있어.	나는 누구에게도 중요하지 않고, 어떤 사람이나 일도 내게 중요하지 않아.
미래가 두렵지 않고 현재에 안정감을 느껴.	무력해서 미래가 두렵고 겁나. 앞날에 대해서는 완전히 두 손 놓았어.
나는 스스로 챙기고 다치지 않게 조심해. 몸과 마음의 건강을 유지하고 있어.	부주의해서 몸도 마음도 자주 다쳐. 상태가 나빠져도 거기서 멈추려고 애쓰지 않고 내버려두지.

노년은 새롭고 예상 못 한 일들을 겪게 되는 시기야. 관계, 생각, 감정, 경험, 지식, 발견 가능성과 기회가 매일 새롭게 주어져.	노년은 정체되고 퇴행하는 시기야. 끝이라고. 아무런 희망도 매력도 없이 그저 겪어내야만 하는 따분하고 공허하고 쓸쓸한 시기지.
나는 에너지가 샘솟아. 질병과 불편함이 있지만 태도를 긍정적으로 유지하려고 노력해.	나는 지치고 서글퍼. 사는 게 너무 버겁고 지겨워. 질병과 불편함이 기분을 좌우하고 암담하게 마음을 짓눌러.
나는 관심사와 탐구 영역을 확장하려고 애쓰고 있어. 목표와 동기는 물론 몰두할 일들이 있어.	나는 관심사와 탐구 영역을 줄이고 제한해. 하루하루 방향성도 할 일도 없다시피 지내.
나는 평소 낙관적이고 적극적이야.	나는 평소 비관적이고 의기소침해.

절망은 어디에서 오는가

♦

희망보다 절망의 근원지가 더 찾기 쉽다. 아주 여럿이기 때문이다. 절망은 힘들고 고통스럽고 혼란스러운 성장 과정에서 생길 수 있다. 질병이나 다른 불운과 역경, 타고난 기질, 우울한 감정 상태, 죽음에 대한 두려움, 가까운 사람의 배신이나 방치로 인한 사람, 상황, 관계에 대한 망상, 부모나 배우자, 자녀의 죽음.

심리적, 육체적 노화나 기능 장애는 깊은 절망을 가져올 수 있다. 외로움, 피로, 나태, 목적 없고 쓸모없는 행동도 마찬가지이다.

물론 위에 나열한 점들 외에도 절망의 근원이 있을 수 있으며, 이 점들이 반드시 절망을 일으키는 것도 아니다.

한창 천식과 싸우던 시절, 몸과 감정 상태를 예전처럼 만족스럽게 회복하려고 절망과 싸우던 기억이 난다. 두 손 들까 하는 마음이 굴뚝같았다. 병에 굴복하고 우울감에 빠져 아무 활동 없이 숨만 붙은 상태로 침잠하고 싶었다. 하지만 마음속에서 작은 목소리가 들렸다. '아니, 멈추지 않을 거야. 다시 삶을 이어가기 위해 싸울 거야. 병을 통제할 순 없지만 기분과 태도와 감정까지 휘둘리진 않겠어.' 병이 깊어질수록 고통에서 배우고 얻어내겠다는 결심이 커졌다. 낙담과 희망이 번갈아 나타나면서 '나는 살고 싶은가, 죽고 싶은가?'라는 질문을 두고 내면 갈등이 심해졌다. 마음 한쪽에서 이 고초를 계속 겪으니 죽음을 받아들일 준비가 됐다고 생각했다. 하지만 강인함도 조금 남아, 떠날 준비가 안 되었으니 삶을 선택하고 싶었다. 인생과 생명에 대한 주된 감정이 희망인지 절망인지, 생을 위해 싸울지 포기할지 하는 큰 갈등이 계속되며 희망과 절망이 힘을 겨뤘다. 나는 호흡의 다양한 특징과 변화, 들숨과 날숨의 가벼움과 무거움, 가슴의 뻐근함과 시원함, 에너지의 저하와 상승을 관찰했다. 꼼짝 못 하게 만드는 천식 발작의 공포에 짓눌렸다가, 발작 뒤에는 심각한 증상이 생기지 않는다는 자신감을 느꼈다. 이런 크고 작은 스트레스를 유발하는 징후에는 벅찬 희망이나 씁쓸한 절망이 뒤따랐다. 부정적인 징후(가슴이 뻐근하고, 끓는 가래를 못 뱉고, 씨근대는 숨소리가 날 때)를 느끼면 절망으로 곤두박질쳤다. 한 시간 뒤쯤 가슴이 시원해지고 호흡이 안정되면 희망이 다시 밀려들어 이깟 병을 때려눕힐 거라는 자신감이 생겼다. 때로 여러 징후가 나타나면 지속적으로 악화되다 결국 '마비 상태'가 되리라는 불안에 사로잡혔다. 증세가 가라앉고 하루 한 시간쯤 안도하면 (적어도 덜 절망하면) 희망이 솟구쳤다. 희망과 절망이 차오르다 가라앉는 것, 최악에 대한 두려움과 좋은 일에 대한 기대가 교차하는 걸 관찰했다. 희망과 절망이 생기는 과정, 결과와 거리를 두기 시작했다. 일정한 패턴과 변화를 지켜보기 시작했다. 또 언제 어떻게 희망과 절망에 반응하는지 지각하니 만족감이 생겼다. 관찰자가 되니 점차 신체 상황과 무관하게 절망을 통제할 능력을 느끼기 시작했다.

희망은 반드시 있다

♦

우리는 희망의 원천을 파악해 찾아내야 한다.

몇 가지 열거하자면 다음과 같다.

- 다양한 행운
- 행복을 추구하는 유전적 기질
- 손주의 출생
- 희망이 넘치는 사람, 롤모델로 삼을 사람과 어울리기
- 신앙심
- 용감하고 숭고한 행위(가령 나치로부터 유대인을 보호하는 단체나 멸종 위기 종의 밀렵을 막는 데 헌신하는 조직)처럼 희망을 불러일으키는 상황과 환경에 대해 알아보기
- 건설적이고 독창적인 행위나 힘든 일에 맞서 성공한 노력에서 영감 얻기
- 성장하고 발전하도록 지원하고 싶은 후배에게 애착 갖기
- 충실하고 만족스러운 개인적, 사회적 환경
- 애정 어린 양육
- 분야에 관계없는 과거의 성공
- 의미 있는 활동에 대한 지속적인 참여
- 한 명 이상의 사람과 사랑하는 관계 지속

희망적이지 않은 상황에서 어떻게 희망을 불러올까? 희망과 절망이 병존할 때 어떻게 절망보다 희망이 앞서게 할까? 어떻게 희망을 강화해 절망을 제치고 삶의 중심 역할을 계속하게 할까? 절망이 강력할 때, 어떻게 그걸 이용해 내공을 쌓는 동시에 절망을 수용하거나 밀어내는 법을 배울까? 어떻게 절망을 버리거나 변화시키는 법을 익힐까? 희망과 절망을 어떻게 조합해

최선의 조화를 이룰까? 희망을 지속적으로 유지하는 일의 묘미는, 그것이 인생과 자신과 타인에 대한 신뢰를 보여준다는 사실이다. 넓게 보면 이것은 꾸준한 노력에 깃든 희망이 자기 치유를 향해, 더 따뜻한 공동체와 나은 세상을 향해 나아가게 한다는 믿음을 뜻한다.

내가 제안하는 세 가지 목표, 즉 문제들과 타협하기, 잘 나이 들기, 최대한 좋은 사람 되기를 추구할 수 있느냐는 활기 있고 희망찬 삶의 힘과 자신을 지치게 하는 절망적인 힘의 균형이 좌우한다. 멋지고 보람찬 노후를 위한 싸움에서 어느 쪽이 우위를 차지하는가? 이 기본적인 긴장은 앞에서 다룬 딜레마들의 토대가 되고 영향을 미친다. 어떻게 해결하느냐가 삶에 지속적으로 영향을 준다.

희망과 절망 사이의 긴장, 갈등, 줄다리기가 길어지고 심하고 해결되지 않으면 그에 따라 기분이 좌우되고 기운이 빠진다. 그러면 양질의 삶을 최대한 열정적이고 온전하게 영위하지 못한다. 따라서 두 딜레마 사이의 균형을 최대한 빨리 잡는 게 중요하다. 여기 그 방법을 제시한다.

삶에 적극적이고 충만하게 뛰어들라. 현실을 되도록 많이 대면하라. 최대한 자립하라. 미래를 희망적이고 낙관적으로 대하라. 친밀한 관계들을 유지하되 필요할 때는 고독을 누려라. 세상과 소통하는 일에 에너지를 쏟아라. 비난, 고립, 공동체에서 멀어지려는 유혹에 저항하라. 의존을 최대한 피하되 필요할 때

는 의지하라. 설망을 극복하고 가능한 모든 방식으로 희망을
찾으라.

The Wisdom of Morrie

4장

멈추기, 보기, 듣기

자유는 의식의 한계까지만 뻗는다.

— 카를 융, 『연금술 연구』 중에서

잘 늙고 최대한 멋진 사람이 되는 데 필요한 도구들을 한마디로 정리하면 '지각'일 것이다. 지각을 확장하면 문제 영역을 구분해 해결책을 생각하고 객관적으로 바라볼 수 있다. 이 장에서는 지각을 확장하고 커진 지각을 적용해 최선의 노후를 만드는 방법들을 다루려 한다.

인간이 다른 동물들과 가장 구별되는 점은 자신, 타인들, 아는 것들에 대해 사고하는 능력이다. 다시 말해 인간은 자신과 바깥세상을 반추할 수 있다. 삶에 대해 더 복잡하게 사고하고 다른 영역까지 이해를 넓힐 수 있다. 과거와 미래, 수단과 결과,

그 사이의 연결성을 따져볼 수도 있다.

　누구나 이 인간 고유의 능력을 가지기에 이를 발전시키면 사건들이 자신에게 미치는 영향을 더 인식할 수 있으며, 외부 사건들을 더 신중하고 정확하게 관찰할 수 있다. 또 자신의 생각, 감정, 행동, 상호관계를 더 명확히 받아들이는 법을 배울 수도 있다.

　인간은 한평생 가까이 몽유병자로 산다. 반만 지각한 채 자동 주행 장치를 가동한 것처럼 산다! 하지만 우리는 자신에게 벌어지는 일을 훨씬 더 지각할 수 있다.

　휴스턴 스미스Huston Smith는 저서 『세계의 종교』The World's Religions에 이렇게 썼다. "석가모니에 따르면 해탈(무의식, 로봇 같은 존재에서 해방되는 것)은 자각으로 얻으며, 이 목적을 위해 자신을 깊이 이해하고 만물을 '본성 그대로' 면밀히 알아야 한다."＊

　지각은 생명을 유지시키는 특이한 활동으로, 그 능력이 없다면 인간의 삶은 비참해질 것이다. 아니, 인간의 삶은 없을 것이다. 누구나 어느 정도 지각하지만 우리에게는 지각력을 키울 잠재성이 있다. 물론 지각 확장을 방해하는 요소들이 있다. 산만함, 멍함, 딴생각은 지각을 넓히려는 노력을 가로막는다. 오랜 습관 역시 지각의 확장을 해치는 요소이다. 하지만 계속해서 노력하면 다양한 이익을 얻을 수 있다.

＊　Huston Smith, *The World's Religions* (New York: HarperCollins, 1991), 110.

지각을 확장해 얻을 수 있는 이점은 다음과 같다.

- 지혜와 긍정적인 인간성을 키운다.
- 호기심, 흥미, 삶에 대한 열정을 높인다.
- 관찰력을 예리하게 하고 정신, 마음, 기능, 관계, 경험을 깊이 이해하게 한다.
- 내면과 바깥의 현실의 관계를 더 명확히 보게 한다.
- 노인 차별주의와 곳곳에서 만나는 노인 차별을 인식하게 한다.
- 원하는 모습을 만들 힘을 준다.
- 벌어지는 일을 더 잘 통제하게 한다.
- 수동성, 무심함, 권태 같은 노화의 부정적인 경향을 막아준다.
- 늙어가는 자신의 본질을 깨달아 어려움에 적응하게 한다.
- 공감 능력을 키워준다.
- 명료함과 자기 이해를 통해 자존감을 향상시킨다.
- 균형감을 잃을 때 균형을 되찾게 한다.
- 현재 내 모습을 알고, 바라는 인간상과 비교하게 한다.

그러면 지각을 어떻게 확장할 수 있을까? 오래전부터 '멈추기, 보기, 듣기'는 지각 확장을 시작하는 데 좋은 지침이 되어왔다. '멈추기'는 집중할 준비를 하라는 뜻이다. '보기'와 '듣기'는 온 마음으로 앞에 놓인 현실들을 관찰하고 돌파할 방도를 다양하게 시도하라는 의미이다. 따라서 지각의 확장은 흐릿하거나 한

눈 팔거나 부주의한 지각에서 직시하고 사려 깊고 또렷한 지각
으로 옮기는 과정이다. 그런 지각은 내가 하는 행위뿐 아니라
내면과 주변에서 일어나는 일에 민감하게 한다. 물론 이 과정
은 별다른 생각 없이 무의식적으로 일어나기 마련이다. 하지만
이 과정을 더 충분히 의식하고 단순한 습관 이상으로 받아들일
수도 있다.

다음은 내가 개인적으로 도움 받은 지각 확장법들이다. 여러
분에게 도움이 되면 좋겠다. 내키는 방법을 적당하다고 느껴지
는 순서대로 시도해보기 바란다. 간단히 연습하면 열심히 해보
고 싶어질 것이다.

전체를 바라보기

◆

어떤 장면을 느긋하고 한가롭게 '응시'하면서 즐겨보자. 또렷이
보이는 이미지뿐 아니라 시야에 들어오는 색상과 움직임에 유
의하면 된다. 사회적 풍경을 '훑으면서' 흥미롭거나 위협적이거
나 중요한 점을 선택하면 된다. 여기서 핵심은 대면하는 것 전체
를 직관적으로 흡수하는 것, 다시 말해 전체를 이해하려 하는 것
이다. 그러면 맥락과 세부가 이어져 또렷이 보인다. 주시는 사건
들을 지속적으로 따라가면서 전체의 흐름을 평가하는 일이다.

일본

나는 일본의 어느 정원에 있다. 정원의 아름다움에 놀라 숨을 멈추고 거기 흠뻑 빠지려 한다. 감상할 게 정말 많다. 독특한 연못, 흐드러지게 핀 꽃들, 특이한 모양으로 설계한 덤불들, 정의하기 어려운 분위기, 세심하게 자리 잡은 꽃과 덤불의 배치. 마음속에 풍경이 자리 잡은 뒤, 나는 이 마법 같은 장면에 적응하려 애쓰며 정원을 바라본다. 이 경험이 왜 이처럼 희귀한지 모르겠다. 교토에 더 오래 머물고 싶지만 그럴 수 없다. 안타깝다!

밖을 내다보기

◆

주시는 바깥을 내다볼 준비를 하게 한다. 내다보면서 거기 밖에 있는 것들을 찬찬히 관찰하며 집중해서 가능한 또렷하고 정확하게 본다. 보면 볼수록 더 많이 보고 싶어지고, 더 능숙하게 관찰하게 된다.

자신을 포함한 상황 속 사물과 인물들에 유의하면서 타인들이 나와 관련해 뭘 하는지 세심히 살펴볼 수 있다. 또 내가 타인들과 관련해 뭘 하는지도 볼 수 있다. 나와 그들의 상호관계에 유의할 수도 있다. 과하게 많은 일이 벌어진다면 중요해 보이는 것에 집중하면 된다.

눈여겨본 것에 직관적으로 관심을 두고, 최대한 그것을 의식적으로 흡수한다. 내다보기란 그것이 어떻게, 언제, 어디서 나에게 영향을 주는지 아는 행위이기도 하다.

뉴욕 지하철

뉴욕에 갈 때마다 나는 겁난다. 폭력이 난무하는 도시이니! 뉴욕에는 폭력과 관련된 이야기가 허다하다. 지하철역에 들어가 플랫폼에 서서 열차를 기다릴 때면 주위를 훑어본다. 몇 명이나 열차를 기다리는지, 그들이 어떤 사람들인지, 어떻게 생겼는지, 뭘 들고 있는지, 나를 중심으로 어디에 서 있는지, 가까이 혹은 멀리 있는지, 위험해 보이는 자가 있는지 살핀다. 그러다 한 사람 혹은 하나의 무리를 빤히 본다. 그들은… 뭐랄까? 폭력범? 깡패? 강도일까? 나는 그들을 계속 주시한다. 그들이 뭘 하고 있는지, 어느 방향으로 움직이는지, 평범한 지하철 승객과 다르게 행동할 기미를 보이는지, 폭력적인 태세는 아닌지 실마리라도 찾으려 한다. 또 내 내면 상태에 주의를 기울인다. 내가 얼마나 조심하는지, 두려움이 너무 커서 압도되고 있는지, 그게 관찰을 더 어렵게 하는지, 주시하고 있는 이들의 목소리와 얼굴에 주의하려 애쓰는지, 그들이 본심을 위장하려 즐겁게 대화하는 척하는지, 대화 내용과 말하는 방식에서 위협적인 요소가 보이는지, 옷차림은 어떤지, 무기를 숨긴 것 같은지, 플랫폼에 있는 다른 승객들은 그들에게 어떻게 반응하는지, '지목된 인물들'은 어떻게 움직이는지, 어디로 향하는지 살핀다. 그러다 나 자신을 향해 묻기 시작한다. 내가 과도하게 조심하고 있는가? 눈앞의 장면을 과장하거나 관찰한 것을 과소평가하는가? 다른 사람들의 동작에서 읽히는 것과 마음속 반응 사이를 오간다. 이 모든 일이 순식간에 일어난다. 열차가 도착하고 '그들'이 나와 같이 승차하지 않은 뒤에야 경계심이 사라지며 긴장이 풀리고 안도한다.

열차에서 속으로 자문해본다. 내가 어리석었는가, 아니면 현실적이었는가? 조심하고 겁내는 게 합당했는가? 적어도 이 상황과 순간만큼은 뉴욕 지하철을 잘못 판단했는가? 겁쟁이라서 긴장했는가? 아니면 사고가 생길 위험에 신중하게 대비할 이유가 있었는가? 사고가 일어난다면 이런 지각이 도움이 되는가, 아니면 마음이 준비되었다고 느끼기 위한 행동일 뿐인가? 타인을 해코지할 의도가 없는 무고한 이들을 의심해 죄책감이 드는가? 이 상황을 겪으면서 뭘 배웠는가? 다음에는 더 단단히 준비하는 게 나을까? 결국 나중에 후회하느니 안전을 단속하는 게 낫다고 느끼면서 나는 현장을 떠난다.

안을 들여다보기

♦

이는 상황을 들여다보고, 핵심을 파악하려고 잔뜩 집중하는 일이다. 이때 우리는 자신을 열려고 애쓰고 오감, 운동 감각, 직관적 감각을 모두 동원한다. 온전히 집중하면서 듣는 말, 목소리,

뉘앙스에 세심히 귀 기울인다. 또 전해지는 말에 실린 감정을 느낀다. 처음에는 관찰하는 일이 애매하거나 헷갈리고 불분명하게 느껴진다. 하지만 상황의 세부사항을 속속들이 파헤치면 인상이 또렷해지고 윤곽이 선명해진다. 그리고 상황이 벌어지는 동안 움직임, 상호작용, 개연성 여부가 파악되기 시작한다.

들여다보기는 외부 상황을 파악하는 것은 물론 본인의 반응과 내면 상태를 관찰하는 일이다. 이렇게 관찰한 것을 지각해 마음과 정신을 통해 걸러낸 뒤 그 중요성을 알고 새긴다. 그러고 나서 상황을 관찰할 때 떠오른 생각, 감정, 신체 감각, 태도, 인식, 애매하게 이해한 점을 계속 들여다본다. 이것들이 지각 속을 드나들다 고착되고 마침내 흡수되어 경험이 된다.

내 몸

천식에 걸린 뒤 자주 내 몸에 주목한다. 몸을 지각할 필요가 있다. 여섯 시간마다 기관지 확장제를 흡입하고 하루 두 번 다른 스프레이를 뿌리고 매일 스테로이드 한 알을 복용해야 하니까. 치료 때문에 신경 써야 하지만 내가 겪는 일을 담담하게, 궁금해서 조사하듯 바라본다. 스테로이드 때문에 팔에 딱딱한 것이 닿으면 멍이 든다. 여기저기 접촉해 손등과 팔에 색깔이 화려한 멍 자국이 많다.

팔의 다른 부분과 구별되는 크고 작은 울긋불긋하고 흉한 멍을 어떤 면에서는 사랑한다. 몸에 스테로이드가 과다하다는 분명한 신호니까! 멍에는 매력적인 요소가 있다. 피부의 나머지 부분과 다르고, 따로 떼어놓고 보면 내가 소중히 여기는 내 모습인 외부인을 상징한다. 그래서 멍이 그리 싫지 않다. 게다가 시간이 충분히 지나면 그 자국은 사라질 것이다. 멍은 빠지기 전까지 자칫 칙칙해 보일 팔을 흥미롭게 장식한다.

또 순간적으로 빛이 눈앞에 나타나고 씨근대고 씩씩대는 무거운 호흡 소리가 들린다. 이상하면서도 익숙하다. 보고 듣고 느끼고 직감하는 일과 모든 것에 대한 호기심이 충돌한다. 작은 변화들을 겪는 내 몸을 지켜보면 매료된다. 이런 변화들에 최대한 만족스런 해결책을 동원하려 노력한다. 노력하느라 가르랑대고 숨이 가빠 헐떡인다. 조금만 애써도 기운이 빠진다. 모두 위험이 다가온다는 신호이다. 약을 먹는 시간도 집중하면서 몰두해야 해서 짜증스럽다.

감기는 감염을 일으키고, 가래가 폐부 깊숙이 들어차 뱉기 어려워진다. 기침해서 가래를 뱉으려는 노력은 몇 분 혹은 반 시간이나 계속되기도 한다. 기침, 가래 뱉기, 다시 기침, 가래 뱉기가 번갈아 이어지다 마침내 폐가 말끔해진다. 이 과정은 느리고, 끝날 즈음이면 기운이 빠진다. 가래를 잘 뱉지 못해 기침을 많이 하면 피곤해지고, 그러면 가래를 끌어내는 효과가 줄고 걱정은 점점 커진다. 가래를 조금씩 뱉으면 공기가 폐로 유입되는 데 도움이 되지만 다 뱉은 뒤에야 씨근대지 않고 기침도 그친다. 그러면 깨끗한 공기가 방해 없이 폐로 유입되는 게 느껴진다. 그제야 안도하면서 이 과정을 지켜보고 기록하는 것이 큰 도움이 되는 멋진 일이라는 걸 깨닫는다. 종이 위에 현실을 객관화하면 불편이 줄어든다. 자신과 전체 경험을 돌아보며 글을 쓰고, 글의 내용은 실제 경험과 약간 다르다. 관찰하고 기록하면 평정심을 유지하는 데 도움이 된다.

나를 관찰하면서 기침과 기침 사이에 메모한다. 이런 식으로 글 쓰는 시간과 괴로운 시간을 똑같이 맞춘다. 기침과 기침 사이나 직후에 메모할 짬을 내기란 쉽지 않다. 괴로움이 피로감을 낳는 상황을 관찰하며 '늙고 늙어 파파 할아버지가 되면 분명 이럴 거야'라고 생각하게 된다. 또 이 괴로움을 극복하며 만족감을 얻는 상황도 관찰한다. 숨 가쁘고 폐가 충혈되어 불안하지만 계속 싸울 힘과 의지와 능력이 건재하며 드러누워 항복하지 않으리라 느끼니 만족스럽다. 싸움은 승리만큼 중요하다. 그 행위에서 생기가 더 불끈 솟아 지속되기 때문이다. 고통이 일어났다 가라앉는 사이 내가 그 과정에 개입하고 몰입할 수 있다면 원하는 결과가 자연스럽게 나타날 것이다.

또 어떤 승리든 일시적이라는 사실도 안다. 다른 싸움, 또 다른 싸움이 언제일지 몰라도 끝없이 나올 테고, 싸움과 싸움 사이 나는 계속 힘껏 살아갈 것이다.

관찰한 것들을 파악하기

◆

관찰 뒤에는 반사적으로 숙고가 뒤따를 수 있다. 사건이 벌어질 때는 그 사건을 분별하고 온전히 수용해 깊은 의미를 깨닫거나 다른 사건, 경험과 상관관계를 파악하기 어렵다. 한참 뒤에야 그 일의 정확한 의미를 파헤치기 시작할 수 있다. 기억의 끝자락에 있는 아이디어와 생각을 수면으로 끌어내고, 지각의 저변에서 어떤 새로운 정보가 나오는지 살펴야 한다. 사건, 상황, 관계를 관찰하고 나서 지각 과정의 본질을 따지는 게 좋다. 그즈음이면 그 과정에 몰입할 수 있다. 또한 시각과 인식을 가능하게 하지만 제한하기도 하는 해석이라는 렌즈로 직감과 감정을 걸러낸다는 사실이 인식되기 시작한다. 지각을 더 또렷하고 정확하며 온전하게 펼치려면 자신의 한계를 알고 극복하려 애써야 한다. 쉽지 않은 일이다.

그렇다면 우리는 언제 숙고하게 될까?

내 관찰을 관찰할 때 이전에 관찰한 상상 속 자신을 보고 그리면서 상황을 기억하고 재구성해볼 수 있다. 내가 왜곡하거나 오해했을 수 있는 점들을 알아내려 노력해야 한다. 스스로 물어야 한다. 내 관찰은 얼마나 정확하며, 어느 면에서 부정확하기 쉬운가? 관찰을 점검한 결과 주변부에서 전에는 보지 못한 점을 발견했는가?

내가 본 것을 볼 때 보는 것을 어떻게 경험했는가? 뭔가가 방해하거나 다른 데로 돌리거나 축소시켰는가? 내가 본 것이 사건을 충분히 표현했는가? 장면을 보는 자신이 보이는가? 마음의 눈에 보이는 내 모습은 어떤가?

내가 주목한 것에 주목할 때 주변 상황에 주목하는 내 모습을 상상하거나 포착하자. 그 상황에 충분히 주목하고 있는가? 주목할 때 어떤 것을 받아들이며, 자신의 주목을 어떻게 생각하는가?

내가 감지한 것을 감지할 때 지금 감지한 인상, 신체 신호, 직관이 상황 속에 넘쳐나는가? 아니라면 나중에 그 부족함을 메울 수 있는가?

내가 들은 것을 들을 때 소리가 명확하고 분명했는가? 내가 단어와 대화를 어떻게 왜곡했을까? 내 해석과 다른 해석이 있을까? 공백이 있다면 채울 수 있을까?

내가 집중한 것에 집중할 때 내가 집중한 것이 얼마나 확실하고 명료한지 면밀히 검토하고 평가할 수 있는가? 산만했는가? 방해가 있다면 조처할 수 있었는가? 연습하고 실행해 집중력을 늘릴 수 있는가?

내 반응에 반응할 때 내 반응이 지금 어떻게 느껴지는가? 그 상황에 적절하고 조화로운 반응이었는가? 아니면 반응이 인식의 흐름에 지장을 주었는가?

내가 인지한 것을 인지할 때 외부 사건이 내적 경험으로 변하는 것, 외부 사건들을 여과하고 흡수하는 방식이 타당하다고 믿는가? 내가 그것을 표현한 데 대해 의구심이 있는가?

내 경험을 경험할 때 당시 경험한 사람으로서 현재 자신을 바라보면 '적절해' 보이는가? 그 경험을 한 사람이 나이며, 그 경험을 내가 실제로 갖고 있는가? 경험을 점검하면서 생긴 감정, 생각, 지혜의 본질은 무엇인가?

내 느낌을 느낄 때 당시 느낀 감정들이 당시 느꼈다고 꼽을 감정들인가? 스스로 감정에 뭔가 덧붙이고 있는가? 감정들을 똑같이 묘사하는가? 아니면 묘사하는 데 차이가 있는가?

내 지각을 지각할 때 관찰한 사건이나 상황에 대한 지각과 관련해 무엇을 아는가? 그게 앞으로도 지속될 '지각'으로 남아 있는가? 확장할 여지가 보이는가? 지각을 확장할 방법을 알아낼 수 있는가?

사고

도로에서 사고를 목격했다. 부상자가 있다. 마음이 거북해 자세히 보지 않는다. 억지로 쳐다본다. 청년이 오토바이 앞쪽으로 떨어진 모양이다. 주변 사람들이 도와주려 한다. 나는 차에 앉아 기다리며 상황을 본다. 곧 부상자를 태워갈 구급차가 도착한다. 불안을 지각하고 구역감이 올라오기 시작한다. 티베트를 여행하고 있는 아들이 걱정되기 시작한다. 문득 그 애가 안전하지 않으며 다칠지도 모른다는 생각이 든다. 아들에게 일어날 수 있는 온갖 일을 공상한다. 트럭을 타고 좁은 산길을 가다가 낭떠러지로 떨어진다. 외진 곳에서 혼자 있다가 넘어져 발목이 부러지지만 주변에 도움을 구할 사람이 없다. 문득 공상을 중단하고 내가 상상한 무서운 일들을 검토하면서 중얼댄다. "네 꼴을 봐. 불편한 공상을 만들어내고 있잖아! 왜 그랬어? 그만해." 공상을 멈추고 두려움과 불안에 빠진 이유를 파고든다.

지각을 확장하려면 자신을 지각의 끝으로 밀어내 그 너머로 옮겨가야 한다. 나아가 일상 활동 중 자신을 더 정확히 보고, 행동과 생각과 감정을 더 깊이 들여다봐야 한다.

기억의 습관화

◆

우리는 언제나 잊기 마련이며 뭔가 기억하려고 애쓸 때는 특히 그렇다. 다음은 내가 기억하는 데 효과를 본 방법들이다.

당장 착수한다. 가능하면 생각나자마자 해치운다. 생각하고 실행하는 데까지 간격이 없으면 잊을 가능성이 줄어든다.

한 번에 한 가지만 집중하려 노력하고 계속 그 일에 초점을 맞춘다. 집중하자! 무관한 생각, 감정, 공상이 끼어들지 못하게 한다. 현재 기억하려는 것을 방해하는 일은 뭐든 중단하고 미뤄두는 습관을 만든다. 훼방하는 일들일랑 기억할 것을 잊지 않는다는 확신이 든 뒤에 적어두거나 목전의 일을 마친 다음에 생각하면 된다.

기억하고 싶은 내용을 속으로 반복해서 말한다. 어디엔가 기록하거나 확실히 각인되어 잊지 않으리라 확신할 때까지 반복하고 의식하면서 염두에 둔다.

끝냈다고 생각되는 일을 정말 끝냈는지 재차 확인한다. 어떤 일(예를 들어 커튼을 닫는 일)을 할 생각만 하고 실제 하지 않고도 했다고 생각한 적 있는가? 나중에 커튼이 닫히지 않은 걸 알고 자신에게 부아가 났는가? 재확인하는 일은 확실히 도움이 된다.

기억하고 싶은 내용을 새기도록 돕는 방법들을 찾아내자. 메모해서 옆이나 눈에 띄는 자리에 붙여두는 것도 좋다. 오후 2시에 약을 복용해야 하는데 오후 1시에 그 사실이 떠오른다면 약을 바로 앞에 두어 눈에 들어오게 한다.

마지막으로 참을성에 대해 한마디 전하고 싶다. 기억하고 싶은 걸 잊었다면 기다리자. 억지로 생각해내려 애쓰면 오히려 기억나지 않는 법이다. 느긋하게 기대하면서 기다리거나 '나중에 생각나겠지'하고 마음을 내려놓으면 잊었던 생각이 얼마 뒤 불쑥 떠오르기 마련이다.

객관적으로 바라보려면

◆

누구나 지각에서 편견을 배제하고 완전히 객관적으로 사고하고 싶지만 이는 불가능하다. 우리는 자신에 대해 온전히 객관적일 수 없다. 친밀한 사람, 관계, 사건 들을 관찰하고 사회를 인식할 때도 편견을 걷어내지 못한다. 그렇다고 해서 현재보다 객관성을 갖추기 어려운 것은 아니다. 자신의 사고방식과 사물을 보는 성향을 파악하고 편견을 줄이려 노력할 수 있다. 자기 이익에 휘둘리지 않고, 습관적인 지각에 따라 반응하는 성향에서 벗어나 관찰하고 해석하려 애쓰면 된다.

다시 말해 현실을 그대로 지각하려면 편견, 고정관념, 습관적인 왜곡에서 벗어나려 노력해야 한다. 특히 우리가 속한 문화권이 특정하게 해석하고 이해하게 한다는 사실을 알아야 한다.

문화는 우리에게 세상을 보는 렌즈를 제공한다. 이 렌즈들은 광각이거나 협각이며, 초점이 맞거나 뿌옇고, 현미경이거나 망원경일 수 있다. 그래서 감각을 축소하거나 확대하고, 흐리거나 또렷하게 만든다. 이런 렌즈들은 우리를 살아가게 하지만 문화가 씌운 선입견과 편견, 금지, 많은 제약으로 얼룩지게도 한다. 더 명확하고 넓게 지각하려면 지각을 가리는 막들을 분별하고 넘어서려 애써야 한다.

진실에 다가가는 능력과 만족을 경험하기 위해 더 객관적으로 사고하고 대상과 거리를 두려고 애써볼 만하다.

관찰, 지각, 경험의 타당성이나 진실성은 객관성과 거리를 어느 정도 두고 상황을 접하느냐에 따라 달라진다. 가치관, 감정, 욕망이 개입되는 경우에 특히 더하다. 우리는 대개 보고 싶은 것을 보고, 듣고 싶은 것을 듣는다. 믿고 싶은 것을 증거로 발견하고, 내 신념에 반대하는 이들에게 부정적으로 반응하며 반대 의견을 물리친다. 통상적인 것들을 당연시하고, 현상을 관습적인 관점에서 기정사실처럼 보면서 객관적이라고 믿는다.

내 견해와 매우 다르며 이상하고 대담해 보이는 관점을 겁먹지 말고 고려해보자. 허튼짓이라도 생각하고 검토해보면 사고가 확장되고 시야가 넓어진다. 전에 모르던 가능성들을 고려하게 되고, '다른 면'을 보는 상상력이 자극받는다.

클라크 클리포드는 『뉴요커』 1991년 4월 1일 자에서 더 객관적으로 사고할 수 있는 방법을 밝혔다.

케네디는 압박받는 상황에서도 유난히 객관성을 잘 유지했다. 공적이거나 사적인 위기에 처하면 몸에서 빠져나와 제3자처럼 자신을 바라보며 문제를 조망하는 것처럼 보였다. 유체로부터 분리되어 멀리서 재미있게 과정을 관찰하는 듯했다. '당장은 중요해 보이지만 50년 뒤에도 그럴까? 1년 뒤에는? 판단에 확신이 없으면 개입해서는 안 돼'라고 내면에서 뭔가가 말하는 듯했다.

더 객관적으로 사고하고 편견을 줄이려면 다음과 같은 일들에 힘써야 한다.

- 타인의 행동에 덜 비판적이고 덜 평가한다. 그러면 그 행동의 본질을 더 명확히 볼 수 있다.
- 내 이익에 반하더라도 진실을 찾으려고 혼신의 힘을 다한다.
- 상황, 교류, 관계를 지각할 때 편견을 찾아내 밀어내거나 고려한다.
- 독단적으로 느껴지는 신념은 잠시라도 멈추고 의심해본다. 다르게 믿으면 어떻게 느껴지는지, 어떤 결과가 나타나는지 살핀다.
- 상대가 상반되는 의견을 표명하면 내 신념 체계에서 한걸음 물러난다. 현격한 차이가 있더라도 상대의 가치관이 내 가치관만큼 값질 수 있다고 인정하고 받아들인다. 반대 견해를 경청하고, 의미와 의도를 이해한다. 내 생각이 바뀌지 않더라도 상대의 입장을 전보다 잘 이해하거나 존중하게 된다.
- 문화적으로 영향받은 점들을 체계적으로 열거해본다. 당연시하는 사고

방식과 감정, 가치 있게 생각하는 것, 인간의 본성과 조건, 삶의 방식, 억제해야 하는 것에 대한 예상들처럼 문화로부터 의식된 점들을 구별해 최대한 지각한다. 스스로 찬찬히 설명해보며 정말 그것을 받아들이는지, 그 이유가 무엇인지 묻는다. 그리고 받아들일 수 없거나 의심스러운 점들을 넘어서려 노력한다.

- 다자간 논의나 토론에서 다른 관점이 많은 경우, 각각의 관점과 내 관점을 최대한 담담하게 대조해서 살펴본다. 그런 다음 각각의 관점이 내 사고와 감정에 어떤 영향을 주는지 따져본다.
- 다른 문화권의 가치관과 논리를 체계적으로 비교한다. 그런 다음 차이들을 통합하거나 자신의 가치관을 유지하는 이유를 밝힌다.
- 평소 상황을 보는 시각이나 세계관과 다른 관점을 상상해본다.
- 자신은 물론 자신이 처한 상황과 거리를 둔다. 자기 밖으로 나와 다른 사람을 보듯 자신과 신념을 바라봐야 한다.

수업

나는 수강생들에게 매번 출석하고 혹시 결석하게 되면 미리 알리라고 가르친다. 한번은 한 여학생이 통보 없이 결석했다. 난 화나서 다음 수업 때 그 학생이 도착하자 결석한 이유에 초점을 맞춰 물었다. 여학생은 어머니가 돌아가셨다고 말했다. 난 "그러면 괜찮고"라고 대꾸했다. 수업에 결석한 이유로 인정된다는 뜻이었다. 그렇게 말한 순간, 나는 그 대답이 몰인정하고 매몰차며 비인간적이라는 사실을 깨달았다. 얼른 학생에게 사과하고 위로의 말을 건넸다. 그러고 나서 내 태도와 반응이 얼마나 편협하고 제한적이었는지 곱씹었다. 무엇이 나를 인간 이전에 선생으로 반응하도록 밀어붙였을까? 생각 끝에 한 인간으로서 반응하기보다 규칙을 준수하고 운영하는 관리자 역할에 과몰입했다는 결론을 얻었다. 그렇게 반응한 나 자신이 못마땅해 다시는 같은 실수를 저지르지 않겠노라 다짐했다.

인생을 보는 관점

◆

오랜 세월 살아온 노인들의 지각, 사고, 이해에는 세월의 경험이 녹아 있다. 맞닥뜨려 해결한 위기들, 세월의 이치, 불현듯 생기는 어렵고 놀라운 사건들. 노인들은 허망하고 불확실한 인생을 이해하느라 시달리고 억세졌다. 가장 진지하고 깊이 사색하는 순간, 우리는 인생을 보는 철학적 관점을 구체화할 수 있으며 이로써 삶에서 당면한 상황과 그 저변을 파헤칠 수 있다. 이는 자신, 타인들, 세상을 보는 방식에 영향을 주고, 그것들을 해석하는 데 도움이 된다. 현실적인 일들 너머와 아래를 보게 한다. 인생관과 세계관을, 평가 기준 체계를 얻는다. 넓고 깊은 시각은 우리에게 다음과 같은 이점을 준다.

○ **일시적이고 덧없는 피상적인 것과 심오하고 영속적인 가치, 믿음, 행**

동 양식을 구분하도록 돕는다.

- 세대 간 연속성을 잘 지각해 자신을 인류 진화의 열차이자 경유지로 보도록 돕는다.

- 삶과 죽음의 연결성과 통렬함을 통찰하도록 돕는다.

- 삶의 복잡미묘함과 단순함을 받아들이고 이해하도록 돕는다.

- 각자 내면에 아이와 어른이 섞인 모습을 발견하도록 돕는다.

- 운명을 결정할 때 기회와 사고의 역할을 고려하도록 돕는다.

- 개인은 영원히 살지 않지만 인류는 지속된다는 점을 상기하도록 돕는다.

- 자신을 큰 전체, 즉 인류의 부분으로 이해하고, 그 전체에 작게나마 기여한다는 사실을 알도록 돕는다.

- 숙명이 있는지, 있다면 그게 무엇인지 고심하도록 돕는다.

- 사람, 상황, 관계의 표면 아래를 보고, 거기에 무엇이 있고 무엇이 진짜인지 알도록 돕는다.

- 삶의 가능성과 한계를 이해하도록 돕는다.

- 지역과 관심사뿐 아니라 세상으로 눈을 돌려 시야를 넓히도록 돕는다.

- 지구 상의 생명체, 특히 우리와 자연이 상호 의존하는 삶을 더 포괄적이고 전체적으로 보도록 돕는다.

- 관심을 끄는 문제들에 대해 독창적이고 창의적인 아이디어를 떠올리도록 돕는다.

- 이질적인 문화의 시각뿐 아니라 역사적인 관점으로 과거와 연계된 현재를 보고 타 문화와의 관계선상에서 우리 문화를 살피도록 돕는다.

- 우주적인 관점을 취해 인류 역사뿐 아니라 혹성과 우주의 역사 속에서 자신을 보도록 돕는다.
- 인간 행동의 근본적인 원칙과 일반적인 진실을 구분하고, 존중하고 실현할 수 있는 도덕성을 발전시키도록 돕는다.

깊고 장기적인 시각은 개인의 경계를 초월해 인성 개발에 중요하게 기여할 것이다.

79세 메리 앤은 인생을 우연과 작은 사건의 연속으로 본다. 작은 일들이 커져 중요한 것이 되어 인간애와 지혜를 확장시켰다. 그녀에게 우연, 소소한 일들, 예기치 않은 사건들은 삶을 형성하고 방향성을 정하는 가장 중요한 요소이다.

명상의 힘

◆

매일 잠깐 명상이나 기도를 하면 지각을 확장할 수 있다. 우리를 진정시키고 집중력을 향상시키는 명상은 종류가 다양하다. 여러 명상법은 공통적으로 한동안 조용히 앉아 마음을 평온하게 하고 호흡이나 주문처럼 지속적인 것에 집중하게 한다. 이런 정신 수련을 매일 실천하면 여러 장점을 얻을 수 있다.

하버드 대학교 의과대학 허버트 벤슨 박사는 건강을 호전시키는 명상에 관해 많이 연구했다. 명상하는 동안 사람들은 차분해지고 기분이 전환되며 긴장이 풀렸고, 실제로 뇌파가 변했다. 이 같은 효과는 두통부터 고혈압까지 광범위한 건강 문제를 개선하는 데 일조한다. 벤슨 박사는 '이완 반응'(조용히 앉아 짧은 문구에 집중하는 명상법이 스트레스를 줄여 건강에 도움이 된다는 연구 결과─옮긴이)이라 부르는 변형된 명상법을 도입한 뒤 이렇게 보고했다. "심각한 불안 장애를 앓는 청년은 두려움과 초조, 떨림과 긴장, 근심을 자주 느꼈다. 그는 2개월간 명상으로 이완하는 법을 훈련한 뒤 불안 장애 증세가 거의 나타나지 않았다고 밝혔다. 청년은 이 훈련으로 삶을 현저히 개선했다고 느꼈다."*

기도는 나와 신앙의 대상인 영적 존재 사이의 사적인 활동이다. 매일이든 그보다 적든 짧게라도 기도하면 마음과 정신이 차분해지고, 전능자와 교감한다고 느낄 수 있다. 기도는 마음을 진정시켜 복잡한 삶에 집중하고 충실하게 만든다. 영적 교류와 위로를 제공해 지각이 확장되도록 돕는다. 어떤 일을 둘러싼 생각과 감정을 수용하고 차분히 관찰하기만 해도 평소 생각도 못 할 해결책과 지혜가 생기기도 한다.

* Herbert Benson, *The Relaxation Response* (New York: William Morrow and Company, 1985), 166.

함께 웃자

♦

코믹, 익살, 유쾌한 재미를 지각하는 일은 어느 정도 객관성을 띤다. 유머 감각을 키우고 표현하는 것은 객관성의 한 형태이자 그 자체로 목표가 될 수 있다. 뭔가에 대해, 특히 자신에 대해 농담할 때는 자신과 거리를 두고 웃을 수 있다. 그런 경험은 자신을 새로운 시각에서 볼 가능성을 연다. 유머와 웃음은 소중한 감정 표정이며, 순간을 즐겁고 반짝이고 재미나게 만든다. 유머는 긴장과 불편을 해소하고 불안을 완화시키며 무거운 분위기를 가볍게 한다. 또 반항적이고 부정적인 사람들을 대할 때도 도움을 준다. 집단 속의 유머는 편안한 마음을 나누게 하고, 거기서 개인과 집단은 공동의 인간애를 경험한다.

노먼 커즌스는 웃음을 질병 치료에 적용한 선구자였다. 그는 중병으로 입원한 동안 마르크스 형제들(형제들로 구성된 미국 코미디언 팀. 공연, 영화, 라디오에서 30년간 인기를 누렸다—옮긴이) 영화를 보면서 하루 몇 시간씩 웃었다. 이후 연구를 거듭한 결과, 웃음이 면역 기능을 증진시켜 스트레스의 영향력을 감소시킨다는 결과를 얻었다. 웃음과 농담이 신체와 심리에 미치는 영향력은 엄청나게 크다. 커즌스는 이렇게 썼다. "효과가 있었다. 배를 잡고 10분간 웃으면 마취 효과를 일으켜 최소 두 시간은 통증 없이 잘 수 있었다. 웃음의 진통 효과가 사라지면 다시 영사기 전원을 켰고, 통증이 줄어들곤 했다."*

이 과정들은 지각을 확장시키는 방법으로 노력, 실행, 유지가 관건이다. 다양한 방법을 동원할수록 지각 범위가 확장되고 좋은 결과를 얻을 수 있다.

* Norman Cousins, *Anatomy of an Illness as Perceived by the Patient: Reflections on Healing and Regeneration* (New York: W.W. Norton & Company, 1979), 39-40.

The Wisdom of Morrie

5장

노병은 죽지 않는다,
다만 사라질 뿐

노인 차별은 노년층을 모욕하고 차별하는 치욕적인 편견이다. 이는 노인의 인간성을 부정하고, 노인이 만족스럽고 가치 있는 삶을 살 기회를 빼앗는다. 이런 태도는 대부분 사람에게 깊이 뿌리박혀 있다. 무심코 무의식적으로 나타나기에 피해자도 가해자도 모르고 지나치기 십상이다.

나는 노인 차별의 개념을 확장해 '노인 낙인'라는 용어를 도입하고 싶다. 노인층에게 가해지는 제약과 배제를 규정할 때 쓰일 수 있는 말이다. 우리는 배우처럼 제한적이고 전형적인 배역을 맡는다. 특히 '노인네'나 그와 비슷한 역할을 맡는다. 세상에서 별도의 영역으로 밀려나 영원히 이 역할만 주어진다. 바로 우리가 무한한 미래까지 수행해야 하는 역할, 다시 말해 부정적인 면들이 예상되는 역할, 비하와 한계로 둘러싸인 역할이다. 노인 차별이라는 나쁜 낙인이 더해지면 새로운 신분이 생긴다. 이 신분은 노인에게 제약을 가하고, 품위를 떨어뜨리며, 살아 있는 인간으로서의 명예를 손상시키고 사회와 격리시킨다. 따라서 우리 노인들은 실제 인간이 아니라 노인 차별이 투영된 그림자로 보인다.

하지만 노인 차별이나 노인 낙인에 휘말릴 필요 없다. 자신의 목표가 노인의 이미지와 상충되더라도, 아니 상충할수록 목표를 추구하면 된다. 노인들도 흔히 젊은이들의 특징으로 여겨지는 모습이 될 수 있다. 적극적이고 쾌활하고 바쁘고 활기차고 열정적일 수 있다. 미래 지향적이고 낙천적일 수 있다.

물론 사회에 노인 차별과 노인 낙인이 만연하고 편견으로 깊이 각인된 데는 여러 문화적인 이유가 있다. 한 가지 이유를 지목할 수는 없지만 노년층을 향한 경멸은 우리 문화의 핵심 가치들을 반영한다.

미국 사회에서 개인주의는 여전히 핵심 가치로 평가된다. 독립성과 개인의 진취성을 높이 사고, 반대로 의존은 평가절하한다. 그러나 의존은 모든 지구 상 생명체의 현실이다. 완전한 독립이란 불가능하다. 현실적으로 우리는 모두 육체적 존재를 유지하기 위해 지구의 생명계와 상호 필요하다는 사실을 잘 안다. 하지만 우리는 독립하려고 애쓴다. 노인층은 서로가 필요하며, 장수할수록 더 의존하게 된다는 점을 상기시킨다. 결국 우리는 가족과 도우미에게 더 의존하게 된다. 철저한 개인주의라는 미국식 윤리는 이런 미래상을 거부하고 노년층, 특히 의존하게 된 노인들을 평가절하 한다.

노인 차별이 만연한 또 다른 요소는 돈을 중시하는 미국 사회이다. 우리는 가장 전능한 돈을 높이 평가하는 사회에 산다. 여기에는 자존심, '가치'의 원천으로 고된 노동과 밥벌이를 필수로 삼는 문화가 포함된다(특히 남성들에게). 은퇴해 수입이 없으면 사회는 우리를 실패자들, 즉 연금 수급자, 저소득층, 노숙자와 똑같이 취급한다. 많은 사람이 우리를 하찮게 생각하게 된다. 물론 어이없는 양상이다. 인간으로서 누구도 수입과 고용 여부로 평가되어서는 안 된다.

존재의 문제인 죽음에 대한 공포도 또 하나의 이유이다. 죽음에 가장 가까운 연령층인 노년은 음울한 필연성을 연상시킨다. 사람들은 죽음이라는 현실을 무시하거나 부인하려 애쓰기에 죽음은 물론 자신에게 닥칠 운명을 연상시키는 노인들을 거부한다. 노년층은 아직 늙지 않은 이들에게 장래의 이미지이며, 젊은이들은 이 이미지를 꺼린다. 그래서 미래가 보낸 메시지를 직시하라고 채근하는 메신저들을 모욕한다.

일반적으로 미국 사회는 젊음을 숭배하며, 텔레비전 문화는 인격보다 외모를 추앙하고 평가하게 만든다. 하지만 헨리 밀러(Henry Miller, 미국 작가. 대표작으로 『북회귀선』과 『남회귀선』이 있다—옮긴이)는 『경험의 노래』*Songs of Experience*(윌리엄 블레이크의 시 제목이자 파울러 마거릿이 노년을 다룬 문학작품들에 대해 저술한 책 제목—옮긴이)에 인용된 인터뷰에서 다른 시각을 제시한다.

태고부터 사회 전체는 언제나 젊음을 숭배해왔습니다. 젊음이란 대단한 어휘이지 않습니까? 이제 젊은 세월을 지나온 우리는 다 알아요, 그게 인생에서 멋들어진 시기가 아니라는 걸 말입니다. 어떻게 젊음에 기인한 온갖 멋진 면을 다 생각해냈는지 모르겠어요. 젊음은 나이가 아니라 정신과 관계있죠. 70세와 80세인 사람들이 청년들보다 젊을 때도 많습니다. 그들의 젊음이 진짜 젊음인 거죠. 무슨 뜻인지 아시겠죠? 영속하는 것은 마음과 정신의 젊음입니다.*

속도와 효율성에 대한 욕구는 노년층을 낡은 기계처럼 무용지물로 만든다.

노인 차별과 노인 낙인은 노년층의 자아를 다각도로 공격한다. 자아 공격은 여러 형태로 감행된다. 타인들에게 받는 굴욕이나 무시, 모욕, 품위와 가치에 대한 공격. 이런 것들에 오래 노출되면 언제라도 수모를 예상하고 겁먹기 마련이다.

자아에 대한 공격들은 여러 다른 방향에서 올 수 있고, 노인 차별과 노인 낙인에서 비롯되기도 한다. 예컨대 누군가 노인을 짐스럽고 따분한 존재로 취급한다. 단체는 노인의 봉사를 원치 않는다. 관료는 노인을 숫자로 취급한다. 요양 기관은 요양 서

* Henry Miller, "Interview with Henry Miller," interview by Digby Diehl, quoted in *Songs of Experience*, by Margaret Fowler (New York: Ballantine Books, 1991), 51.

비스를 제공하는 시설이면서도 노인을 서비스해달라고 보채고 불평하는 이들로 폄하한다. 고용주는 노인이라는 이유로 고용인을 해고한다. 노년층이 받는 푸대접이 노인 차별 때문인지, 그들이 더 젊었다면 그런 일을 당하지 않았을지 가늠하기 어렵다. 어느 쪽이든 이런 자아를 향한 공격들이 시간이 흐르면서 쌓여 노인들은 직접 맞서 싸우지 않으면 위축되고 만다.

『보스턴 글로브』1988년 12월 29일 자에 실린 기사는 심각한 노인 차별적 굴욕을 조명한다.

해고!

아이버 프리먼은 25년 이상 근속한 회사에서 해고를 통고받았다. 이 기사는 60세 남성이 나이 차별과 실직으로 얼룩진 시기를 견딘 사연이다.

아이버 프리먼, 60세, 이스트 롱메도우 소재 리드프렌티스 직원. 연봉 7만 5,000달러를 받는 간부, 38년간 결혼생활을 했으며 슬하에 성인이 된 자녀 셋을 둔 그는 1980년 10월 27일 월요일 출근했다가 트루먼 대통령 시절부터 근무한 회사에서 쫓겨났다.

프리먼은 어떤 경고도 감지하지 못했다. 왼손에는 몇 년 전 25년 근속 기념으로 받은, 회사명이 각인된 시계를 차고 있었다.

그는 5년 남은 은퇴까지 쭉 리드프렌티스에서 일할 것이라 예상했다. 친구들이 열어주는 환송 파티에서 카드와 선물 세례를 받고,

편안히 은퇴해 오래 일한 대가로 연금을 수령할 터였다.

그런데 프리먼은 사내 우편으로 메모를 한 장 받았다. 메모가 담긴 봉투가 책상 위에 있었다. "인용된 사안… 필수적으로… 퇴직이 즉시 처리… 성과와 태도… 정오까지 개인 소지품을 옮기는 데 도움이 필요할 경우…."

메모를 계속 읽으려 했지만 눈물이 앞을 가렸다. 눈물 짓는 비서에게 약속을 취소하라고 지시하는 자신의 목소리만 먹먹하게 들렸다. 다시는 없을 약속이었다.

프리먼은 해고당해 절망한 나머지 불면에 시달렸다. 체중이 늘었고 텔레비전 앞에서 긴 시간을 보냈으며, 혈압이 급격히 높아졌다.

6개월 뒤 퇴직금이 바닥났다. 받을 수 있는 수당이나 연금, 보너스는 없었다. 실업 지원 부서에서는 그가 나이 많고 자격 과잉이라는 말만 되풀이했다.

부부는 아파트를 매도하기로 하고 케이프코드 하위치에 있는 작은 시골집으로 이사했다.

아이버 프리먼은 매사추세츠 차별 금지 위원회에 고소장을 접수했다.

사람들은 공연한 짓이라고 말렸다. 회사 소유주 퍼트넘가가 유명한 집안이기 때문이었다. 로저 퍼트넘의 부친은 스프링필드 시장을 역임했으며 그의 이름을 딴 직업 고등학교도 있었다.

하지만 위원회가 청원을 해결해주지 않자 프리먼은 리드프렌티스를 상대로 스프링필드에 있는 미 연방 지방법원에 나이 차별금지 소송을 걸었다.

상소법원은 65만 3,700달러와 피해를 배상하라고 판결했다.

그러나 이 사건에서 가장 중요한 점은 법원이 확인해준, 68세 프리먼이 나중에야 마지못해 믿게 된 내용이었다.

오랜 세월 헌신한 회사가 그를 해고한 이유는 판사의 표현대로 "너무 여러 해 여름을 보냈기" 때문임을.*

자아 공격은 인간성을 말살당한 경험, 즉 인간이 아닌 것처럼 취급받을 때에도 올 수 있다. 내가 옆에 있는데도 투명인간 취급 받을 때처럼 말이다.

이런 유형의 공격은 유색인종과 여성들이 평생 당하는 처우와 비슷하며, 똑같이 혐오스럽다. 유색인종과 여성으로 차별받으며 산 노인들에게 노인 차별의 비인간적인 고통은 씁쓸하게도 익숙하다.

노인 차별과 노인 낙인은 자존감을 저하시키고 무력감, 위축, '기타 등등'의 상황을 유발하지만 감지하기 어려울 때도 있다. 하지만 노인 차별을 깨닫고 머리와 마음으로 거부하면 더

---

* Barbara Carton, "Fired!" *Boston Globe,* December 20, 1988, 43.

행복하고 강해지며 자신감과 동기가 새롭게 강화된다.

노인 차별 피해를 받은 적이 있는지 궁금하다면 시간을 갖고 떠올려보자. 내가 누군가 옆을 지날 때 그가 빤히 알면서도 모르는 체했는가? 상대가 다가오면서 무심코 나를 '본척만척' 하는가? 나를 아무것도 아닌 듯 무시한 적 있는가? 앞을 가로막거나 피해야 할 물건처럼 취급받아본 적 있는가? 누군가에게 이미 죽은 사람처럼 여겨져본 적 있는가? 내가 자리에 있는데도 마치 없는 사람처럼 사람들이 나에 대해 말한 적 있는가? 혹은 '관계없는' 것처럼 대한 적 있는가? 사람들이 내 경험을 무시하고 노인의 헛소리로 치부한 적 있는가? '너무 늙었다'는 이유로 어느 장소나 역할을 거부당한 적 있는가?

고정관념

◆

사람들은 다양한 용어와 개념으로 노년층을 차별하고 인간적인 면을 거부한다. 불쾌하지만 이런 고정관념을 직시하는 게 도움이 될 수 있다. 또 무엇이 노인을 차별하고 낙인찍는 헛소리이며 편견인지 따져보는 것이 좋다. 노인 차별적 언사를 알아내는 법을 배우면 언제든 타인과 자신에게 내재한 차별을 거부할 수 있다.

흔히 노인을 이렇게 본다. 잘난 체하고, 수다스럽고, 지루하고, 의심과 요구가 많고, 맥락 없고, 거슬리고, 불평하고, 잔소리 많고, 성가시다. 완고하고, 자기 방식을 고집하고, 답답하고, 진부한 데다 구식이고, 자아도취적이고, 괴팍하고, 고집불통에 융통성이 없다. 자기에 몰두하고, 특히 과거에 집착하며, 미래를 두려워해서 암담하게 본다. 한가하고, 비생산적이고, 할 일 없고, '인간관계가 없고', 무심하고, 현재 지향적이지 않다. 눈치 없고, 장황하고, 수동적이고, 젊은 사람들을 질투한다.

고정관념의 렌즈를 통해서 본 노인들은 전성기를 한참 지나 비틀대며 걷고, 존경하기 어려우며 새겨들을 만한 말을 하지 않는다. 비효율적이고, 경쟁력 없으며, 사람이든 일이든 중요한 영향을 주기 어려워 보인다. 그런 사고에 따르면 노인들을 진지하게 받아들일 필요가 없다. 저무는 과거이니 은퇴시키는 게 마땅하다. 게다가 이제 자기 몫을 충분히 챙기지 않았는가? 당연히 더 누릴 자격이 없다.

노인에 대해 온갖 경솔한 상투적인 말을 들어봤을 것이다. '바보 중 최고는 늙은 바보이다. 늙은 개에게는 새로운 기술을 가르치지 못한다. 노인들의 성에 대한 관심은 품위가 없다.' 그래서 그들은 노인을 사회의 변두리로 밀어내고, 품위를 깎아내린다. 사람들은 노인을 쳐다보기조차 겁낸다. 노인은 인간이 아니니까. 별개의, 달갑지 않은 부류니까.

물론 모든 사람이 노인 차별과 노인 낙인 태도를 가진 것은 아니며, 모든 노인이 그런 대접을 받는 것도 아니다. 일부 특별한 이들, 즉 인품이나 재능이 뛰어나거나 대단한 지위, 권력, 부를 소유한 예외적인 노인들은 이런 낙인에서 제외된다. 하지만 노인 차별과 노인 낙인은 워낙 흔해서 노인이라면 이런저런 일을 당하기 마련이다.

노인들은 어떤 노인 차별 태도와 감정을 가졌을까? 노년기에 접어들었다는 이유로 자존감이 낮아졌는가? 같은 이유로 다른 사람들을 밀어내는가? 노화에 대한 감정을 세심히 살피면 자신이 가진 편견, 오해, 자기 충족적 예언을 발견할 수 있다. 또 사회에 퍼진 편견들과는 전혀 다른 노화의 진실과 현실을 더 배울 수 있다.

우리는 행복을 해치는 노인 차별 태도에 어떻게 적응하는 가? 대중과 미디어는 노인들에게 노쇠, 혼란, 의존이라는 이미지와 편견을 씌운다. 그런 기류가 골고루 퍼지고 당연시되어 노인들은 알게 모르게 이런 이미지와 편견을 받아들인다. 결국 이런 편견이 자기를 보는 시각에 새겨지고, 노인들은 세상의 예상대로 처신한다. 노인 차별에는 딱 사실의 근거로 삼을 만큼의 현실, 즉 전보다 느리고 약하다는 현실만 깔려 있다. 하지만 이는 부분적이고 단편적인 면모일 뿐, 노년층을 보는 큰 시각은 대부분 선입관이나 오해이다. 다시 말해 편견이다. 노인들은 새로운 것들을 배우고 기억할 수 있고, 상당한 수준으로 학습을 지속할 수 있다.

『뉴욕 타임스』 기사는 이런 사실을 상세히 보여준다.

나이 드는 뇌: 정신은 유연하다, 늙는 것은 육체일 뿐

노년의 신체가 손상되는 일은 불가피하다. 눈이 침침해지고 피부가 늘어지며 근육이 물렁해진다. 하지만 정신도 능력을 잃는다는 흔한 믿음은 오해에 지나지 않는다.

새로운 과학 연구들은 나이 들면서 뇌가 반드시 기능이나 추론 능력을 상실하는 것은 아니라는 사실을 보여준다. 극심한 정도를 비롯해 많은 심신미약의 경우, 나이 자체가 아니라 질병에 기인한다는 새로운 해석이 나왔다.

국립 노화연구소 제이븐 하차투리안 박사는 이렇게 말한다. "노년과 뇌에 관련된 말들은 대부분 사실이 아닌 미신에 근거합니다. 노화를 심도 있게 연구하면서 무병자들을 살펴보면 노화 자체가 인지와 지적 활동의 쇠퇴와 상실로 이어진다고 믿을 이유가 없습니다."

뉴욕 코넬 메디컬 센터 프레드 플럼 박사는 "어떤 면에서 노화를 피해 젊은이 같은 뇌 기능을 가진 노인층이 분명히 있습니다"라고 말한다.＊

＊ Gina Kolata, "The Aging Brain: The Mind Is Resilient, It's the Body that Fails," *New York Times*, April 16, 1991, C1.

나이가 주는 지혜와 현명함

◆

자신의 노인 차별과 노인 낙인 태도를 꿰뚫어 보고 없앨 때 우리는 미래의 늙은 모습을 대면하기 두려워하는 사람들의 불안에 대한 이기적인 고정관념과 방어기제를 있는 그대로 볼 수 있다.

노년 폄하가 문화에 널리 퍼져 정상으로 보일 지경이지만 이는 전혀 사실이 아니다. 전 세계 여러 문화권에서는 노인을 양로원에 보내지 않는다. 노년층을 정상 생활의 훼방꾼으로 보지 않는다. 오히려 평생 동안 쌓아온 지식과 지혜를 활용해 앞으로도 계속 공헌할 것이라 여기고 노인을 가장 귀하게 받든다.

사회 자체와 노년층을 대하는 태도를 하루아침에 바꾸기는 어렵다. 하지만 변화를 향해 노력할 수는 있다. 내면에 뿌리내려 제약을 만들고, 온전하고 충만한 노후 생활을 막는 노인 차별주의를 개선할 수 있다.

이런 태도들을 없애려고 개인적으로 노력하고 있지만 싸움은 끝나지 않는다. 나 자신의 노인 차별적 맹점을 꾸준히 경계해야 한다. 노인 차별 사고에 맞서기 위해 나는 '늙음'이 허약이나 노쇠 같은 부정적인 특징과 연관될 때마다 자각하고 다른 이들에게도 지적한다.

내 안의 노인 차별 태도를 없애려면 어떻게 노력해야 할까? 우선 60세 이상의 지속적인 성장, 학습, 발전 잠재성을 보여주는 광범위한 연구를 살펴보자. 나이 들어서도 생산적이며 창의성을 발휘해 사람들과 사회에 중요하게 기여한 사례를 찾아봐도 좋다. 때로 동년배의 능력과 세상의 기대치와 자신을 비교하며 상심하기도 한다. 그럴 때는 크게 기여할 수 있는 분야에 집중해 최선을 다하고, 이렇게 나이가 들었으니 인생이 '끝났다'는 믿음을 바로잡으면 된다. 삶을 원하는 방식으로 엮어가려고 다짐하면 된다. 노인 차별 관점과는 다른 태도와 기대를 생각해내도 좋다. 그런 태도와 기대는 노후를 매력적인 도전의 시기로 바라보고 실현하게 한다.

마지막으로 노년층과 노후에 대해 다음 같은 태도와 전망을 차용해볼 수 있다. 모든 인생은 소중하며 어떤 연령대이든 그 주인이 아름답고, 쓸모 있고, 보살피는 삶으로 가꿀 수 있다. 독창적이고, 경험을 쌓고, 충만하게 지각하며 인간애를 발휘하는 삶이 될 수 있다. 내 인생, 건강, 자부심, 자존감, 삶에서 지속적으로 얻는 만족감은 남들의 그것들과 똑같이 중요하다. 누구나 공통의 인간애를 공유하며 인류에 기여할 게 많다. 살아 있는 한 남들이 기대하는 대로가 아니라 내가 바라는 존재로 지내는 것이 중요하다.

우리는 기술, 지식, 지혜, 관점을 많이 갖고 있다. 무엇보다 중요한 가치들을 분별하고 명예로운 윤리의식을 보전할 수 있다. 인간의 조건을 이해하고, 실패를 감당하고 성공을 축하할 수도 있다. 또 타인들을 민감하고 책임감 있게 대하며, 더 깊고 진솔한 자아를 접할 수도 있다.

현재 나이를 자랑스럽고 매력적으로 느끼고, 성취이자 특별한 삶의 지속으로 보자. 자신을 최소 60년간 지식, 배려, 지혜를 쌓아야 신발되는 정예 팀의 일원으로 여기자.

노화는 하루하루 벌어지는 일이니 문제를 해결하고 자질을 발휘해 세상에 기여할 기회가 매일같이 주어진다. 노년에는 증명할 일도, 이길 일도, 경쟁할 일도 없다. 뽐낼 일도 없고, 우월할 필요도 없다. 일등이 될 필요도, 큰돈을 벌거나 대성공을 거둘 필요도 없다. 노인들은 다양한 생활양식, 관점, 태도, 가치관, 믿음을 갖는다. 따라서 젊은 세대처럼 노인들도 서로 다르다. 하지만 기본적인 인간애는 똑같다.

나이 들면서 나는 자신을 존재라는 큰 사슬의 근원이자 표현으로 보게 되었다. 우리는 연속되는 사슬의 연결 고리이다. 더 큰 전체의 일부이다. 이 나이에 인생의 신비를 알고 싶어 안달이 난다. 신비가 나를 찾아올까, 내가 신비를 찾아갈까? 내가 찾아간다면 무엇을 알게 되고, 그 지식으로 무엇을 하게 될까?

이 나이까지 살았으니 우리는 복이 많다. 노년기는 재고하는 시기이다. 낡은 망각들을 버리고 새로운 은유를 얻는 시기이다. 바라건대 그것이 은유임을 더 지각하게 되기를.

이런 생각으로 살아도 좋겠다.

- 노년에는 최악을 예상하라. 최악이 아니면 감사하라.
- 노년에는 최고를 기대하라. 최고를 얻지 못하면 이유를 궁리하라.
- 노년은 인생 최고의 시기이다. 끝까지 남아 있으므로.
- 누구나 존재 이유대로 잠재성을 발휘할 권리가 있다.
- 노년은 인생 최고의 시기도, 최악의 시기도 될 수 있다. 어느 쪽인지는 자신이 이 시기를 어떻게 보내느냐에 달렸다.

나이 들면서 많은 사람이 세상에 문을 닫는다. 문을 열어두고 지평, 정신, 연민, 교감을 넓혀야 한다. 새로운 경험을 모색하고 새로운 희망과 경이에 자신을 활짝 열자. 노후는 매일 크고 작은 것을 축하하는 시기이다. 또 슬퍼해야 할 때 슬퍼해야 하는 시기이다.

자기 내면의 노인 차별주의를 간파하며 늙어가는 자신을 받아들이고 인정하고 사랑하는 법까지 배워보자. 노령에도 불구하고가 아니라 노령이기 때문에, 즉 노인인 나의 진면목과 존재 덕분에 스스로 가치 있고 소중하다고 느낄 것이다. 자신을 긍정적으로 보게 되면 노인 차별과 노인 낙인이 나타날 때 쉽게 분간한다.

노인 차별주의자들의 예상 따위는 지옥에나 보내자. 생각을 싹 바꿔주자. 멋지고 활기차게 늙을 수 있다는 걸 똑똑히 보여주자.

The Wisdom of Morrie

6장

무엇이
두려운가

노년기에는 여러 어려움이 따른다. 60대, 70대, 80대, 90대가 되면 자연스럽고 불가피하게 신체 기능이 저하되고 장애가 나타날 수 있다. 연령과 사람에 따라 정도와 심각도는 다양하다. 신체 쇠퇴와 그로 인한 감정과 심리적 영향과 반향에 계속 적응해야 한다. 노년기에 접어들면 새로운 감정적 상황을 대면하거나 앞서 해결 못한 이슈들을 수용하려 애써야 한다. 더 나이 들면 사회적인 이슈들과 부딪치기도 한다. 이런 이슈들은 노인 차별주의, 경제 위기, 개인 안전에 대한 불안처럼 인간관계나 사회 문제에서 생긴다. 이와 달리 개인적 안정감 부족, 만족스러운 관계, 확실한 자아 관념, 자기표현처럼 사적인 문제들도 있다. 또 나이 들수록 심해지는 두려움, 특히 부상과 질병, 상실, 죽음, 시한부 판정에 대한 두려움과 대면한다. 지난 인생이 후회되거나 과거에 다르게 처신하지 못해 안타까울 수도 있다. 노년기의 난제는 욕구, 두려움, 후회를 감당할 가장 효과적이고 유용한 방법을 찾는 것이다. 웰 에이징과 최대한 좋은 사람이 되는 것, 그것이 노년의 도전과제이다.

불편한 변화

◆

누구나 노년에 적응해야 하는 변화를 겪는다. 노년기에 접어들면 다들 전과 동일하게 생활하고 싶어 한다. 동일성은 익숙함과 안정감을 준다. 하지만 똑같기를 바라도 생활, 신체, 환경은 필연적으로 변화한다. 변화에 반발할지, 마음을 열지는 스스로 결정해야 한다.

흔히 나이 들수록 폐쇄적으로 변한다. 계속 오랜 습관대로 살면서 사고와 행동 방식은 더 완고해진다. 주거, 관계, 일상에서 변화를 거부한다. 변화, 특히 큰 변화는 실제로 곤란을 초래하기도 한다. 예를 들어 내 친구의 아버지는 5, 60년간 주택에 거주하다가 아파트로 이사하자 무척 상심했다. 노인들은 오래된 일 처리 방식을 바꾸길 꺼리고, 정해진 방식으로 계속 살겠다고 고집한다. 변화에 대한 반응을 관찰하면 변화의 영향을 이해해 차후 변화에 대비하는 데 도움이 된다. 당신은 원치 않는 변화, 특히 (이사 온 이웃 아이들이 떠드는 문제나 건강 악화

같은) 피치 못할 변화에 어떻게 반응하는가? 마찬가지로 내가 시작했으나 예상과 다른 결과를 초래한 변화에 어떻게 적응하는가?

변화가 생기면 그 현실을 반길 수도, 싫어할 수도 있다. 변화를 견디거나, 반대로 요란하게 저항하기도 한다. 거부하겠노라 선언하거나, 포기하고 수용하기도 한다. 변화에 대한 반응은 변화의 크기, 요구의 정도, 변화 능력과 의지에 따라 다르다. 물론 변화라고 해서 다 꺼리지는 않는다. 예컨대 복권 당첨이나 주식으로 큰 이익을 얻어 생긴 자산 변화는 환영할 것이다. 변화를 판단하는 기준은 일반적으로 변화가 불안과 괴로움을 얼마나 주느냐, 그리고 기쁨과 만족감을 얼마나 주느냐이다.

대부분 노후에도 이전처럼 처신한다. 예를 들어 4, 50세에 조심스럽고 수줍음 많은 사람은 7, 80세가 되어도 그럴 가능성이 크다. 55세에 느리고 신중하다면 75세에도 마찬가지일 것이다. 마찬가지로 노인들도 동기가 부여되고 마음먹으면, 또 오랜 습관과 그 양식을 바꿀 방향을 지각하면 습관과 태도를 변화시킬 수 있다. 오랜 세월 굳어진 방식으로 처신하며 이전처럼 행동하리라 예상하는가? 아니면 변화하기를 '바라는가'? 변화할 수 있다고 '믿는가'? 여생 동안 계속 변화하리라 기대하는가?

노년기에 접어들면 신체 쇠퇴, 재정 변화, 인간관계 변화, 신분 변화처럼 자신이 통제하지 못할 변화들에 적응해야 한다. 적극적으로 변화하는 욕구를 충족시키고, 두려움과 맞서고, 후회가 있다면 타협해야 한다. 목표를 이루기 위해 열정적으로 꾸준히 노력하고 싶다면 자신과 행동을 바꿔야 한다.

충족되지 않은 욕구들

◆

우리에게 동기를 부여하는 것은 욕구, 바람, 욕망이다. 노년에 접어들어도 욕구는 여전히 존재한다. 욕망, 바람, 충동, 갈망이 넘쳐난다. 노년층은 다른 연령대 성인과 동일한 욕구를 지니며 이런 욕구는 사람마다 상당히 다르지만 신체, 사회, 심리적 상태, 나이 차별주의에 따라, 혹은 단순히 살아온 기간이 길어 노년기와 유독 관련 높은 욕구가 있을 수 있다.

욕구는 여러 형태를 띠고 강도도 다양하지만 누구나 지니는 것이며 충족되어야 한다. 정도가 강해 몸이 아플 정도의 욕구가 있는가 하면 아주 약하게 살랑대며 허전함을 일깨우는 욕구도 있다. 욕구가 충족되지 않고 남아 있으면 왠지 불편하거나 불안한 상태를 만든다. 이런 경우 여러 대안이 있다. 물론 욕구를 충족시키려고 노력할 수 있다. 그게 불가능하면 포기하고 억제한다. 혹은 급하고 중요하지만 욕구를 충족시키지 않기로 할 수도 있다. 때로는 중요한 욕구들을 충족시키지 않아 생기는 고통과 불안을 견뎌야 한다. 또 욕구를 완화시킬 대안이나 희망에 의존할 수도 있다.

충족되지 않은 중요한 욕구들과 충족시킬 수단들을 살펴보기 위해 논의를 이어가보자. 이 이야기가 자극이 되어 욕구를 점검하고, 충족되지 않았지만 여전히 중요한 욕구들을 인식하게 된다면 좋겠다. 또 충족되지 않은 욕구들을 해결할 방법과 수단을 모색해보기 바란다. 그 욕구들을 밀어놓거나 받아들여 노후의 목표 달성에 방해되지 않도록 타협할 수도 있다. 충족되지 않은 욕구들과 그에 따른 감정 반응을 대면해 해결하는 일이 중요하다. 그래야 목표에 몰두하기 힘들 정도로 한눈 팔거나 시달리지 않는다. 욕구들이 대부분 충족되거나 적어도 타협되면 미래의 목표를 왕성하게 추구할 에너지, 열의, 영감이 생긴다.

노후에 충족되어야 하는 욕구들을 일일이 거론하지는 않겠다. 너무 많기 때문이다. 그보다는 중요하다 싶은 몇 가지를 꼽아보겠다. 여러분에게도 적합한 항목이면 좋겠다.

'자기 보존과 안정의 욕구'에는 신체적 욕구 충족, 신체와 감정 안정 유지, 자신 보살피기, 타인에게 보살핌 받기가 포함된다.

우리는 어디에서 안정감을 얻을까? 재정적 부유함에서 오는 안정감을 즐기는 노년층이 있다. 반대로 돈이 늘 골칫거리인 이들도 있다. 혹자는 몸이 튼튼하고 오랫동안 건강한 데서 안정감을 얻는다. 운이 좋아서 재정이나 건강 문제가 없는 이들도 감정적 안정을 찾을 필요가 있다. 나는 심리치료사이자 사회학자인 덕분에 감정적 안정을 개선할 방법들을 알게 되었다. 감정적으로 안정되려면 나의 내면, 그리고 나와 내 주변에서 무슨 일이 벌어지는지 지각해야 한다. 우리는 자신이 누구인지 알고, 그런 사람이라는 사실을 좋게 느끼려고 노력할 수 있다. 또 자신을 염려하고 행복을 빌어주는 사람들과 관계와 우정을 지속할 수 있다. 가족들을 중요히 여기고 친구들과 가까이 지내며, 가족 아닌 이들과 어울릴 수도 있다. 나를 위해 곁을 지켜주고 자존감을 높이는 이들을 찾아봐도 좋다.

믿음, 가치관, 확신을 꾸준히 고수하며, 나를 존중하고 같은 가치관을 가진 사람들에게서 지지와 격려를 받자. 공통의 목적을 추구하는 집단에 소속되자. 가능하면 위상, 능력, 개인적 매력을 키워 남들에게 더 존중받자.

삶을 최대한 관리하고, 내게 중요한 이들의 삶에 긍정적인 영향을 주자.

물론 개인적인 안정감을 얻는 특별한 방법들이 더 있다. 진행 중인 프로젝트를 성공시키거나 특정 분야, 기술, 사업과 관련해 숙련되고 박식해지면 안정감이 생긴다. 안정감을 얻는 방법을 전부 열거하지는 않겠다. 어떤 상황에서 더 안정감이 생기는지 각자 파악하는 것이 중요하다. 그래야 모험심을 가져보려고 마음먹을 수 있기 때문이다.

어떤 노인들은 감정의 안정감을 쉽게 충족시킨다. 내 친구 어맨다는 안정적인 삶을 영위한다. 남편과 한집에 살고, 딸 셋도 가까이 산다. 가족들이 서로 친하고 사랑한다. 어떤 사건이나 문제가 생기면 즉시 다 같이 해결에 나선다. 다양한 나이의 손주들이 자주 방문한다. 어맨다는 가정과 가족 안에서 든든하게 자리 잡고 있다.

다른 친구 앤은 안정감을 얻을 관계들을 맺느라 수고해야 한다. 혼자 살면서 최대한 많은 친구들과 전화로 연락을 이어가려 애쓴다. 특히 집에 박혀 있을 때는 더 노력한다. 한 번에 몇 명씩 집으로 초대하기도 한다. 앤의 말과 태도에서는 만남에 감사하는 마음이 여실히 읽힌다. 그녀는 상냥하지만 간곡하게 연락하자고 청한다. 누군가 오래 연락이 없으면 앤은 그에게 전화해 "수다나 떨려고"라고 말한다. 그렇게 친구들과 소통하며 안정감을 얻는다.

나는 명상이 감정의 안정감을 상승시킨다는 사실을 알게 되었다. 『보스턴 글로브』 1990년 2월 12일 자 기사를 보면 그 사실을 발견한 다른 노인들이 있다는 점을 알 수 있다.

노년층에게 유익하다고 밝혀진 초월명상법

오랜 세월 모든 인도 요기, 뉴에이지 그루와 몸·마음 애호가들이 명상의 장점을 구구절절 읊지 않았던가? 그들은 현명하다. 소규모이지만 엄격하게 진행된 연구를 보면 명상은 노인들의 기분을 좋게 할 뿐 아니라 수명을 연장시킨다.

특히 하버드 대학교 연구 결과를 보면 초월명상법(TM, 마헤시 요기가 만든 진언을 읊으면서 진행하는 간단한 명상법—옮긴이)을 배운 요양원 거주 노인들은 연구가 시작되고 3년 뒤에도 동년배보다 생존율이 높았다. TM 수련자들은 다른 이들보다 마음이 젊다고 느끼고, 정신력이 좋아 보였다. 또 명상하지 않거나 다른 긴장 해소법을 실천하는 요양원 거주자들보다 자신을 좋게 느꼈다.*

인정 욕구는 자신을 인정하고 타인들에게 인정, 찬사, 존경받는 일과 관계있다. 인정받으면 원하는 관심을 얻고, 가까운 이들에게 긍정적인 대우를 받는다. 타인들이 나를 인간 공동체의 일원으로 인식한다. 타인들이 나를 자격 있고 가치 있다고 평가하는 일이 중요한 것은 자존감에 영향을 주기 때문이다. 남들에게 인정받지 못하면 고통스럽고 따돌림당하는 듯한 기분을 느낀다.

관계성에 대한 욕구는 내가 남에게 필요한 존재이고, 동질적인 집단에 소속되며, 타인들과 서로 신뢰하는 일과 관계된다. 7장에서 자세히 다루겠지만 이 욕구의 핵심은 유대감이 강한 가족이나 친구들과 나누는 친밀감이다. 관계성의 욕구가 충족

* Angela Bass, "TM Found Beneficial to Elderly," *Boston Globe*, February 12, 1990, 33.

되지 않으면 우리는 고립감과 외로움을 느낀다. 반대로 이 욕구가 충족되면 안정감을 느끼고 다른 사람들과 연결되어 있으며 공동체의 일원이 되었다고 여긴다.

갖은 노력에도 충족되지 않은 욕구를 채울 수 없다면 그 욕구를 제쳐두고 그 상태로 잘 살려고 최선을 다하면 된다. 멀찍이 두어 일상적인 지각에 방해되지 않게 할 수도 있다. 어느 쪽이든 현실을 받아들이려 노력해야 한다. 그래야 충족되지 않은 욕구들은 물론 자신과도 평온하게 지낼 수 있다.

두려움은 점점 커진다

♦

두려움은 어떤 의미일까? 넓게 보면 겁나거나 원치 않거나 상처가 될 일을 예상한다는 뜻이다. 예전에 겪은 나쁜 일이 반복될 거라고 믿는 것이다. 두려움은 욕구의 거울인 경우가 많다. 예를 들어 자기 보존 욕구는 신체 상해에 대한 두려움의 이면이다.

두려움은 크거나 작고, 패닉이나 공포부터 가벼운 거슬림까지 범위가 넓다. 지속되거나 짧고, 의식되거나 무의식적이고, 예리하게 느끼거나 애매하게 넘어간다. 어떤 두려움은 빤하고 어떤 것은 잘 드러나지 않는다. 지속되기도 하고 쉽게 사라지기도 한다. 짓눌러서 패닉에 빠질 수도 있고, 쉽게 타협되기도 한다. 현실적인 두려움도 있고, 머릿속에서 조작된 환상도 있다. 세상이 무서운 곳이라는 일반적인 실존적 불안감부터 혼잡한 도로를 횡단하거나 방금 만난 이의 이름을 잊는 일까지 두려움은 광범위하다. 따라서 두려움은 강도, 지속 기간, 방향이 모두 다르고 반응과 대처 방식도 천차만별이다. 회피와 도피부터 직면과 해결까지 다양하다. 해결되지 않은 채 계속되는 두려운 상황이 많을수록 두려움 자체를 겁낼 가능성이 크다.

우선 상상한 두려움과 실제로 당면한 위험이 낳은 두려움을 구분해야 한다. 또 마음이 편해지도록 진짜 두려움을 수용하거나 밀어내거나 넘어서야 한다.

나이 들면 약해지고 그 사실을 느끼기도 한다. 질병, 신체 노화, 능률성, 사고, 피로에 취약해진다. 기운이 감퇴되고 병 회복도 느려진다. 신체 상해가 더 무서워진다. 노후에 마주하는 두려움 중에는 항상 우리와 함께해왔으며 젊은 세대 역시 느끼는 것들도 있다. 한편 새롭게 맞닥뜨리는 두려움도 있다. 나이 들수록 두려운 정도는 강해진다.

내 오랜 친구인 제니는 이렇게 말한다. "야간 외출이 너무 무서워요. 그래서 드물게 밤에 나갈 때는 누군가 동반하죠. 걷지 않고 목적지까지 차를 타고 가요."

어떤 두려움은 특히 노년에 심하며 놀랄 만한 일로 나타나기도 한다. 예를 들어 난 항상 발이 민첩하다고 자부해왔다. 71세 때 거리를 걷는데 작은 깡통이 내 쪽으로 굴러왔다. 부딪치지 않으려고 펄쩍 뛰면서 방향을 틀었다. 깡통을 피해 무사히 착지할 줄 알았다. 하지만 깡통은 피했으나 길바닥에 어깨를 부딪쳤고, 다치지 않았지만 아찔했다. 이제 이런 동작은 금물이라는 사실을 그제야 깨달았다. 장애물을 피하려면 더 조심해야 한다는 점도. 이제 '피하는 묘기'를 부리지 못하고, 갑자기 장애물이 튀어나와 넘어질까 걱정되면서 신체가 취약하다는 사실이 두려워졌다.

신체와 관련된 두려움 외에 실패, 위험, 낯선 일들에 대한 두려움도 있다. 이런저런 두려움은 시간과 에너지를 소모시키고, 옴짝달싹 못 하게 하고 목표 달성을 방해해 삶을 손상시키기도 한다.

죽는다는 것

♦

나도 모르게 죽음에 대한 두려움과 씨름한다. 모든 것의 끝이란 개념이 너무 오싹해 온 힘을 다해 밀어낸다. 하지만 그러다 죽음을 자연스럽고 필연적인 인생 마침표로 받아들여야 한다는 사실을 깨닫는다. 감정과 이성을 어떻게 조화시키느냐가 문제이다. 죽는다는 걸 알고 더 수월하게 받아들이면 좋겠다. 그런데도 지각, 두려움, 죽음 자체가 거북하고 싫다. 하지만 죽음과 타협해 두려움 없이 마침내 차분하고 평온하게, 만족하며 떠나고 싶다. 언제든 죽을 수 있다는 사실을 인정하지만 거기 매여 살고 싶지는 않다. 죽는다는 생각에 휘둘리지 않고 충만하게 살고 싶다. 이 문제의 해결책은 충만하게 살다가 아주 늙고 지쳐 생기 없이 떠날 준비가 됐을 때 죽음을 맞는 것 아닐까.

누구나 결국 죽는다는 사실을 겁낸다. 이 필연적인 현실을 직면하기 싫어한다. 구체적으로 무엇이 두려울까? 죽어가는 과정에서 느낄 통증과 시달림이 두렵다. 죽음을 맞는 상황이, 무의식이나 식물인간 상태가 지속될까 특히 두렵다. 마지막 시기에 겪을 고통이 두렵다. 내 죽음이 사람들에게 안길 아픔과 비통을 생각하면 마음 아프다. 경험이 끝나는 것, 자아 상실, 관계 상실이 두렵다. 소중한 모든 것을 잃는 게 두렵다. 이제 세상을 즐기고 반응할 수 없다는 생각이 두렵다. 우리는 소중한 이들과 인연이 끊긴다는 사실을 거부한다. 욕망, 관심, 활동, 참여를 끝내기가 두렵다. 소멸하는 느낌, 존재하지 않고 허공으로 떨어지는 느낌이 두렵다. 완전히 혼자 미지의 목적지로 가는 미지의 여행길에 오른다는 게 몸서리쳐진다. 만약 내세가 있다면 나는 어디로 갈까?

늘 존재했으나 이제 존재하지 않는다는 개념이 납득되지 않는다. 노년기에 삶의 유한성을 인식하면 전에 없던 통렬함이 느껴진다. 죽는 과정은 개념이나 관념을 넘어선다. 더 생생해진다. 하루하루 삶의 끝에 가까워지면 살날이 줄면서 두려움이 커진다. 맥스 러너(Max Lerner, 미국의 유명 저널리스트―옮긴이)

는 저서 『천사와의 씨름』*Wrestling with the Angel*에서 죽음과 노후에 대해 이렇게 말한다.

노화는 생의 한 단계이며 죽음은 최종 상태이다. 죽음에 대한 두려움은 종국과 더불어 미지의 세계에 대한 두려움이다. 노화의 두려움은 누구나 잘 아는 두려움이다. 이 둘은 우리를 행동하게 한다. 노화는 그 여파로 생긴 병증들과 함께 임박한 죽음을 알리는 조기 경보체계가 된다. 죽음의 두려움은 에너지와 분주함이 생기도록 자극하고, 그 기운은 죽음의 공포를 가려준다. 노화에 대한 두려움, 즉 생활 반경을 좁히고 세상에 기여할 시간이 줄어든다는 두려움은 우리에게 한 발짝 물러나 자신을 재발견하고 여생을 더욱 만끽하라고 자극한다. 다시 말해 내가 누구인지, 어디에 있는지, 남은 삶 동안 뭘 하고 싶은지, 무엇을 버리고 무엇을 중심에 둘지 재고하라고 부추긴다.*

죽음을 직시하면 마지막에 대비하고 삶을 더 풍요롭게 누릴 수 있다. 죽음을 어떻게 준비해야 할까? 태도와 감정 상태가 어떤 차이를 부를까? 죽음에 대한 감정과 생각을 스스로 통제할 수 있을까? 죽음과 마지막에 다가갈 때 적절하거나 품위 있는, 평온하거나 좋은 방식은 뭘까? 죽음과 마지막 시기의 두려움을

* Max Lerner, *Wrestling with the Angel: My Triumph over Illness* (New York: Simon & Schuster: 1990).

대하는 방식은 어떻게 늙을지에 지대한 영향을 미친다. 어떤 이들은 죽음을 겁낸다. 죽음을 잊고 사는 이들도 있다. 두려움이 압박할 힘을 잃을 때까지 죽음에 담대하게 정면으로 맞설 수도 있다. 죽음을 불가피한 순리로 이해하고 평온하게 받아들이는 사람들도 있다. 이들은 죽음을 담담하게, 당연히 일어날 일로 바라본다. 그래서 죽음의 두려움에 구애받지 않고 삶을 하루하루 영위한다.

내 친구 조시는 죽음을 이렇게 느낀다.

내 인생에 만족하며 기쁜 마음으로, 후회하는 마음도, 화나는 마음도 없이 훌훌 털어냅니다. "왜 날 데려가려고 해?"라고 따지면서 주먹을 흔들지 않아요. 70세를 넘긴 지 17년이 지났습니다. 최근 사고를 당하기까지 인생을 충만하게 살았어요. 내 인생에서 사람들이 중요한 역할을 해왔고 그게 늘 내 기쁨이었어요. 이 나이에 지난해 한 여인과 사랑하기 시작한 것, 그 연애가 너무도 자연스럽게 이뤄졌다는 건 인생을 마무리하는 멋진 방법이죠. 87세에 미래가 늘어날 가능성은 상당히 제한적이에요. 하지만 난 1999년까지 여기 있을 계획입니다. 1999년 12월 31일 로크 오버(보스턴에 있는 레스토랑—옮긴이)에서 저녁을 먹을 겁니다. 우리 형제는 그때 만나기로 약속했어요. 어떻게 죽고 싶은지 시나리오를 써봤어요. 나는 마지막 강의를 마치고 강단에서 쓰러져 죽고 싶습니다. 부츠를 신은 채

로요. 고생하지 않고! 딱 끝나는 거지요! 빠르게! 질질 끌지 않고!

『보스턴 글로브』 1990년 8월 10일 자 기사는 86세의 저명한 행동심리학자 B. F. 스키너를 다룬다.

마지막까지 생을 향한 열정

B. F. 스키너는 백혈병으로 죽음을 앞두고도 왕성하게 커리어를 쌓던 시절과 다름없는 지적 열정을 지니고 있다. 그는 "가는 게 두렵지 않습니다"라고 말한다. 계속 연구하고 매일 산책하려 한다. 스키너의 신체는 허약하지만 정신은 여전히 강하고 예리하다··· 죽음을 마주할 때와 똑같이 담담하게 비평들을 마주해왔다. 죽음과 실랑이하지 않지만 가족들 때문에 몹시 슬프다··· "죽으면 사람들의 마음을 아프게 할 수밖에 없지요··· 죽음에 대한 걱정이나 불안은 조금도 없습니다. 신앙이 없으니 사후에 벌받을 걱정도 없고요."＊

죽음이라는 피할 수 없는 사실에 어떻게 접근할까?

타인의 죽음에 대해 생각해보고 내 죽음이라는 관념을 직시하면 된다. 그러면 삶이 더 고맙고 소중해진다. 내 두려움과 죽음을 생각하는 방식을 두고 친지들과 대화해도 좋다. 혹자는

＊ Gloria Negri, "Zeal for Life unto End: Behaviorist B.F. Skinner Facing Up to Death," *Boston Globe*, August 10, 1990, 1.

자신을 '신의 손'에 맡기며 위로를 얻는다. 죽음을 현실로 받아들이면서 객관적으로 담담하게 보는 이들도 있다. 일부는 죽음을 종말이 아닌 다른 곳으로 가는 통로로 본다. 심리치료를 받거나 지지 모임에서 도움을 받아 죽음과 마지막에 대한 두려움을 대면한다. 이런 조언들로 평온을 얻으며, 우리는 죽음을 앞두고 이렇게 말할 수 있기를 바란다. "좋은 삶을, 충만하고 유용한 삶을 살았어. 그러니 이제 갈 준비가 됐어."

죽음의 두려움과 타협하지 않으면 삶을 충만하게 사는 데 방해받을 것이다. 모험하는 두려움, 타인에게 온전히 성실하는 두려움, 욕망을 제한받고 활동과 탐구의 자유를 제한받는 두려움이 생길 것이다. 사람들은 흔히 죽음과 마지막을 가장 두려워한다. 하지만 그 두려움을 정면으로 파고들면 다른 두려움을 줄이거나 없앨 수 있다. 죽음이 두렵지 않은데 다른 게 겁날 수 있나!

다치거나 아프면 어떡하지

◆

죽음과 마지막에 대한 두려움은 상해, 질병, 장애, 통증, 괴로움의 두려움과도 연관된다. 예컨대 낙상, 교통사고, 친구의 사고는 그 두려움에 근거가 있으며 특히 우리가 신체적 부상에 취약하다는 점을 상기시킨다. 많은 사람, 특히 여성들은 야간에 집에서 공격받을지도 모른다는 두려움을 느끼며, 이는 노년기에 훨씬 심해진다. 대부분 노령자는 지하철을 타거나 심야에 도로를 걸을 때 위험을 최소화하기 위해 우려와 경계를 곤두세운다.

질병의 두려움은 각종 공상을 일으킨다. 우리는 불구가 되거나 장애를 얻을까 두려워하고, 병원을 드나들며 타인의 통제나 권한에 휘둘리게 될까 두려워한다. 못 견딜 통증에 시달릴까 두려워하고, 남에게 동정받을까 두려워한다. 상심할까 봐, 초라하고 부족한 사람이 될까 봐 두려워한다. 남에게 너무 의존할까 두려워하고, 유치하고 수치심을 느낄까 두려워한다. 질병으로 죽을까 두려워한다. 이런 두려움들은 심하게 부풀려져 있으며 대부분 공상이다. 때로는 경험과 현실에서 생기는 경우도 있다.

중병은 우리를 감정적으로 위축시키고 심리적으로 무너뜨린다. 자존감과 자아상을 공격하고, 확신을 빼앗아 삶의 흐름에서 벗어나게 한다. 노년층에게 질병이 가장 큰 두려움인 것은 당연하다! 노령자들은 질병의 영향을 받기 쉽고 취약하다. 병과 싸우기가 전보다 힘들고, 회복 기간이 젊은 층보다 길다.

중병이 들면 자기중심적이 되어 병이나 장애에 집착할 위험이 있다. 계속 병만 생각하고, 누군가 들어주면 끊임없이 병에 대해 말하고, 병에 지배당한다. 사람들을 넌더리나게 하고, 걱정에 고립감까지 더해진다.

내가 상담하는 노인 그룹의 일원은 병 이야기만 늘어놓았다. 병에 대한 걱정, 병세가 계속되는 두려움, 어떻게 할지 모르고 불안해 밤잠 못 이루는 두려움을 상담 시간 내내 쏟아냈다. 그의 말을 끊거나 화제를 바꾸기는 어려웠고, 결국 그는 모임 사람들에게 외면당했다.

물론 질병과 수월하게 타협하는 노인도 있다. 치료해보고 병증에 적응한다. 병과 같이 생활하거나 병에 매몰되지 않고 받아들인다. 이상하지만 질병에는 긍정적인 면도 있다. 삶을 바르게 바라보게 한다. 삶을 낱낱이 살펴 뭘 걱정할지, 뭘 중요하다고 믿어야 할지 판단하도록 돕는다.

맥스 러너는 병을 앓으면서 얻은 깨달음에 대해 말한다.

> 어느 시기든 치명적인 질환에 적응해 극복하는 일은 그 자체로 인생을 바꾸는 경험일 것이다. 존슨 박사의 말처럼 죽음이 임박하면 "(사람은) 강하게 집중한다". 노후에 병이 나면 비애와 짜릿함을 동시에 느낀다. 지금까지 얻은 새로운 깊이의 삶이 얼마 남지 않아 비애감이 든다. 또 병이 인생을 돌아보고, 재단장하며, 남은 시간 동안 뭘 할지 질문하게 만들기에 짜릿하다.[*]

74년 인생의 어느 시점에 갑자기 심한 피로감에 시달리자 주치의는 내게 '권태감' 탓이라고 했다. 주치의도, 다른 전문의들도

---

[*] Max Lerner, *Wrestling with the Angel: A Memoir of My Triumph over Illness* (New York: Simon & Schuster, 1990), 157-158.

병명을 진단하지 못했다. 병증이 기력을 빼앗았다. 하루하루 침대에서 나올 수 없었다. 일상적인 활동을 중단했고, 비몽사몽했다. 공상과 현실이 뒤섞이고 기진맥진해 둘을 분간할 수 없었다. 정신이 흐릿해 명확히 분별하지 못했다. 모든 것에서 떨어져 나와 제거된 기분이었다. 몸을 움직이려면 몹시 애써야 했고, 한번은 탈진할 뻔했다. 자주 누워야 했고, 걸을 때는 짧은 거리를 좁은 보폭으로 천천히 움직였다. 동작의 범위와 힘을 통제하지 못해 너무 괴로웠다.

시간이 지나면서 병증이 줄고 원기를 회복하자 평소 하던 일을 할 수 있었다. 며칠 뒤 정신이 깨어났고, 일주일이 지나자 거의 정상으로 돌아왔다. 하지만 병이 또 찾아올까 두려웠다. 과연 몇 달 뒤 이전보다 증세는 덜했지만 병이 재발했다. 두려움이 더 커졌다. 병증은 6주 주기로 나타났고, 그 과정을 겪으며 두려움은 누그러졌다. 상황에 익숙해졌고 무기력하지 않아 방해받지 않고 일상에 적응할 수 있었다. 결국 증세는 사라졌고 몇 달 뒤에는 병을 까맣게 잊었다. 이제 병이 재발할지도 모른다고 겁내지 않게 되었다.

통증과 괴로움은 의식적으로든 무의식적으로든 누구나 겪는 두려움이다. 피하고 싶고, 나타나면 완화시키고 싶다. 하지만 통증을 평생 피할 수는 없다. 어찌 보면 물리적인 통증에는 긍정적인 기능이 있다. 뭔가 잘못되었거나 몸에 기능 장해가 생겼으니 살피라는 신호이다. 물리적인 통증은 약물, 수면, 진정제로 통제하거나 완화할 수 있지만 통증의 '원인'을 해결하지 않으면 잠에서 깨거나 약효가 떨어질 때 통증이 다시 나타나게 된다.

흔히 통증과 괴로움을 동의어로 보지만 둘은 완전히 다르다. 사랑하는 이의 사망, 마음의 상처, 관계의 절연으로 인한 괴로움과 다리 골절, 치아 신경 치료, 중증 질환으로 겪는 통증은 같지 않다. 통증과 괴로움을 하나로 묶는 것은 '견딜' 수 없어서 죽을 것 같은 느낌과 극심한 거북함이다.

많은 사람이 죽음보다 그 과정에서 겪을 통증과 괴로움이 두렵다고 말한다. 고통과 괴로움을 겪으면 정신이 산만해지고, 약물이나 진통제 등 통증과 괴로움을 완화할 물질을 찾게 된다. 그리고 통증과 괴로움의 경험과 예상은 두려움을 일으킨다.

떠나가는 사람들

♦

자녀, 배우자, 부모, 친지를 잃으면 강한 감정이 일어난다. 종종 타인의 비극을 보면 '나도 이런 일을 당할까' 두려워 슬프다. 그런 감정을 담은 기사가 『뉴욕 타임스』에 실렸다. 할머니의 노화에 고통스럽게 반응하는 손녀의 이야기이다.

할머니 상태가 악화되면서 할머니를 대하는 내 반응도 더 나빠졌다. 어머니는 착하게 굴고 계속 연락하라고 당부하지만 나는 온갖 변명을 둘러대면서 피한다. 하지만 내 귀에도 속이 빤한 핑계로 들린다. 사실 할머니는 나를 겁먹게 한다. 마음으로는 완벽한 노부인의 예쁘장한 장면을 그린다. 현명하고 기품 있고 평온하다. 살아온 인생에 조용히 자부심을 느낀다. 물론 내 환상 속 노부인은 하지 않는 게 있다. 돈을 걱정하지 않는다. 무릎 통증이 없고, 숨이 가쁘지 않다. 기억, 이성, 시력을 잃지 않았다. 무엇보다 내가 잘 아는 노인이 아니다.

나는 할머니를 사랑한다. 정신이 맑을 때면 할머니는 여전히 잘 지낸다. 하지만 어쩔 수 없이 분노에 찬 절망이 다시 모습을 드러낸다. 새로운 이유를 찾아 울고 비난하고 험담한다. 그리고 나는 새로운 핑계를 찾아 멀찌감치 달아난다.

당당하게 나이 들고 싶다. 31세인 지금부터 반세기 뒤 더 나은 모습이고 싶지만 과연 그럴까. 할머니를 보면 내가 보인다. 연약하고 겁먹고 불행한 모습, 죽고 싶은데도 필사적으로 목숨에 매달린다. 그 모습을 보는 걸 차마 견딜 수 없다.*

어느 날 동료 해리가 나를 집에 태워다주면서 물었다. 어린 아이가 부모를 잃는 것보다 큰 상실감이 있을까. 여덟 살 때 어머니를 여읜 내가 없을 거라고 대답하자 해리가 말했다. "몇 살이든 자식을 잃은 부모의 상실감이 더 클걸요." 몇 해 전 그는 열

* Natalie Angier, "Hers; A Granddaughter's Fear," *New York Times*, May 8, 1989, 22.

여덟 살 아들을 차 사고로 잃었다. 오래 깊이 애도한 뒤에야 슬픔을 거의 내려놓게 되었다. 해리는 그 일을 통해 인생이 덧없으니 시간을 낭비하지 말라고, 타인을 위해 할 수 있는 바를 온전히 해내며 살라고 신이 가르쳐주었노라 말했다.

이처럼 비극적인 상실을 경험한 사람은 그 일이 몹시 괴롭고 충격적인 영향을 준다는 사실을 안다. 그 결과 소중한 사람을 또다시 잃으면 세상이 끝날까 두려워한다. 계속 살 수 없을까 봐, 다시는 웃지 못 할까 봐, 사는 게 무의미할까 봐 두려워진다. 이전의 비극은 당시 무슨 일이 벌어졌는지 제대로 파악하기 어려울 정도로 강력히 영향을 미쳤을 수 있다.

나이 들수록 이런 상실을 더 많이 겪을 것이다. 친척이나 친구가 죽는다. 친지가 요양원에 들어가야 한다. 고개를 돌릴 때마다 가까운 누군가가 떠나는 것 같다. 상실이 끝없이, 계속 일어나다가 결국 내가 누군가에게 상실감의 대상이 될까 두렵기 시작할 것이다.

'나'를 잃어가는 두려움

◆

우리는 나이가 들수록 노화 때문에 예전의 나를 '잃었다'고 믿는다. 계속 나이 들면 나를 완전히 상실할까 두려워한다. 예전의 '나'가 급히 혹은 차츰 다른 인물로 변할까 두려워한다. 늙어가면서 자신을 알아보지 못할까 두려워한다. 또 내가 무척 달라지면 장차 남들이 나를 못 알아볼까 걱정된다.

신체 기능이 저하되어 생활을 통제하기 어렵고 성격 변화에 적응하지 못하거나 기억력이 저하하고 정신 활동이 감소하면 '나'를 잃는 경험을 할 수 있다. 노년기에 자아의 상실이나 퇴화가 신체 기능의 퇴행에 필연적으로 수반된다고 생각하면 노화는 두려운 개념이다. 노화가 일부 신체 능력과 정체성 상실을 뜻한다는 통념에 의문을 제기하자. 이 둘이 반드시 연결되는 것은 아니다. 몸이 허약해도 정신은 예리할 수 있다. 신체는 나의 일부일 뿐 전체가 아니라는 점을 명심해야 한다.

타인들과 내 안의 노인 차별주의도 정체성 상실을 일으켜 나만의 존재감이 있는지 의심하게 만든다. 노인 차별주의자들에게 하찮은 존재로 취급당하며 '나의 상실'이 두려워진다.

나이 들면서 위축되어 못났거나 무시당한다고 믿게 되면 남은 부분이나 과거 모습에 집착하기 쉽다. 예전의 나와 연결 고리가 끊겼다고 느끼면 자아를 상실하게 된다. 과거와 현재의 내가 이어져 둘을 통합할 수 있다면 자아 변화의 경험과 그에 따른 두려움과 타협할 수 있다.

나 자신을 통제하지 못한다면

◆

우리는 종종 자기 일을 처리하지 못할 때 통제력을 잃을까 두려워한다. 이런 일이 생기면 내가 확고부동한 '내 배의 선장', 인생 여정의 책임자가 아닌 것 같다. 노년기에 노화는 비통한 경험이 되기도 한다. 불쑥 눈물이 나거나 부아가 치밀고 쉽게 흥분되면 감정 통제력을 잃었을까 두렵다. 남들에게 지시받거나 (간병인에게 생활을 보조받는 일처럼) 원치 않는 상황으로 밀려나면 자신에 대한 통제권을 다른 사람에게 넘기는 일에 두려움을 느낄 것이다. 돈을 제대로 관리하지 못하게 되면 재정에 대한 통제권을 잃을까 두렵다. 생각과 마음을 통제하지 못해 일관성을 잃고 정신적으로 무능한 사람으로 보이지 않을까 두렵다. 결국 생존이 위태로울 정도로 쇠약해질까 봐 두렵다.

여기서 기본 문제는 삶을 장악하는 능력을 잃었다고 믿을 만한 근거가 있는가이다. 통제력 상실을 겁내면 그 힘을 유지하려고 필사적으로 노력하게 된다. 좌절한 나머지 다른 사람의 통제에 굴복할 수도 있다. 또 가능하다면 삶을 통제할 방법을 찾으려는 동기를 부여받을 수도 있다.

때로는 과거 경험 때문에 의존과 통제력 상실이 특히 두렵게 느껴지기도 한다. 다음은 『워싱턴 포스트』에서 발췌한 내용으로, 강제 수용소 생존자였던 저명한 심리학자 브루노 베텔하임에 대한 기사이다. 이 이야기는 통제력 상실에 대한 두려움, 퇴화와 의존에 대한 두려움, 그리고 생을 마감하기로 한 그의 결정을 다룬다.

3월 12일 밤 베텔하임은 실버스프링스에 있는 차터하우스 양로원에서 스스로 목숨을 끊었다. 로스앤젤레스의 분석가인 루돌프 에크슈타인은 오랜 친구의 자살 소식을 듣자마자 베텔하임이 이렇게 생각하지 않았는지 의심했다. '이제 양로원에 살아야 하는구나. 강제 수용소에 있을 때처럼 자유를 빼앗기겠지. 왜 살아야 하지? 뭘 기다리는 거야? 적어도 나에 대한 통제권을 갖고 싶어.'

"그분이 낙심한 건 분명했어요." 역사학자인 존이 말했다. 존은 저녁 식사 자리에서 베텔하임과 45분간 대화했다. "이스라엘로 갔어야 했다는 걸 이제야 깨달았다고 말씀하시더군요. 그곳 키부츠에서는 적어도 노인들이 쓸모 있다고 느낄 만한 상황을 만드니까요."*

나이가 들면 정신 능력이 퇴화된다는 점은 누구나 예상할 수 있다. 방향감각을 잃고 전에는 1초도 생각할 필요가 없던 간단한 일도 쩔쩔맨다. 헷갈리는 경험을 하고 또 그럴까 두렵다. 아주 잠깐이라도 갑자기 여기가 어딘지 모르고 혼란스럽고 흐릿해지는 경험을 한다. 때로 목적지에 도착하려면 알아야 할 정보를 깜빡하거나 방금 뭘 하던 참인지 잊는다. 오랫동안 알던

* David Streitfeld, "For Bruno Bettelheim, a Place to Die," *Washington Post*, April 24, 1990, C1.

사람을 알아보지 못하는 일처럼 정말 기억하고 싶은 점이나 전에 잘 알던 것을 잊는다. 가끔 상황에 대한 기억과 이미지가 초점을 잃고 전보다 흐릿하다. 이런저런 징후가 생기면 우리는 겁먹고 정신력을 잃을 거라고 믿는다. 하지만 켄 디히트발트(Ken Dychtwald, 미국의 노인학자이자 심리학자, 고령화 및 연령 차별 전문가—옮긴이)는 저서 『에이지 웨이브』*Age Wave*에서 이렇게 말한다. "과학적 연구를 거듭한 결과, 활동적이고 지적인 도전을 계속한 노인들은 기민한 두뇌를 유지할 뿐 아니라 더 장수한다."*

나 역시 이따금 방향 상실을 경험했지만 나는 이런 변화를 병증이 아닌 노화의 정상적인 일부분으로 본다. 방향 상실을 겁내면 불안감이 생기고, 정말로 방향을 상실한다. 방향 상실을 받아들이면 그런 상황에서 한결 수월하게 감당할 수 있다. 방향을 잃는 경험을 제대로 살펴보면 두려움을 줄이는 데 도움이 된다. 그 경험을 파악하려면 자신에게 물어야 한다. 얼마 동안 혼란이 지속되었는가, 얼마나 자주 일어나는가, 일상에서 얼마나 방해되는가, 어떻게 하면 증상을 방지 혹은 만회하거나 그 상태에 적응할 수 있는가.

통제력 상실을 겁내는 다른 경우는 활동을 제한해야 될 때이다. 노년기가 길어질수록 활동은 제한되기 마련이다. 몸 상태 때문에 긴 여행이 어려워진다. 관절염을 앓으면 동작에 제약이

---

* Ken Dychtwald, *Age Wave: How the Most Important Trend of Our Time Will Change Your Future* (New York: Bantam, 1990).

따른다. 장애나 눈의 심한 피로 때문에 전처럼 편안하게 독서하지 못한다. 기운이 떨어져 예전처럼 사교활동을 할 수 없다. 생활 곳곳에 이런저런 제약이 늘어난다는 두려움에 서글프고 우울하고 화나고 낙심한다. 제약을 극복하거나 줄이는 법을 익힐 수 있을까? 아니면 제약을 만회할 방법은? 극복하거나 줄일 수 없다면 현실을 품위 있게 인정해 받아들일 수 있을까?

새로운 것은 언제나 두렵다

♦

여기에서는 미지의 두려움이 낳는 결과들 중 하나만 다루겠다. 바로 위험 감수의 두려움이다. 위험을 감수할 때는 미지의 상태에 접어든다. 그때 생기는 두려움이나 불안을 억제해야 위험을 감수할 수 있다. 새 프로젝트 시작, 새로운 사람들 만나기, 새 장소 방문, 오랜 습관 버리기, 물리적인 환경 바꾸기, 오랜 관점 재고 같은 일을 우리는 두려워한다. 이런 위험 부담의 두려움은 모두 실패에 대한 두려움이다. 끔찍한 일이 생겨 불편해질까, 익숙함에서 오는 안정감을 잃을까, 헤매거나 혼란스러워질까 두렵다. 위험 부담이 너무 클까 두렵다. '잘 풀리지' 않을까 봐, 위험해서 다칠까 봐 두렵다. 과거에 조심해서 득을 본 경험이 있기에 위험 부담을 피한다. 위험을 감수하면 불안정해지고 전보다 사정이 악화될까 두렵다.

나이 들면서 일말도 주저하지 않던 작은 위험조차 감수하기 두려워진다. 만약 신체나 정신력이 퇴화되었다면 작은 위험도 감수하지 않는 게 현실적이고 적절하다.

노년기에는 더 큰 위험을 부담하는 일을 두려워할지도 모른다. 그런 두려움 때문에 우리가 만끽할 수 있는 새로운 일을 경험조차 못 하게 되는 경우도 있다. 위험 감수하는 일을 겁내는 게 신중하고 현실적인 대처인 경우도 많으며, 조심스런 행동은 마음에 상처를 받는 많은 상황으로부터 우리를 보호할 수 있다. 하지만 새로운 일을 시도할 때 지나치게 조심하거나 위험을 과장해 받아들인다면 멋진 경험을 시도할 기회를 잃는다. 위험 부담을 올바르게 바라보면 용감하고 합리적으로 감수해 노후를 풍요롭게 즐길 수 있다.

버려진다는 것

◆

많은 고령자가 '버림받는 일'을 두려워한다. 배우자, 자녀, 오랜 친구 등 자신을 보살펴주던 이들로부터 거부당하거나 방치될까 겁낸다. 방치는 중요한 이슈에 대한 견해차로 관계에 문제가 생겨 일어나거나 나이 들며 새로운 태도, 가치관, 신념이 생기면서 관계가 변해 나타난다. 해묵은 갈등과 어려움이 노년기에 재현되기도 한다. 나이 들어가면서 우리는 더 이상 멋있거나 가치 있는 존재로 여겨지지 않을 수 있다. 다른 사람들이 우리를 신경질적이고, 까다롭고, 심술궂고, 불평하는 사람으로 보기도 한다.

의존적인 성향도 내가 버림받을지 모른다는 두려움을 일으킬 수 있다. 우리는 자녀들이 돌봄에 지치거나 새 관심사에 몰두하느라 자신에게 시간을 할애하지 못하게 될까 봐 두려워한다. 가족들은 우리의 요구를 과도하고 부담스럽게 여길 수 있다. 노화하는 과정에서 가족들의 시간과 에너지를 더 많이 요구하므로 우리가 염치없다고 느끼기도 한다.

거부의 신호는 방문, 통화, 편지가 줄거나 소통을 꺼리는 일로 나타난다. 극단적인 예로 친밀한 사람들이 완전히 연락을 끊는 일처럼 말이다. 이는 큰 충격일 수 있으며, 자녀와 부모 사이라면 특히 더하다. 소통하자고 간청하고 연락을 시도해도 소용없다면 결국 상대가 자신을 완전히 거부한다는 사실을 직시해야 한다. 상대의 거부 의사가 명확해지면 복잡한 감정이 밀려든다. 죄책감, 쓰라림, 실망, 분노. 배신감이 들어 '내가 너희를 위해 어떻게 했는데, 얼마나 희생했는데'라는 생각도 든다. 한동안 서글퍼서 '이제 어떻게 살지?'라고 자신에게 묻는다.

다른 감정들도 올라온다. 정말 필요할 때 나를 돌봐줄 사람이 없다는 두려움, 혹은 거부당하고 방치되는 건 내 탓이니 자신이 무가치하고 부족하다고 느끼는 두려움. 고통과 상처는 새 관계를 형성할 때 드러나기도 한다. 하지만 버림받은 느낌에서 벗어나 마음을 가라앉히고, 사랑하는 이들을 다시 보지 못한다는 현실을 받아들이는 시점이 온다. 방치되었다는 현실을 받아들여도 이따금 상실감이 되살아나 가슴이 먹먹해진다.

리나는 85세까지 심리치료사로 일했다. 86세 즈음 때때로 건망증이 심해지고 때때로 혼란스러워지며 약간 쇠약해지기 시작했다. 40년 이상 상담실을 운영하면서 돈을 제법 벌어 직원들의 도움으로 집과 상담소를 꾸렸다. 비서, 관리인, 시간제 가정부, 입주 학생을 두어 집에서 생활하며 예전처럼 지낼 수 있었다. 하지만 비용이 엄청났다. 재정 상황이 심각하다는 사실을 깨닫자 리나는 아들 필립에게 위임장을 써주었다. 필립은 거액의 급여가 계속 지급되면 유산이 남아 있지 않을 것이라 여기고 어머니에게 사설 요양원 입소를 강권했다. 요양원에서 치료 업무를 계속하게 해준다는 조건하에 리나도 입소에 동의했다. 하지만 약속은 지켜지지 않았고, 리나는 다른 입소자들과 똑같이 제약받았다. 필립은 어머니가 싫어하면 요양원에서 퇴소시켜준다고 장담했었다. 리나는 입소하자마자 그곳이 자신에게 적합하지 않은 걸 알아채고 필립에게 나가게 해달라고 간청하고 불평했다. 하지만 필립은 요양원 체류를 주장했고, 리나도 어쩔 수 없었다. 결국 입소 몇 달 만에 거기서 세상을 떠났다.

빈곤한 노후에 대한 걱정

◆

일부 노년층은 경제적 궁핍을 겁내고, 실제로 재정적 곤경에 처한 이도 많다. 이 두려움은 현실적일 수도 있고 현실을 과장한 기우일 수도 있다. 하지만 많은 사람이 자신의 소득과 관계없이 노후에 하고 싶은 일을 하거나 유지하고 싶은 집에 머물기에 돈이 충분하지 않을지도 모른다고 걱정한다.

물리적인 궁핍에 대한 두려움이 생각과 환상 주변을 맴돌기도 한다. 이런 현상은 특히 가난한 유년기에서 빚어지는 경우가 많다. 굶주림, 열악한 주거환경, 헐벗음에 대한 오랜 기억이 쉽게 되살아난다. 그래서 지금은 재정 형편이 훨씬 좋은데도 수입이 주춤하거나 감소하면 생필품이 부족해질지도 모른다는 두려움이 불붙는다. 당장 실제로 궁핍하지 않은데도 발생하는 우려와 공포는 불안과 근심을 일으키는 주원인이다. 많은 노인의 두려움에는 대공황, 고생을 견딘 경험과 타인의 고초를 목격한 기억들이 도사리고 있다.

『보스턴 글로브』에 "자살 증가 이면에 자리한 노화의 짐들"이라는 제목의 기사가 실렸다.

한 은퇴 교사는 병든 아내를 제대로 보살필 수 없다는 사실에 상심한 나머지 69세 생일 직전에 유서를 썼다. "변변찮은 복지 수당으로는 우리 둘의 생활비를 감당할 수 없소. 내가 죽으면 적어도 당신은 보험금으로 살 수 있소. 보험금 전액을 수령할 수 있도록 이 유서를 폐기해요. 사랑하오."

외로움, 소득 상실, 배우자의 사망 또는 악화되는 질병에 압도당하는 미국 노인들은 어느 연령대보다 많이 스스로 목숨을 끊는다.[*]

두려움에 대처하는 방법

◆

두려움을 어떻게 이겨낼 수 있을까? 두려움을 무시하고 아예 없는 것처럼 행동할 수 있다. 대처 불가능한 것처럼 행동하면서 어느 방향으로든 피할 수도 있다. 아무것도 하지 않고 두려움이 사라지기 바랄 수도 있다. 안타깝게도 두려움은 우리 곁에 남아 삶을 온전히 영위하기 어렵게 만든다. 두려움을 직면하거나, 견디거나, 최대한 오래 부정하는 쪽이 나을 수도 있다. 혹은 두려움을 힘의 원천으로 바꾸려고 노력할 수 있다.

두려움을 균형 있게 바라볼 수도 있다. 삶에서 감수하는 위험에 대한 정보를 취합해봐도 좋다. 지금껏 살아오면서 얻은 지혜에 기대보고 오랜 세월 그 많은 일을 겪고 살아남았으니 분명히 나는 아주 강하다고 안심해도 좋다. 다른 사람들과 두려움에 대해 이야기하며 자신의 두려움이 얼마나 현실적인지

[*] Diane E. Lewis, "Burdens of Growing Older Seen Behind Rise in Suicides," *Boston Globe*, November 28, 1988, 1-10.

의견을 들어볼 수도 있다.

마지막으로 두려움과 친구가 됨으로써 그 감정을 진심으로 받아들이려 노력할 수 있다. 두려움을 느끼는 일이 너무 싫다면 부정적인 감정을 중단하고 특정한 두려움을 거부하고, 부정하고, 물리치지 않으려고 애쓸 수도 있다. 두려움을 존재의 일부로 삼아 두려울 때 잘 견딜 수 있다면 두려움이 감소하거나 사라진다. 그러지 못한다면 두려움을 안고 사는 법을 모색하면 된다. 삶에 두려움이 도사려도 목표를 이루고 충만하게 살아가자고 다짐하면 된다.

후회를 후회하지 않으려면

♦

오랫동안 살아오면서 후회되는 사건, 관계, 선택이 없다면 거짓말일 것이다. 후회는 여전히 해결해야 하는 골치 아픈 문제를 지속적으로 상기시킬 수 있고, 개인사에서 불행했던 사건을 이따금 떠올리게 할 수도 있다. 자신을 되돌아보며 이렇게 물으면 후회를 파악하는 데 도움이 될 수 있다. 이 후회가 지금 나에게 얼마나 중요한가? 그 후회를 얼마나 깊이 느끼고 있는가? 그리고 그 후회에 대처하기 위해 어떤 것이든 할 수 있다면 무엇을 하기를 원하는가?

후회에 동반하는 쓰라림, 분노, 우울감은 최대한 좋은 사람이 되는 데 방해될 수 있다. 특정한 상황이나 관계에 대한 후회가 계속되면 다른 문제에 집중하기 어렵다. 후회에 얽매여 위험 부담이 있거나 불확실한 일을 하지 못하게 된다. 잘못된 일을 계속해서 아쉬워하면 매사에 수동적이고 망설이기 쉽다.

이런 생각을 얼마나 자주 하는가? 처음부터 다시 시작할 수 있다면 내가 저지른 모든 실수를 피하고, 그동안 쌓은 지식과 이해를 바탕으로 다른 길을 선택해 훨씬 나은 삶을 살 수 있을 텐데 하는 생각 말이다. 그 일만 없었다면 인생이 얼마나 달라졌을까! 속으로 '나는 제대로 살지 못했어'라고 말하는가? 후회를 밀어놓거나 그 감정과 타협할 수 있다면 앞에 놓인 시간을 더 온전히 즐길 수 있다.

여기 많은 노년층이 후회하는 몇 가지가 있다. 이 중 어떤 것이 공감되고 내 삶의 모습과 가까운지 살펴보자.

아쉬운 것들

♦

우리는 사랑하는 이의 죽음을 아쉬워한다. 이른 나이에 떠났다면 더욱 그렇다. 그 특별한 사람 없이 긴 세월을 보내는 일이 너무 가혹하다. 건강과 기운을 잃는 것도 아쉬워한다. 너무 빨리 늙어 예전의 자신을 잃었다고 느끼기도 한다.

내 경우 아픈데도 여행을 떠나 병세가 심해졌는지도 모른다.

기관지염을 앓는데도 중국에 간 게 후회된다. 상하이의 대기 오염 때문에 천식이 생겼다.

우리는 내가 다른 사람을 버렸거나 상대가 나를 버려서, 혹은 관계에서 갈등을 해결하지 못해 관계가 끊어진 일을 아쉬워한다.

직업이나 주 관심사 같은 정체성의 주요 부분을 상실하는 일도 아쉬워한다.

망가진 관계

◆

우리 중 많은 사람이 자초해 관계를 망치고, 지키지 못할 약속을 하고, 때로는 수십 년에 걸쳐 원한과 분노를 품으며, 갈등과 불화를 해소하지 못했다.

내 친구 앤드루는 소중한 친구들과 절연한 일을 후회한다. "저는 한 부부와 오랫동안 따뜻한 관계를 유지했어요. 제 동생에게서 부모님이 자동차 사고로 돌아가셨다는 전화를 받을 때 그들은 제 옆에 있었죠. 부부는 서둘러 돌아갔고, 장례 기간 동안 아무 연락도 없었어요. 너무 상처받고 화나더군요. 나중에 그들이 관계를 다시 시작하려 했지만 전 외면했어요."

우리는 불완전하다

◆

우리는 단점, 즉 미성숙하거나 표현되지 않은 성격의 일면을 아쉬워한다. 인간관계를 맺고 유지할 때 지속되는 문제들을 한탄한다. 스스로 정한 행동 규범을 깨고 윤리를 위반하고도 후회한다. (형편이 되는데도 사정이 급한 친구에게 돈을 빌려주지 않은 일, 확실히 모르면서 무시했다고 앙갚음한 일과 같이) 앙심이나 악의를 품고 한 일들을 되돌아보며 수치심을 느낀다. 말해야 했으나 침묵했던 일, 말하지 않아야 했으나 말했던 때를 떠올리며 부끄러워한다.

내 안의 상처들

◆

우리는 자녀들과 더 잘 지내지 못해서, 가정에 더 충실하지 못해서 아쉬워한다. 또 배우자와 더 좋은 관계를 갖기 위해 노력하지 않아 후회한다.

다른 사람들에게 입힌 마음의 상처들, 내가 갖고 싶은 물건과 관계를 가진 이들을 향한 시샘과 질투를 후회한다.

신체적, 감정적 상처를 입은 경우는 물론 다른 사람에게 속거나 배신당한 아픔도 오래간다. 또 사고로 부상당해 큰 통증과 괴로움을 겪으며 경력이 단절되거나 개인 생활이 중단된 일을 안타까워하기도 한다.

선택의 기로

♦

우리는 소득 없는 일을 한 것을 후회한다.

동료 찰스가 한번은 이렇게 말했다. "이 책에 엄청난 시간과
노력을 쏟은 게 후회됩니다. 지난 20년간 쓰고 또 쓰고 고쳤거
든요. 그런데 아무 성과도 없었습니다. 그 세월을 쓰고도 빈손
이에요. 이 책은 여러 면에서 제 발목을 잡았습니다. 이걸 완성
하고서야 다른 프로젝트를 시작할 수 있을 거라고 생각했거든
요. 그런데 결국 완성하지 못한 채 포기했고 그제야 새 과제에
착수할 수 있었죠."

60세인 폴은 기업에서 임원으로 은퇴한 친구이다. 젊은 시
절 출장이 잦고 야근을 밥 먹듯 했던 그는 흔한 아쉬움을 토로
했다. "자식들과 시간을 보내지 못해서 후회스럽습니다. 이제
다들 성장했는데 저는 제 자식들을 잘 모릅니다. 아이들의 한
창때를 놓쳤고, 그 시절은 돌이킬 수 없죠. 아이들에게서 어떤
원망과 거리감을 느낍니다."

우리는 시작한 프로젝트를 끝맺지 못한 일을 아쉬워할 수 있
다. 혹은 계획을 세우고 실행하지 못했거나 약속을 지키지 못
한 일을 후회할 수도 있다.

교육, 커리어, 사회생활에서 성공하지 못한 일을 한탄할 수도 있다. 예를 들어 '크게 성공하지 못했거나' 원하는 지위에 오르지 못하고 재물을 소유하지 못해서 아쉬워한다. 더 열심히 일하거나, 잠재력을 실현하려 애써야 했다고 생각할 수도 있다. 또는 다른 사람이나 자신을 위태롭게 한 어리석거나 위험한 행동을 후회하기도 한다.

돌이킬 수는 없다

◆

실현되지 않은 열망들과 마주한 이도 많다. 짝사랑의 아픔을 여전히 느끼기도 한다. 친구 새러가 한번은 내게 이렇게 말했다. "청혼한 남자와 결혼하지 않은 게 후회돼요. 내가 사랑하는 사람도 없고, 날 사랑할 사람도 없이 결국 외톨이가 되었으니까요."

일부 사람은 마음을 빼앗은 모험과 새로운 경험을 놓쳐 아쉬워한다. 하고 싶은 일을 선택하지 않아서, 배우고 싶은 것을 못 배워 한탄하기도 한다. 오랜 친구인 앨런은 내게 이렇게 말했다. "오랜 세월 싫어하는 일을 했어요. 급여가 꽤 많았고, 내겐 돈이 필요했거든요. 아내, 두 아이, 집을 건사하면서 안락하게 중산층으로 지내고 싶었어요. 퇴사하고 마음이 끌리는 일을 하고 싶다고 얼마나 자주 생각했는지 몰라요. 저는 사실 어린아

이들을 가르치는 교사가 되고 싶었어요. 아직은 불가능했을 겁니다. 할 수 있다 해도 급여가 훨씬 적으니까요. 하지만 가슴 깊은 곳 어디선가 마음의 길을 따르지 않은 걸 후회해요."

후회라는 감정은 사방에 깊숙이 퍼졌을 수도, 약하게 이따금 나타날 수도 있다. 여전히 날카로운 고통이기도, 먹먹한 통증이기도, 애석한 기억에 불과하기도 하다. 후회는 수치, 분노, 괴로움, 불안 같은 감정을 동반한다. 혹은 슬픔이나 다른 기회에 대한 소망을 불러일으키기도 한다. 기억을 떠올리다 보면 원래 경험에 얽힌 사건이 떠올라 후회가 되살아나기도 한다. 혹은 후회하는 사건에서 거리감과 분리감을 느낄 수도 있다. 후회와 관련된 복잡한 감정과 후회되는 일의 성격이 어떻든 후회를 받아들이는 방법을 모색하고 그에 수반하는 괴로움을 잠재울 수 있는 방법을 다양하게 시도해보는 것이 좋다.

후회와 그에 뒤따르는 감정들을 살필 때, 한 걸음 물러나 그 감정들이 사라질 수도 있다고 볼 수 있는가? 혹은 그때와는 다르게 행동해 인생이 바뀌었을 수 있는 장면이나 상상이 떠오르는가? 그때 그렇게 했더라면 어땠을까 하고 상상해볼 수 있는가? 만약 그랬다면 어떻게 달라졌을지 생각하며 놓친 것들을 상상해볼 수 있다. 그때는 그때이고 지금은 지금이라고, 모두 지나간 일이고 더 이상 중요하지 않다고 생각할 수도 있다.

후회는 과거에 일어난 일 중 안타깝고 일어나지 않았으면 하는 일들을 받아들이는 수단으로 사용할 수 있다. 자신을 책망하고, 벌하고, 자기 운명을 원망하고, 자신의 불운이나 의리 없는 친구를 비난하는 계기로 삼을 수도 있다. 혹은 후회되는 사건을 현재 관점에서 바라보고 그 일로부터 무엇을 배웠는지 살필 수도 있다. 고통에서 지혜를 얻을 수 있는지 자문해보자. 나중에 가치 있고 유용한 일을 하는 데 후회가 어떻게 도움이 되고 인격을 성숙시켰는가? 과거에는 실패로 보였던 아쉬운 상황이 나중에는 업적을 이루고 다른 비슷한 상황을 피하게 해준 경험을 살펴볼 수도 있다.

과거의 나는 지금과 달랐지만 그래도 '내'가 그 일에 관여했다는 점을 알고 인정하니 큰 도움이 되었다. 내가 시작하고 주도한 후회스러운 사건과 상황을 부정하고 그 일이 과거의 일부라는 점을 부정할수록 고통과 후회는 커지고, 고통의 기간이 늘어나고 더 꼬이는 듯했다. 하지만 깊이 후회하자 과거의 실수, 잘못, 용서하기 어려운 행위들을 더 인정하게 되었다. '인정'한다는 것은 그런 일이 벌어져서 좋았거나 행복했다는 뜻이 아니다. 그 일이 다르게 전개되었기를 바라는 것도 아니다. 오히려 그 일들을 내 행동과 경험으로 내면에 받아들이자 기피하거나 부정하기보다는 수용하고 '내려놓을' 수 있었다. 이런 식으로 후회와 타협하기에 앞서 먼저 비탄에 잠겨야 했다. 여러분도 가장 깊이 후회되는 일들을 두고 적절한 방식으로 비탄에 잠겨보기를 바란다.

후회되는 상황이나 후회가 남는 사람들과의 일을 어느 정도

넘기는 식으로 생각해보자. 후회에 짓눌리거나 과거에 사로잡히고, 수치심이나 죄책감이 계속해서 밀려와 분노의 수렁에 빠지면 좋은 사람이 되려고 노력할 의욕이나 에너지가 사라질 것이다.

나는 결국 늙어간다

◆

자신의 노화를 얼마나 인정하고, 부정하고, 기피하며, 거부하는가? 이것이 문제이다.

노화를 얼마나 받아들이고 싶은가에 따라 인정할 방법은 다양하다. 어느 날은 노화를 인정하고, 다음 날은 부정하고, 그다음 날은 완전히 외면할 수 있다. 한편으로는 예전처럼 빨리 쉽게 움직이지 못하는 일처럼 나이 듦을 인정하면서도 다른 한편으로 정신 능력 쇠퇴 같은 면은 부정할 수 있다. 혹은 어떤 면에서 퇴화가 아니라 개선되었다고 본다. 10년 전 모습과 크게 다르지 않을 정도로 자신이 거의 변하지 않았다고 여기며 노화 징후가 없다고 보기도 한다. 아니면 노년이라는 데 완전히 순응해 노인처럼 행동해도 놀라거나 부정하지 않는가? 징후를 분명하게 인식하고 있을 수도, 애매하게 인식하고 있을 수도 있다. 자신을 '어느 정도' 늙었지만 '매우' 늙지는 않았다고 여기기도 한다. 노화에 대해 내적으로 부정하고 조용히 시달리거나 요란하게 떠들며 불평하기도 한다. 하지만 언젠가는 어떤 식으로든 노년기의 노화를 필연적인 사실로 받아들여야 한다. 이 사실을 어떻게 해석하고 대처하는가가 건강하게 나이 드는 데 영향을 미친다.

노화를 진정으로 받아들인다는 건 무슨 의미일까? '정말 내게 이런 일이 일어났다'라고 믿는 것이다. "나는 노령 세대이다. 나는 노년기에 늙어가는 노인이다. 나는 연로자, 고령자, 노령 인구, 제3세대이다. 더 말할 것도 없이 난 늙었고 그게 나이다." 어떤 용어이든 (노화를 간접적으로 표현한 용어도 있고, '듣기 싫게' 노골적인 용어도 있다) 인지하고 수용해 현재 상태에서 조율하며 살아가야 한다. 이는 변화, 특히 신체 변화를 명확히 인식한다는 의미이다. 거부는 변화를 무시하거나 부정하고, 인식에서 도피하며, 신체가 늙는다는 사실을 왜곡하거나 은폐한다는 뜻이다.

물론 인정이나 거부 외에 다른 보완적인 태도와 반응도 있다. 노화에 직면해 절망에 빠지기도 한다. 비통과 분노 속에서 노화의 불가피함에 체념하기도 한다. 이와 달리 노화 과정의 시작과 전개를 충분히 지각하고 계속 면밀히 주시할 수도 있다. 그러면 상황을 인식하는 데 집중하게 된다. 또는 노화를 감정과 정신 상태와 관련해 이해하려고 노력할 수 있다. 노화가 진행되도록 놔두기도 한다. 운동, 명상, 식이요법으로 완화하거나 속도를 늦추거나 없애려 애쓰기도 한다. 노화한다는 사실과 노화가 너무 급격하다는 사실에 겁먹거나 분개한다. 혹은 조용히 그 사실을 반길 수도 있다. 노화에 현실적으로 혹은 비현실적으로 대처한다.

노화를 순리로 인정하느냐, 거부하느냐는 노화에 대한 기대와 실제 경험에 따라 다르다. 괴롭고 힘들고 고통스럽게 예상하면 (혹은 경험했다면) 회피하고 거부하거나 무시해 자신을 방어할 것이다. 노년을 불쾌한 시기로 예상한다면 자기기만, 왜곡, 망상으로 막을 것이다. 이와 반대로 노화 초기를 긍정적으로 경험하면 장래를 낙관적으로 기대할 것이다.

어떤 지인은 70대가 다가오자 노화를 적극적으로 인정하면서 "비로소 노부인이 어떤지 알게 되네요!"라고 말했다.

우리가 해결해야 할 질문은 나이 듦을 얼마나 잘 받아들이고 있는가 하는 것이다.

인내하고 인내하라

◆

노년기의 노화는 속도만 다를 뿐 신체 쇠약과 기능 저하의 연속이다. 빠르든 느리든 신체적 어려움을 감당할 채비를 해야 한다. 인내하고 이겨낸다는 것은 노후의 난관들에 대처해 그에 압도되거나 원하는 대로 살고 싶은 욕망을 뺏기지 않는 것이다. 끈기와 각오로 삶을 향한 긍정적인 태도를 견지한다는 뜻이다. 포기하지 않고 괴로운 역경과 싸우면서 수동성과 무기력에 지지 않고 '버틴다'는 뜻이다. 고통, 제약, 좌절을 힘껏 감내하고 '어려움을 이겨낸다'는 뜻이다. 물러나라는 압박에 지지 않는다는 뜻이며, 최악의 상황이 곧 지나가리라 기대하며 어려 움을 '극복한다'는 뜻이다. 괴팍하고 신랄하고 까다로운 사람이 되지 않고 스트레스와 고난을 견딘다는 뜻이며, 되살아나 회복 력을 보인다는 뜻이다. 인내하고 이겨내는 것은 고난이 강력하 고 험해도 심리적 균형을 유지하는 일이다. 이는 다시 말해 끌 어내리는 번민의 중력에 대항하는 일이다. 인내하고 이겨내는 것은 힘든 환경에서도 장차 상황이 호전되리라 희망과 기대를 안고 삶을 지속하는 일이다. 이번에 잘 넘기면 앞으로 역경을 더 강인하게 이겨내게 되리라는, 전화위복의 희망과 기대를 안 고 사는 일이다. 이처럼 극복하려는 노력을 오래 지속하면 잠 재력이 더 크고 회복력 강한 사람이 될 것이다.

　포기하지 않고 고통, 괴로움, 비통함을 견디려면 용기와 각 오가 필요하다. 하지만 돌파하고 계속 싸우면서 인내하고 이겨 내면 한층 성숙해진다. 큰 위기를 견뎌내면 영혼의 성장과 인 간애가 주어진다.

친구 조시는 86세가 되던 해에 차 사고를 당했다. 몸에 큰 충격 을 받아 상공으로 솟구쳤다가 부딪친 지점에서 9미터 거리에 떨어졌다. 양다리가 심하게 뭉개졌고 머리에 구멍이 생겼다. 병 원으로 이송되었을 때 그는 반의식 상태였다. 조시가 교수라고 말하자 정형외과 전문의였던 당직 의사는 처치 방법을 바꾸기로 했다. 원래는 양다리가 심하게 부서져 절단할 예정이었지만 마음을 바꿔 조시를 인간 대 인간으로 대했다. 의사는 아홉 시간 넘게 수술하며 다리를 봉합해 조시가 다시 다리를 쓸 수 있는 정도까지 복구하려 노력했다. 수술 내내 여러 차례 수혈을 받아야 했고, 특히 머리를 꿰매야 했던 점을 고려하면 조시는 여든여섯 살이라는 나이에 비해 놀라울 정도로 잘 견뎌냈다. 그는 사고 당한 지 6개월이 지나서야 집에 돌아갈 수 있었다. 6개월 중 전반부는 종합병원에, 후반부는 재활병원에 입원했다. 입원 중 많은 친구, 가족, 제자, 동료가 문병했다. 하지만 혼자 사색할 시간도 많았다. 조시는 그 시간 동안 특히 중상을 입은 노인으로 사는 일에 대해 생각했다. 삶의 어떤 부분이 통증과 씨름하고 회복과 삶을 위해 싸울 동기를 부여하는지 생각했다. 또 미래에 대해, 즉 미래가 있기를 바라는지, 어떤 종류의 미래를 바라는지, 다시 걸을 가능성이 불확실한 와중에 계속 싸울지 생각했다. 다음은 그가 들려준, 사고와 삶을 받아들이기 위한 분투기이다.

첫 주 동안 조시는 쇼크 상태여서 무슨 일을 당했는지 제대로 몰랐다. 조금 또렷하게 사고할 수 있게 되어 곤경과 상황을 이해하자 수심에 잠겼다. 친구 여럿이 모여들어 용기를 주려 애쓰고 애정을 보였다. 그들은 조시를 위로하고 격려했고, 그의 우울감을 큰 사고에 따른 자연스럽고 당연한 결과로 여겼다.

우울에서 점차 벗어나자 조시는 삶이 멈춰 유감이라고 내게 말했다. 큰 사고를 당하는 바람에 어떻게든 삶을 추슬러야 해서 유감이라고. 최근 만난 여자 친구와 계획했던 여행을 포기해야 해서 너무 아쉽다고 했다. 하지만 무엇보다 "그녀를 잃을까 봐 두려웠다"고 했다. 그는 이렇게 말했다. "몸이 이런데 그 사람이 왜 나와 계속 사귀고 싶겠어요?" 걱정이 무색하게 친구 제인은 조시가 입원했을 때는 물론 퇴원한 뒤에도 충실하고 꾸준하게 찾아왔다.

조시는 침대에 누워 다리가 낫기를 기다리는 동안 겪은 심리적 고통을 털어놓았다. "나는 충동도 많고, 욕망도 많고, 하고 싶은 일도 많은 사람인데 기운이 없으니 원기를 되찾을지 모르겠더군요." 잠시 뒤 그는 이렇게 덧붙였다. "살아온 햇수로 보면 늙었지만 정신은 늙지 않았어요. 일상을 유지하려니 힘드네요. 예전처럼 또렷하지 않아요. 이제 필체까지 엉망이에요."

재활병원에서는 기분이 오락가락했다. 우울감이 우울과의 싸움으로 번졌고, 친구들 덕분에 기분이 좋아졌으며, 예전으로 돌아가겠다고 각오를 다졌다가도 전과 똑같을 수 있을지 모르겠다는 불확실성에 사로잡혔고, 결국 회복했을 때 어떤 모습인지 모르겠다는 상태로 변했다.

재활병원 입원 초기에는 주로 침대에서 지내야 해서 지루했다. 침대에서 벗어나 휠체어를 타게 되자 휠체어에서 보내야 하는 시간이 길어 답답했다. 그러다 마침내 퇴원해 집에서 휠체어를 타게 되자 지팡이를 짚고 걷고 싶어 안달했다. 한동안 지팡이를 짚고 걷다가 지팡이 없이 어렵사리 걷기 시작했다. 가구를 잡고 조금씩이라도 걸었다. 몸은 회복되고 있었지만 차도가 너무 더뎌 다친 다리에 통증이 생길 정도로 최대한 밀어붙였다.

입원 뒤 7개월쯤 지나고 집에 돌아온 지 얼마 안 되어 조시가 내게 말했다. "전반적으로 여전히 우울해요. 계속 바쁘게 지내면서 우울과 싸우죠. 사람들에게 방문해달라고 청해요. 전화 통화로 관계를 유지하고요. 깜짝 방문을 받으면 기운이 납니다. 손님이 오면 머리에서 걱정이 사라지죠. 친한 친구들과 함께하면 즐겁고 따뜻하고, 친구들에게 사랑을 표현할 수 있어 우울하거나 외롭지 않아요. 인간관계는 제 삶의 원동력이고, 제인과의 관계가 특히 그래요. 하지만 사람들이 떠나면 근심이 돌아옵니다."

조시는 우정을 활용하고 장래 계획을 세우고 요리하고 독서하고 분주히 움직이면서 우울과 싸운다. 그는 우울할 때 자신을 욕하면 도움이 된다고 했다. "이 망할 놈! 게을러빠진 자식! 위선자! 사기꾼!" 부정적인 감정들, 특히 사고에 대한 분노를 이런 식으로 가라앉힌다.

조시에게 밤은 특히 불안한 시간이다. 그는 이렇게 말했다. "밤에 침대에 누워 못마땅한 가능성들을 떠올리면서 혼잣말을 합니다. '눈이 오면 어떻게 할 거야? 그러면 어떻게 지팡이를 짚고 걸을 건데? 집에 박혀 있어야겠네.' 그러다 속으로 중얼대죠. '아직 눈도 안 왔는데 왜 흥분하고 난리야? 내가 어쩔 수 있는 일이 아닌데'."

사고를 회고하면서 조시는 이렇게 말했다. "이 사고는 내 삶의 연속성을 망가뜨렸어요. 강의와 여행과 하던 일들을 다 방해했죠. 강의로 들어가는 문은 이제 반쯤 닫혔고." (조시는 현재 시간제 강의만 한다. 실망이 이만저만 아니다.)

다리를 얼마나 쓸 수 있을지 확실하지 않지만 그는 열심히 재활 훈련을 한다. "사고는 나를 근본적으로, 깊이 바꾸어놓았습니다. 죽다 살아났어요. 움직이지도 유연하지도 않습니다. 위축된 기분이고요. 지팡이 없이, 넘어질 염려하지 않고 걸을 수 있을지 모르겠어요."

조시와 인터뷰한 때는 사고 뒤 7개월 즈음이었고 그는 주로 휠체어를 타고 지냈다. 매일 조금씩 보행 연습을 하고 실내자전거를 탔다. 일주일에 세 차례 운동치료사와 운동하면서 점점 힘을 키웠다. 정도가 과해서 한번은 혼자 걷다가 넘어져 타박상을 입었다. 그는 부축받는 일을 최대한 사양했고, 남의 팔에 의지하라는 조언을 받고도 혼자 해내려고 분투했다. 독립심이 강해서 계속 해나간다고 고집 부리고, 늘 권고보다 더 많이 해낸다.

그는 큰 용기를 발휘해 우울과 포기하고 싶은 유혹과 싸운다. 상황을 개선하고 계속 살고 사랑하라고 자신을 채찍질하면 삶의 에너지가 끊임없이 샘솟는다. 조시의 활동을 평가할 때 그가 사랑하는 여자 친구와 그를 아끼는 모든 친구의 중요성은 아무리 강조해도 지나치지 않다. 친구들은 전화하고, 방문하고, 상황을 계속 확인하고, 격려하고, 용기를 준다. 주의를 환기해주고, 수다를 떤다. 정보를 가져다주고, 경험담을 털어놓는다. 위층에 사는 세입자는 조시에게 관심을 아끼지 않으며 그를 태워다주고, 휠체어에 앉고 거기서 일어나는 일을 도우며 돌봐준다. 그는 조시가 늘 의지할 수 있는 사람이다.

조시는 통증, 타박상, 걷지 못하는 상황에 굴하지 않는다. "노력해야 해요, 그게 중요하니까. 걸으려고 통증을 견디죠. 포기하지 않을 겁니다. '이게 언제쯤 끝날까?'라고 물으면 정말 멀게만 느껴져요. 8월에 제인과 유럽에 가고 싶어요. 나를 밀어붙이는 목표를 세워야 해요. 그게 원동력이거든요. 아프다고 해서 멈추지는 않을 겁니다. 현실을 정면으로 마주하고 견딜 거예요. 받아들이긴 했지만 지난 사고는 좀 심했어요. 그래도 양다리를 자르거나 죽지 않은 게 어디예요." 조시는 사고를 받아들이기로 했는지 이렇게 말했다. "사고가 일어났고, 나는 그걸 기정사실로 받아들입니다. 원망하죠, 개탄스럽고. 하지만 그렇다고 그 여자(조시를 친 사고 차량 운전자)를 미워하진 않습니다. 일단 걷기 시작하면 다 지나갈 겁니다. 영원한 건 없으니까요." 그는 운명을 받아들이는 듯했다. "사고가 날 때 우연히 내가 거기 있었을 뿐이죠."

다른 기분일 때 조시는 이렇게 말했다. "사고는 내게 내리막길의 전환점이었어요. 나는 이제 예전 같지 않아요. 다시 시작할 도구나 에너지가 없어요. 힘껏 싸워야 하는데 그러지 못해요. 늘 노력하지만 충분하지 않나 봅니다. 자신에게 심하게 굴죠. 뭘 하든 더 해야 하는데 부족하기만 한 것 같아요." 그는 자책하며 남에게 말하듯 이렇게 중얼댄다. "부끄러운 줄 알아야지."

조시는 사고를 되돌아보며 이런 말로 결론짓는다. "사고 뒤 낙심, 제약, 통증, 더딘 회복, 그리고 채우지 못한 욕구만 넘치는 때가 있었습니다. 이대로 끝나게 두자고도 생각했죠. 하지만 아무것도 하지 않았어요. 시간이 지나니 회복하겠다는 각오가 다시 서더군요. 포기하지 않을 겁니다. 절대 무릎 꿇지 않아요."

'나' 따라잡기

♦

노화 과정에서 자신이 어느 단계에 있는지 정확히 파악하려면 어떻게 해야 할까? 나를 쫓아가 '따라잡는' 게 핵심이다. 변화가 생기면 신체, 감정, 심리, 사회적으로 조금 달라진다. 되돌아봐야 그제야 내가 저기에서 여기로 옮겨왔다는 사실을 깨닫는다. 약간 달라지는 시점과 그걸 깨닫는 시점 사이에는 간격이 있다. 그 간격을 좁힐 수 있을까? 그럴 수 있다면 언젠가 내 능력, 현실, 한계에 걸맞게 행동할 수 있을 것이다.

신체 변화 외에 다른 영역도 눈여겨봐야 한다. 기운이 달려 사람들과 교류할 마음이 약해지는가? 자신을 다른 태도로 대하는가? 어떤 신체 변화를 겪고 있는가? 관심사나 관계가 변했는가? 정신이나 영성에 변화가 있는가? 삶과 타인들을 다르게 보는가? 사고방식과 감정의 성격이 변했는가? 감정의 강도가 약해지거나 강해졌는가? 세계에서 일어난 일들에 여전히 충격받고 분노하는가? 병에 더 취약해지고 신체적 안정감이 줄었다고 믿는가? 신체가 불안정할수록 재정 형편에 집착하는 경향이 있는가? 시력이 약해지고 단기 기억이 저하되면서 지적인 이슈와 그날의 사건에 관심이 줄어들었는가? 아니면 그것들을 따라잡고 예리함을 유지하려 애쓰는가? 예전보다 참을성이 많아졌는가, 적어졌는가?

노화 과정을 지각하면 매일 새로운 발견, 두려움, 모험, 걱정거리가 생긴다. 불균형, 탈모, 늘어진 피부, 튀어나온 혈관을 처음 발견하기도 한다. 거울을 보면 예상보다 늙은 얼굴을 만난다. 이런 관찰은 호기심이나 불안정을 낳는다. 새로 생긴 나를 인정하고 포용할 수도 있고, 감정적으로 거부할 수도 있다. 어떻게 반응하든 세월과 함께 변하는 모습을 지각하고 따라잡으며 자신이 누구인지 계속 알아간다.

나이가 들고 내적으로 변화하면서 자신에게 일어나는 일을 더 잘 인식하면 삶을 더 통제할 수 있고, 현재 상황에서 어떻게 살고 싶은지 더 명확하게 파악할 수 있다.

체력이 예전 같지 않다면

♦

여기서 문제는 체력 저하와 신체 기능 둔화에 어떻게 대처하는가 하는 점이다.

체력이 떨어지고 에너지와 지구력이 감소하면 쉽게 지치고 시력과 청력이 약해진다. 이때 보일 수 있는 과잉 반응은 다음과 같다. 첫째, 아주 바쁘게 활동적으로 일정을 만들고 힘에 부칠 정도로 여러 프로젝트에 참여한다. 둘째, 반대로 할 수 있는 것보다 '덜' 활동한다. 셋째, '너무 고단해' 참여하지 않는다. 넷째, '너무 기운을 빼기' 때문에 프로젝트와 인간관계를 거부한다. 혹은 너무 많지도 적지도 않게 자신의 능력과 역량에 맞춰 활동하며 현명하게 균형을 찾을 수도 있다.

체력 저하를 경험하는 일 외에 감정적으로도 반응하게 된다. 새로운 신체적 어려움이 두렵고 체력 저하가 계속되고 악화될까 걱정되기 시작한다. 기능 장애라는 생각에 사로잡히면 걱정과 근심이 밀려든다. 아프고 괴로운 비참한 미래를 예상하면서 자신을 괴롭힌다. 혹은 여러 저하 현상은 필연적으로 생기며 그 상태에 큰 어려움 없이 적응할 거라고 담담하게 받아들일 수도 있다. 모른 척하며 자신을 방어하기도 한다. 기능 저하가 비관적인 영향을 미치기도 한다. 그런 상황이 창피해 사람들을 멀리하고 싶어 한다. 상황을 깊이 생각하고, 담담한 관찰자가 되어 현재 기능 상태와 영향력을 살펴볼 수도 있다. 신체가 저하된다고 해서 꼭 정신이나 감정까지 저하되는 건 아니라고, 체력과 상관없이 기민한 정신과 공감 능력을 유지할 수 있다고 (나처럼) 자위할 수도 있다.

나는 누구인가
♦

젊을 때, 특히 청소년기에 자기 정체성을 얼마나 탐구했는가? 사춘기에 흔히 겪는 정체성 문제는 사실 평생 지속되며, 노년기는 정체성을 재규정하거나 재구성하고 싶어 하는 시기이다. 혹은 여전히 자신을 괴롭히는 정체성 문제를 처리하고 싶어 하는 시기이다. 자신을 지각하는가? 남들이 말하는 내 모습이 자신도 바라는 모습인가? 부정적이든 긍정적이든 정체성의 변화를 지각하는가?

우리는 자신을 분명한 개별적인 개인, 즉 느껴지는 '나', 경험되는 '나', 내면의 깊이를 지닌 사람으로 의식하지만 인류 공통의 특성도 갖는다. 정체성은 친구나 조부모처럼 역할에 대한 지각을 내포한다. 타인들과 관계에 대한 지각도 포함한다. 정체성이 확고하면 연속성, 일치감, 과거나 관련된 사람들과 이어진 느낌을 경험한다. 내가 어디서 왔는지, 어떻게 이렇게 되었는지, 지금 누구인지, 어디로 가는지 안다. 우리는 자신이 진정 누구인지 내면적으로 알고 그 지식을 바탕으로 세상에서 행동하는, 독특한 주체자이자 창시자이다.

자기를 알면 과거와 현재 모습을 비교해 크게 다르지 않다고 믿게 된다. 조시는 상당한 신체 변화를 겪고도 이렇게 말했다.

"내 주요 영역은 크게 변하지 않았어요. 감정과 태도는 변하지 않았습니다. 다만 기대치가 조금 낮아졌을 뿐이죠. 육체적으로 약해지고 글쓰기와 작업 능력이 떨어졌습니다. 80세 이후로 점차 기운이 떨어지는 걸 알아차렸어요. 아침에 일어나기 힘들고 일하는 속도가 느려지더군요. 5, 6년 전만 해도 장작을 패고 달리기도 했어요. 청력이 약해진 것도 장애물이었습니다. 신체 기능은 중요한 부분인데 80세 이후로 변하고 있어요. 예전 같은 열정은 없습니다. 그래도 82세 때는 7개국 여행을 계획하고 준비할 에너지가 있었는데. 요즘은 그러지 못하죠."

이처럼 익숙하고 만족스런 정체성이 지속되고 강화되면 현재 정체성에 긍정적인 면이 있을 수 있다. 하지만 나이 들면서 부정적인 면들이 정체성을 파고든다. 예를 들어 자신을 기운 없고 기능이 많이 저하된 노쇠한 사람, 신체, 사회, 정신적으로 능력과 효율성을 잃은 사람으로 볼 수 있다. 자신을 예전과 같은 사람이 아니라고 부정적으로 여긴다. 혹은 이상하고 전과 전혀 다른 인물로 느낀다. 가장 좌절감을 주는 요소는 산 날보다 살날이 짧은 현실일 것이다.

이쯤에서 질문이 생긴다. 노후에 접어든 사람에게 타당하고 적절하며 현실적인 정체성은 무엇일까? 어떻게 부정적인 면과 긍정적인 면을 융합해 조화롭게 균형을 이룰까? 어떻게 해야 도전을 즐기고 거기에 반응하는 자아를 유지할까? 어떻게 기회를 이용하고 인성을 발전시켜 긍정적이고 최선의 인간이 되려고 노력하는 자아를 유지할까?

그때, 지금, 미래
♦

문제는 과거, 현재, 미래의 삶을 어떻게 균형 있게 결합할지 결정하는 것이다.

우리는 세 가지 시제에 산다. 나이 들수록 과거에 살아온 시간은 길어지고 미래에 살 시간은 짧아진다. 하지만 현재는 우리가 살아야 할 유일한 시간이다. 과거가 현재보다 훨씬 좋았다면 성취, 좋은 감정, 흥미진진했던 삶을 떠올리면서 그 시절을 꿈꾸고 회상한다. 과거 추억에 집중해 현재 처지보다 훨씬 좋게 비교한다. 과거를 갈망하며 인생에서 가장 중요하고 만족스러운 시절로 본다. 그래서 현재가 더 불만스러워진다. 현재가 만족스럽지 않거나 마땅치 않으면 과거 내가 어땠고 무슨 일을 했는지 되돌아보는 게 좋다. 과거를 돌아보는 일은 개인사를 되짚어볼 방법이자 잃은 정체성을 되찾아 현재에 되살리는 길이다. 내가 자신과 남들에게 의미 있는 존재라고 스스로 다독이는 방법도 된다.

반대로 현재, 바로 지금 벌어지는 일에 집중할 수도 있다. 과거가 음울했다면 그 시간을 잊거나 다른 이미지를 만들어 반복되지 않길 바라거나 거기서 교훈을 얻어야 한다. '현재 지향적인' 사람이라면 현재가 전부라 여기고 현재를 잘 활용해 최대한 만족을 얻고 싶어 할 것이다. 과거를 인정하고 소중히 여길 수도 있고, 완전히 못마땅하게 볼 수도 있다. 과거를 이용할 수도, 현재의 목적을 위해 무시할 수도 있다. 현재를 즐길 뿐 아니라 다가올 미래를 즐겁게 기대하기도 한다. 미래가 새로운 일, 깜짝 사건, 계속되는 자극, 훌륭한 사람이 될 다양한 기회를 주리라 예상하기 때문이다.

하지만 어떤 눈으로 미래를 보고 있는가? 미래에 대한 생각을 이용해 현재를 끌어올리거나, 현재를 이용해 미래를 준비하고 계획할 수 있다. 할 수 있는 바와 필요한 일을 다 했기에 미래가 걱정되지 않을 수도 있다. 혹은 미래가 짧아서 걱정될 수도 있다. 어떤 사람이 될지, 무슨 일을 할지 기대가 많을 수 있다. 이 기대는 앞선 경험, 자기 이해에 기초한 예견, 무의식적인 공상, 과거에 기초한 미래 예측, 오랫동안 간직해왔거나 최근에 생긴 자신에 대한 믿음과 습관, 다음 커리어 계획에 근거한다.

기대는 장차 생길 일을 예상하고 참여하는 방식이다. 그래야 놀라지 않고 어느 정도 통제하게 되고, 그 안에서 살아갈 수 있다고 안심할 수 있다. 기대는 행동의 길잡이, 영향, 결정 요인이다. 남들이 기대하는 사람이 되고 그에 따라 행동하는 것처럼 분명하든 그렇지 않든 자기 기대에 부응하기도 한다. 따라서 기대는 무엇을 하고 어떤 사람이 되고 어떤 목표를 추구할지 신호를 보내 나를 그 모습으로 만든다.

과거는 손쓸 도리가 없고 미래는 예측 불가하며 우리가 가진 것은 현재뿐이므로 현재에 어떻게 존재할지 배우는 게 중요하다. 이는 지금 무엇을 하고 있으며 무슨 일이 벌어지는지 지각한다는 뜻이다. 이 경험들을 수용하고 흡수해 그에 따라 행동한다는 뜻이다. 방해 요인과 편견을 제거하면서 집중한다는 뜻이다. 타인의 말을 경청해 의중을 헤아리려 애쓴다는 뜻이다. 또 자기 말에 귀 기울이고, 상황을 전체적으로 이해하려 노력한다는 뜻이다. 우리는 일어나고 있는 상황의 느낌과 미묘한 차이를 기민하고 개방적으로 살피고 이해하면서 대응해야 한다.

버리거나 더하거나

♦

나이가 들면 에너지의 양과 질이 줄어든다. 그 결과 욕구와 필요를 줄일 수 있다. 이와 달리 노화로 인한 결핍과 취약함을 벌충하려고 욕구와 필요가 늘기도 한다. 두 양상이 동시에 나타날 수도 있다. 당신의 패턴은 어떤가? 얼마나 포기하고 잃었는지, 그 결과 무엇을 얻었는지 명확히 알고 있는가? 그리고 이를 바탕으로 자신의 한계가 무엇인지, 즉 무엇을 얼마나 할 수 없고, 무엇을 얼마나 할 수 있는지 결정했는가?

사라진 것들(예를 들어 죽은 친구, 테니스 경기, 야망, 빈번한 성행위, 식어버린 인기)과 어떻게 타협하고 있는가? 이를 대체하거나 새로운 일(운동을 더하기, 인생에 대해 사색하기, 명상하기)을 하고 있는가? 관심사, 활동, 참여가 예상보다 줄어들고 있는가, 아니면 감당하기 어려울 정도로 늘어나고 있는가? 지금은 부재하는 사람들과 활동들이 그립고, 상실감에 괴로운가? 그것이 결핍을 만들거나 자존감을 위축시키는가? 과거의 활동을 떠올리면 설레고 환기되는가? 경쟁력이 강화된 기분을 느끼게 해서 상실감을 어느 정도 상쇄하는가?

시간을 어떻게 대할 것인가

◆

시간은 삶을 살아가게 하는 매개체이다. 이는 인생의 시기와 상황에 따라 다른 의미, 다른 '느낌', 다른 속도감을 갖는다.

여기에서 문제는 첫째, 시간에 대한 태도와 느낌이며 둘째, 이런 관점에서 시간을 어떻게 보내고 관리하는가이다.

다음은 노년기의 시간에 대한 감정과 태도이다.

- 시간이 얼마 남지 않았다. 이날과 저 날을 구분하기 어려울 정도로 하루하루가 너무 빠르게 흘러간다.

- 하고 싶은 일을 모두 할 시간이 충분하지 않다.

- 시간이 짧아서 허투루 쓰거나 1분도 낭비하면 안 된다.

- 시간이 너무 느리게 흘러 주체할 수 없다.

- 매일이 귀하니 소중히 여겨야 한다.

- 시간은 두려워해야 할 적이다. 인생을 훔치고 나를 마지막에 더 가까이 데려가므로.

- 시간은 삶을 만들고 내가 나답게 해야 할 일을 할 수 있도록 넉넉한 공간을 주는 친구이다.

- 지난 몇 년 동안 시간이 너무 빠르게 흘러 그 세월을 다 살았다는 사실이 믿기지 않을 정도이다. 너무 빨리 지나갔다!

- 시간은 도망간다. 시간을 더 잘 관리할 방법을 배워야 한다.

- 시간이 너무 많아 어떻게 해야 할지 모르겠다. 시간을 '죽이는' 방법을 배워야겠다.

- 남은 시간이 너무 짧아 시간을 잘 쓰기 어렵다.

- 시간은 한정된 자원만 사용할 수 있는 소중한 재화이다.

이런 말들은 시간에 대한 세 가지 태도를 나타낸다. 첫째, 시간이 짧다고 생각한다. 남은 시간은 한정되어 있고 이미 살아온 시간보다 훨씬 적기 때문이다. 둘째, 시간이 너무 빠르거나 더디게 흐른다고 특별히 걱정하지 않고 담담하게 바라본다. 셋째,

시간은 연대기적으로는 짧지만 심리적, 경험적으로는 길다.

시간이 짧다고 느낀다면 하고 싶은 일들을 생각할 때 너무 빠르게 흐른다는 뜻이다. 그러니 시간을 최대한 충분히 이용해야 하고, 어떻게 쓰는지 밀착해 살펴볼 것이다. 시간 활용을 극대화하기 위해 어떻게 시간을 배치할지 생각해보자. 그런 다음 시간을 쓰는 방법을 선택하면 된다.

본인의 가치관, 욕구, 믿음, 의무에 따라 할 만한 가치가 있는 일과 가치가 없는 일을 평가하고 계산한다. 정말 하고 싶은 일은 무엇이고, 즐겁게까지는 아니더라도 할 수 있는 일은 무엇인가?

잘해낼 수 있고 가치 있는 활동들의 우선순위를 정한다.

어떻게 시간을 아낄지 결정한다. 특정 활동에 시간을 얼마나 쓴 뒤에 다음 활동으로 넘어갈지 정한다. 면밀하게 일정을 짤 수도 있고, 융통성 있고 다양하게 일반적인 윤곽만 정할 수도 있다.

시간이 너무 짧다고 느껴 동요하고 급해지기도 한다. 그러면 허둥대기 시작하고 두서없거나 정신없이 행동한다. 혹은 정반대로 얼어붙어 꼼짝 못 한다. 하지만 시간을 꼼꼼히 체계적으로 처리하면 시간의 흐름이 편하게 다가오고 불안이 줄면서 사용법을 즐기게 된다.

시간을 별로 염려하지 않고 흐르는 속도나 얼마 남지 않은 기간에 집착하지 않으면 여유 있게, 기분에 따라, 재미나거나 진지하게 일을 처리하고 여가를 보낼 수 있다. 기분, 환경, 필요에 따라 다양하게 시간을 보내게 된다.

마지막으로 시간이 무한하고 매일 새롭게 시작된다고 보면 눈에 보이는 크고 작은 일들을 제대로 살필 수 있다. 보이는 것들, 특히 아름답거나 유독 마음을 끄는 사물에 천천히 주의 깊게 집중하며 시간을 보낸다. 그것의 특성을 탐색하고 골똘히 관찰한다. 나와 대상의 거리를 메워 물아일체를 이루려고 애써도 좋다. 한동안 그 경험의 위력에 들뜬다. 새소리나 나무 사이를 지나는 바람 소리, 어두운 밤의 정적이 주는 평온과 아늑함을 경험한다. 살갗에 닿는 따스한 햇살을 느끼거나 나무와 꽃 사이에서 솟구치는 봄의 기운을 경험한다. 오래 귀 기울이면 새소리가 내면으로 스며들어 소리와 내가 하나 된다. 시간의 흐름이 중요하지 않게 된다. 시간이 그치고 영원한 '지금'에 멈춘다.

또 노년기에 나이 드는 일은 기회를 상당히 제공한다. 인생의 여러 시기, 경험, 요소, 즉 생각, 상상, 욕구, 자아감을 일관성 있는 전체로 취합할 수 있다. 과거와 현재의 주요 사건을 아우르며 인생을 그려보면 인생의 연결성, 의미, 통일성을 찾게 된다.

노화의 이런 문제들을 만족스럽게 해결하는 것이 중요하다. 거기 집착하거나 그로 인해 갈등, 불확실성, 망설임이 생기면 스스로 세운 목표들을 부지런히 효과적으로 추구할 동기와 동력에 지장이 생긴다.

조시는 노화에 대한 태도를 이렇게 밝힌다.

"난 늙는 게 뭔지 모릅니다. 나 자신을 어머니에게 귀여움받던 '어린아이'로 생각하거든요. 신체의 결함을 의식하지 않고 노화에 대해 생각하지 않아요. 예전의 그 사람으로 생각하죠. 스스로 노인 취급하지 않습니다. 젊을 때와 똑같은 관점을 갖고 있어요. 몸에 양보해야 하는 부분은 그렇게 합니다. 이제 달리지도 않고 수영하지도 않아요. 이런 변화가 아쉽지만 그렇다고 그 사실에 영향받지는 않아요. 스스로 예전의 그 사람으로 봅니다. 무척 행복하고, 상당히지적이고, 유능하고, 목적의식 강한 사람, 즉 흥미로운 배경과 업적이 넘치는 사람으로 말입니다."

The Wisdom of Morrie

7장

렛 잇 비

Let It Be

누구에게나 인생을 살면서 해결되지 않은 문제와 지워지지 않는 후회가 있다. 나이 들수록 이런 것이 많아진다. 어떻게 타협하고 싶은지는 압박의 정도, 문제가 가진 감정적 중요 정도, 욕구나 필요성, 개입 의지, 그리고 그렇게 할 때 예상되는 불안과 불편함에 따라 달라진다.

잘 늙고 최대한 좋은 사람이 되는 과정은 이 해결되지 않은 문제의 종류와 얼마나 잘 타협하느냐에 좌우된다. 따라서 해결법을 논의하면 문제에서 해방되어 에너지가 많아지고 목표 달성이 쉬워진다.

해결되지 않고 여전히 괴롭히는 문제, 난관, 모순, 후회, 즉해결해야 하고 받아들이고 싶은 일을 '이슈'로 지칭하겠다.

'받아들인다'는 것은 자신을 괴롭히고 집착하게 하며 부정적인 영향을 주는 과거와 현재의 이슈와 화해한다는 의미이다. 이슈를 받아들이는 데는 수용할 수 있는 대처 방법을 찾는 일도 포함된다. 예를 들어 이따금 다른 사람과 화해하거나 깨진 관계를 회복하고 싶을 때가 있다. '받아들인다'는 갈등이 불러온 문제 되는 상황들을 처리하고 이 이슈들과 화해한다는 뜻이다. 마지막으로 괴로운 이슈를 긍정적으로, 즉 성취감을 느끼며 조화롭게 해결한 기분으로 처리한다는 뜻이다. 해결되지 않은 이슈를 받아들이려면 어떤 이슈가 여전히 문제이며 감정을 격하게 만드는지 파악해야 한다. 받아들인다는 것은 이슈를 충분히 해결해 더 이상 괴로워하지 않고 여생 동안 방해받지 않는다는 뜻이다.

다양한 이슈를 해결하는 이런 방식 중 몇 가지는 익숙할 것이다. 반대로 낯선 방식도 있을 것이다. 이슈마다 다른 해결 방식이 필요하다고 볼 수도 있다. 혹은 한 가지 이슈의 해결법이 서너 가지일 수도 있다. 그러니 사람마다 효과적이거나 적절한 방식이 다르다. 문제는 이슈와 가장 잘 맞는 해결 방식을 찾는 것이다. 무엇이 능력과 실력을 십분 발휘하지 못하게 막았는가? 그런 이슈를 해결하면 어떤 변화든 수월해진다.

여전히 마음을 괴롭히는 이슈를 받아들이려 애쓰면 무엇을 얻을 수 있을까? 이슈에 따르는 고통을 줄일 수 있다. 시달렸던 상처들을 치유할 수 있다. 결핍을 견뎌온 자신을 성장시킬 방법을 찾을 수 있다. 자신에게 일어난 일, 자신이 한 일, 자신이

당한 일을 더 잘 이해하게 된다. 그러면 다음에 그런 일이 생겨도 분노하거나 짓눌리지 않고 잘 대처하거나 예방하도록 준비할 수 있다. 이슈를 받아들이기 위한 도전과 투쟁에서 벗어나면 내면의 평화와 평정심을 얻고, 자신과 타인에 대한 연민이 커지며, 인간 조건의 본질을 더 이해하게 된다.

여기서 제안한 타협 방법들은 서로 모순되지 않으며, 시간을 두고 시행해야 한다. 어떤 이슈들은 받아들이기 쉽지 않다. 단번에 성공하지 못해도 다시 시도해보라. 여러 번 시도하면 자신에게 적절한 방법과 그렇지 않은 방법을 구분하게 될 것이다.

슬픔에 나를 맡기기

♦

이슈: 부모의 죽음.

다음은 내가 겪은 일로, 어머니를 애도하는 이야기이다. 긴 과정을 요약해본다.

여덟 살 때 어머니가 세상을 떠났다. 당시 나는 당황하고 어리둥절하고 슬픔에 북받쳤다. 66년이 지난 뒤에도 장례식 시작 전 눈물이 차올라 관에 뚝뚝 떨어지던 일이 생생하게 기억난다. 나는 멍하니 얼어붙은 채 길거리에 서 있었다. 반 아이들이나 아는 사람이 지나갈 때마다 눈물이 났다. 무슨 일이 벌어지는지 완전히 이해하거나 소화하지는 못했다. 그저 무시무시하고 혼란스럽고 창피하다는 것만 알았다. 나중에야 수치심은 반아이들이 상실 상태의 나를 '열등하게' 보는 일과 상관있다는 걸 알았다.

그때 이모가 북받쳐 나를 보며 통곡했다. "이제 엄마 없이 어떡하니, 불쌍한 것." 이 소리가 다시 눈물샘을 자극했고 결국 샘이 마르도록 울다가 기진맥진해서 멈췄다.

오랜 뒤 나는 당시 눈물이 이런 것들과 뒤섞여 흘러내렸다고 결론 내렸다. 당황, 두려움, 크나큰 슬픔, 수치심과 버려졌다는 느낌, 불안정함, 외로움 그리고 자기 연민. 어머니 없이 어떻게 해야 할까? 무엇을 할 수 있을까?

이후 몇 년간 어머니 기일이면 카디쉬(망자를 위한 유대교의 기도)를 바치러 회당에 갔던 기억이 난다. 여기서도 모인 사람들의 연민과 동정이 눈물을 불렀다. 하지만 더 나이 들면서 눈물을 참게 되었다. 그래도 슬픔은 가슴 저릴 정도로 여전히 많이 남아 있었다.

사춘기와 청년기를 거치는 긴 기간 동안에는 많이 울지 않았다. '다 큰 남자는 울지 않는다'라는 남성들의 지침을 무의식적으로 따랐던 것 같다. 오래 지나서야 다 큰 남자들은 울어야 '한다'고 결정했다. 이는 의심할 여지 없이 도움이 된다.

그다음으로 생생한 기억은 정신분석 상담 시간에 여러 번 울었던 일이다. 나는 30세 때 심리분석을 받기 시작했고, 어머니의 죽음을 이야기할 때면 눈물을 조금씩 흘렸다(한 상담 시간에 많이 울지 않고 아주 오래 울지 않았다는 뜻이다).

　내가 40대 초반이었던 시절, 내면의 자아를 진정시키고 영성을 경험할 수 있는 다양한 명상법이 미국에 소개되었다. 나는 1~2년간 명상하는 법을 익혔고, 수행 2년 차인 어느 날 이른 아침 명상하려고 깼다. 그런데 울기 시작했다. 처음에는 눈물을 참고 계속 명상하려고 버텼지만 곧 눈물이 명상을 밀어냈다. 흐르게 내버려둘 수밖에 없었다. 울음에 나를 맡기자 눈물이 줄줄 흘렀고, 제법 오래 계속되었다. 그러다 눈물이 멎고 얼마 뒤 또다시 눈물이 나를 적셨다. 이렇게 여러 날 30분 넘게 울었고, 펑펑 울다 멈추고 눈물이 채워지면 다시 줄줄 흘렸다. 이 상황이 몇 주간 일주일에 사나흘씩 계속되었다. 눈물바람 뒤에는 언제나 마음이 정화되고 홀가분하게 쏟아낸 기분이었다. 몸속 깊이 가벼움과 느긋함을 느끼며 새 하루를 맞이했다. 나는 눈물과 울음의 효과를 긍정적으로 평가하게 되었다. 나중에 곰곰이 생각해보니 난 어머니를 잃은 일을 두고 울었다. 그때까지 완전히 받아들이지 못했던 것이다.

　얼마 뒤 참석한 워크숍에서 심리극을 했다. 나는 자청해 어머니의 죽음과 관련된 주요 장면을 재연했다. 워크숍 주선자는 장례 장면의 무대를 놀랍도록 사실적으로 설치하고, 조원들에게 가족들 역할을 맡겼다. 어머니 역을 맡은 사람이 관에 누웠다. 장면이 배치되고 그 순간에 대해 몇 마디 말하자마자 나는 "왜 나를 두고 떠났어요?"라고 악쓰며 눈물을 폭포수처럼 쏟았다. 감정에 사로잡혀 울음을 터뜨리고 신음하고 통곡했다. 계속 재연할 수가 없었다. 조원 한 명이 몇 시간 동안 나를 안아주었다. 그동안 난 눈물을 줄줄 흘리며 울었다. 몸을 떨면서 흐느끼다 이어서 눈물을 흘렸다. 참을 수 없는 울음이 간간이 그쳤다 터지기를 반복했다. 기억하기로는 몇 시간 동안 잠시도 울음을 멈추지 않았던 것 같다. 오래 품에 안겨 눈물을 흘리다 흐느낌을 터뜨리고 탄식하기를 거듭하면서 울었다.

이 일로 생생하게 깨달은 것이 있다. 실컷 울게 내버려두고 잘 받아주면 깊은 상실을 받아들이는 데 눈물이 중요하게 기여한다는 점이다. 또 긴 시간을 두고 간간이 계속 울고 나야 상실을 만족스럽게 처리할 수 있다는 점도 알았다. 깊은 상실을 완전히 받아들이지 못할 수도 있고, 온전히 화해하지 못할 수도 있다. 상실의 아픔은 강도가 약화되고 중심에서 물러나겠지만 완전히 사라지지는 않는다. 평생토록 이따금 눈물을 끌어낼 것이다. 결국 나는 돌아가신 어머니를 애도하면서 나 자신과 마침내 눈물을 멈출 수 있을 때를 위해 슬퍼하고 있다는 사실을 깨달았다.

가까운 이를 잃은 슬픔을 받아들이는 것이 이슈라면 언제든 어떤 방식으로든 애도할 필요를 느낄 때 슬퍼하거나 탄식하길 바란다. 자신에게 맞게 부분적으로, 완전히, 또는 간헐적으로 슬픔에 몸을 맡기길 바란다.

다음 이야기는 다른 종류의 상실을 받아들이는 방식을 보여준다. 앤은 남편과 사별한 고등학교 교사로, 외아들 필립을 열여덟 살 때 사이비 집단에 빼앗긴 이후 깊은 고통을 안은 채 살았다. 1960년대 필립은 사이비 집단에 유인되어 중산층 가정을 떠나 어머니와 연락을 끊고 그 집단에서 지냈다. 앤이 아들을 되찾으려고 몇 차례 정신없이 시도했으나 필립은 연락을 원치 않는다고 분명하게 통보했다. 앤은 큰 충격에 빠졌고, 갑작스럽고 격한 거부에 적응하느라 몹시 힘든 시간을 보냈다. 필립과 접촉하려는 시도는 늘 거부당했다. 이후 몇 년간 앤은 아들을 다시 만날 희망을 접었다. 그즈음 그녀는 제자들을 열심히 가르치고 그들에게 어머니가 되어주며 상실감을 달랬다. 학생들과 오래 지내며 지도하고 집에 데려갔고 몇 명은 입양하다시피 해서 졸업 뒤에도 관심을 기울였다. 아들과 연락이 두절된 기간에 앤은 내게 이렇게 말했다. "필립이 세상을 떠나 다시는 돌아오지 않는다고 생각했어요." 하지만 부재를 예상하면서도 아들을 만나 어떻게든 화해하기를 간절히 바랐다. 몇 년 뒤 앤은 필립에게 연락을 시도했고, 통화할 수 있었다. 하지만 통화 도중 필립은 앤을 다시 만나고 싶지 않다고 말했다. 앤은 상심해서 눈물을 흘리며 희망을 접어야 했다. 제자들에게 힘을 더 쏟고 계속해서 '내 아들은 죽었어'라고 생각했다. 하지만 완전히 그렇게 믿지는 않았는지 몇 년 뒤 다시 연락을 시도했다. 필립은 이번에는 집에 다녀가는 데 동의했고, 동반자와 함께 나타났다.

앤은 필립이 돈을 받아가려고 왔다고 직감했고, 동반자는 필립이 그룹 홈에 곧바로 돌아간다는 점을 분명히 했다. 앤은 돈이 사이비 집단으로 들어갈 것을 알고 필립의 부탁을 거절했다. 필립은 화내며 떠났다. 앤은 속상하고 원통했다. 아들이 자신을 진정으로 사랑하거나 걱정해서가 아니라 단지 돈을 얻으러 왔기 때문이었다.

이후 앤은 아들과 연락을 완전히 포기했다. 필립을 머리에서 지우는 것으로 상실, 슬픔, 분노를 받아들였다. 이따금 아들을 서글프게 생각하긴 했지만. 수년 동안 모자간에 침묵이 흘렀고, 그러다 필립의 아버지가 죽었다. 앤은 필립에게 연락해 장례식에 참석하라고 요청했다. 필립은 이번에도 동반자를 데리고 잠시 다녀갔다. 그는 어머니와 간단히 대화만 나누고 장례식이 끝나자마자 떠났다.

앤은 다시 필립에게 통화를 시도했다. 이번에는 필립이 더 적극적이었다. 결혼해서 아이가 생겼기 때문이었다. 어머니에게 아들을 보이고 싶다고 했다. 앤은 이번에도 돈이 목적이라고 의심했지만 필립과 손자가 사는 도시로 가서 만나기로 했다. 손자를 만나고 아들과 다시 연을 맺는다는 생각에 들떴다. 이후 몇 달 동안 손자에게 선물을 보내고 아이의 사진을 받았고, 모자간의 분위기도 한결 다정해졌다. 필립은 앤에게 적극적으로 연락하고 접촉을 늘렸다. 곧 이런 심경 변화가 손자의 출생 외에 사이비 집단이 와해되어 주거 시설을 떠나고 있기 때문임이 드러났다. 이제 앤은 필립이 더 가까운 관계를 도모하는 동기가 의심스럽다는 사실을 받아들여야 했다. 자신에게 물었다. 필립 때문에 지독한 슬픔에 시달렸는데도 이 관계를 계속하고 싶은가? 아들이 모자 관계를 회복하는 데 진심으로 관심이 있는가, 아니면 재정적으로 궁핍해서 관계를 유지하려는 것인가? 돈을 더 얻어내려고 손자를 이용하는가? 앤은 의구심을 가진 채 필립이 주도하는 대로 더 자주 방문했다. 화해는 더디고 고통스럽고 불확실했다. 그 과정에 1~2년이 걸렸고, 앤은 아들과 천천히 타협하며 아들 가족을 받아들이고 있다. 할머니가 된 기분이 좋다. 20년 넘게 느낀 아픔은 밀어두려고 애쓰는 중이다.

이제 아들 가족은 몇 달마다 앤을 찾아오고, 앤은 손주가 있는 가족이 계속 유지되길 바라면서 그들을 반긴다. 하지만 양가감정은 여전하다. 마음은 화해가 진정성 있고 영원할 거라고, 아들을 진정한 가족으로 믿으라고 채근한다. 하지만 머리는 화해가 현재에든 미래의 유산으로든 돈을 얻어내려는 속셈인지 의심하라고 일깨운다. 앤은 아들을 되찾았다고 반쯤 믿고 행동하는 것으로 양가감정을 받아들였다. 하지만 상당한 의구심과 상처가 여전히 맴돈다. 양가감정이 어떻게 해소될지는 시간만 알 것이다. 앤은 결국 양가감정과 타협할까, 아니면 계속 두 감정을 똑같이 느낄까?

상실을 슬퍼하는 방법 몇 가지. 고인과 관계를 회상하고 추억하면서 그의 부재가 주는 그리움을 판별하고 아픔에 충분히 잠기자. 묘지에서 시간을 보내면서 거기 있는 동안 생각과 감정이 흐르는 대로 따라간다. 고인을 위해 각자 적당한 기도를 하고, 애도에 도움이 된다면 검은 상복처럼 애도를 나타내는 복장을 갖춰도 좋다. 고인의 기일을 정기적으로 기리거나 추모해도 된다. 상실을 애도할 때는 사랑하는 친구와 가족의 감정적인 지원을 충분히 활용하자. 친구에게 슬픔을 털어놓으면 마음의 짐을 덜 수 있다. 또 추모 예식에 참여하는 일은 고인의 부재에 대한 슬픔을 표현하는 전통적인 방식이다. 적어도 한동안은 상실, 죽음, 뭔가의 종말에 대한 시를 암송하거나 애도의 비통에 젖게 하는 슬픈 노래를 읊거나 불러도 좋다. 죽음과 마지막 시간에 대한 글을 읽으면 지각 수준이 깊어진다. 비슷한 슬픔을 지닌 이들과 모여서 상실에 대해 대화해도 좋다. 감정, 특히 슬픔을 글로 표현해보자. 느끼는 바를 정확히 묘사하려 애쓰자. 감정들을 되도록 깊이 느껴보자. 고인과 나눈 대화, 경험, 사건, 당시의 감정을 떠올리자.

사랑하는 이의 죽음을 애도하면서 자신을 위해 슬퍼하는 방식을 알아내기도 한다. 떠나간 젊음, 작아지거나 잃어버린 정체성의 파편들, 식어버린 열정, 줄어든 에너지, 다시 오지 않을 일과 사람들, 살아보지 못한 삶을 슬퍼한다. 또 신뢰를 시험한 배반들, 견디고 가한 비열한 짓, 주고받은 상처, 가질 수 없지만 간절히 필요했던 것들, 충족되지 않은 욕망, 표현 못 한 짝사랑, 자신이 많은 후회를 슬퍼한다는 사실을 발견한다. 잘못했거나 더 잘할 수 있었던 일들, 옳은 줄 알았지만 결국 잘못이었던 일, 이제 불가능한 활동들, 타인과 갈라놓은 오해들도 슬퍼한다. 상처를 남긴 실망들, 미완의 욕망들, 부르지 못한 노래와 듣지 못한 음악과 시, 실현하지 못한 가능성과 잠재력 같은 것들을 애달파하는 자신을 발견할 것이다. 그러다 마침내 평화를 얻고, 마음과 감정을 짓누르고 괴롭혔던 짐을 벗는다.

그때는 그때, 지금은 지금

◆

이슈: 지병이나 신체 능력 저하.

체력 저하나 지병을 온전히 받아들인다는 것은 어떤 의미일까? 상태를 부정하거나 거부하거나 외면하지 않고 상황을 인정한다는 뜻이다. 지병이 있다면 이성적, 감정적으로 자신과 다른 사람들에게 그 사실을 인정한다는 뜻이다. 인정한 뒤에는 흡수해서 자신의 일부로 받아들여야 한다. 지병을 온전히 인정하면 나와 질환은 별개가 아닌 서로의 일부가 된다. 지병을 받아들이는 것은 피할 수 없는 현실을 극복하는 일이다.

지병을 온전히 받아들이는 데는 일련의 단계가 필요하다. 처음에는 병을 견딘다. 답답함이나 분개, 짜증, 싸우고 싶은 충동을 느끼며 참아낸다. 그러다 병을 피치 못할 고통이자 들이닥친 '외부의 적'으로 보고 수용하거나 적응하기 시작한다. 병을 부분적으로 받아들인다. 이후 이게 현실이라고 중얼대면서 바꿀 수 없으므로 병의 존재에 자신을 맡긴다. 마지못해 병이 '여기 있음'에 굴복한다. 마지막으로 내면으로 수용하고 융합해 더 이상 싸우거나 거부하지 않는다. 병 때문에 동요하지 않고 평안하면 병은 익숙한 일상의 동반자가 된다. 자연히 거기 적응해 함께 일하고 화합할 방법을 찾는다. 일단 내버려두면 병은 나를 아프게 하지 않는다. 병을 미움 없이 고스란히 받아들이면 흡족해진다.

인정은 사건이나 일을 견디고, 참고, 물러서고, 주저하며, 체념한다는 뜻이 아니다. 진심으로 인정한다면 주저, 분노, 절망, 냉담 없이 병에 나를 맡길 수 있다. 바람직하거나 원했던 일로 보라는 말이 아니다. 일단 벌어지면 '내게 생긴' 일이니 내 일부로 받아들이자. 일반적으로 인정은 싫거나 못마땅해도 자신의 모든 부분에 들어오도록 허용하는 일이다. 자기의 일면으로 수용해 자리를 만들어주려는 일이다. 인정에는 이런 태도와 감정이 포함된다. '뭐든 이걸로 충분해' '어디 있든 거기가 있을 곳이야' '뭘 하든 그걸 해야 해' '네가 누구든 그 사람이어야 해' '뭘 생각하고 느끼든 그걸 생각하고 느껴도 괜찮아' '무슨 일이 생겼든 수용해야 해'.

조시는 성기능 저하를 이렇게 받아들인다.

"예전을 생각합니다. 공상해요. 갈망하기도 해요. 하지만 살다 보면 되돌릴 수도 피할 수도 없는 일을 받아들여야 하는 시기가 옵니다. 일찍 받아들일수록 동요가 덜하죠. 그게 인생을 망가뜨리지는 않지만 무척 아쉽긴 해요."

용서는 위대한 '예스'

♦

이슈: 내게 아픔을 준 타인의 거부와 내가 타인에게 준 상처들.

자신을 거부하거나 무시하고 마음에 상처를 입힌 사람들을 용서하기란 쉽지 않다. 다른 사람에게 상처 준 자신을 용서하거나 그들의 용서를 구하기도 쉽지 않다. 하지만 이는 시도해볼 가치가 있다. 나를 거부한 이들에게 감정을 더 이입하고 공감하려 노력해볼 수 있다. 그들이 거부한 이유를 행여 내가 오해했는지 자문해볼 수 있다. 적어도 그들이 잘 몰랐거나 그럴 의도가 아니라거나 그럴 수밖에 없었는지 따져볼 수 있다. 혹은 양해하거나 용서할 만한 이유들을 발견하고 분노를 덜 수도 있다. 어쩌면 시간이 흘러 복수심과 함께 적대감이 사라지거나 적어진 걸 발견할지 모른다. 용서하기 위한 이유, 변명, 설명이 필요 없다고 판단할 수도 있다. 세월이 흘러 타협해야 하니 그들을 용서하고 싶고, 자신을 위해서라도 그럴 수 있다고 느낀다. 시간이 지나면서 거부당한 아픔이나 상처가 줄어들었다면 이제 상대의 긍정적인 면을 보고 용서할 준비가 되었을 수 있다. 미움이라는 짐이 너무 무거워서 내려놓을 준비가 되었다고 느낄 수도 있다.

마찬가지로 타인들에게 상처와 아픔을 준 자신을 용서할 준비가 되었을 수 있다. 그런 행동을 한 여러 이유, 구실, 변명거리가 있을 것이다. 혹은 드러나는 이유가 없거나, 내 잘못이 아니어서, 해를 미칠 의도가 없어서, 그 상황에서 그게 최선이었기에 자신을 용서할 준비가 되었을 수도 있다. '나쁜' 처신을 후회하고 부끄러워하고 반복하지 않겠노라 맹세한다. 자신을 동정하고 '내가 무슨 짓을 하는지 몰랐어' '그때는 아무것도 몰랐어'라고 말하면서 자책을 멈추기도 한다. '내가 통제할 수 없는 일이었어' '당시에는 너무 미성숙했어' '많이 달라졌으니 지금이라면 그런 짓을 하지 않을 텐데' '이제 성숙해져서 그러지 않아' '다시 그 상황이 온다면 다르게 처신할 거야'라고 말할 수도 있다. 상처를 입힌 행위에 죄책감과 수치심을 느끼고 '착한 일' 같은 다른 방법으로 보상하리라 다짐하기도 한다.

잘못을 뉘우치지 않고 용서를 구한다면 그 요구는 공허하다. 용서를 구하는 것은 상처를 입혔고 어떻게든 보상하겠다고 자신과 타인들에게 인정할 수 있다는 뜻이다. 타인을 아프게 해서 괴로워한다. 도발받긴 했지만 변명할 여지 없는 행동이었다고 느낀다. 사건을 살펴보고 내가 얼마나 해를 끼쳤는지 깨달은 뒤 용서를 구하려고 마음먹는다. 상황을 새로운 시각으로 보고, 용서를 구할 준비가 되었으며 용서받을 수 있다고 희망을 갖는다.

자신과 타인들을 용서하고 용서를 구하면서 누구나 단점이 있고 불완전하다는 사실을 알게 된다. 우리는 모두 인간이고, 어두운 면을 가지며, (거의 예외 없이) 결점과 단점을 용서받아야 한다는 사실을 깨닫는다.

10년 전쯤 가까운 친구가 다른 도시로 이사했다. 8년간 사귄 사이였다. 다른 도시에 살지만 나는 그녀와 편지를 주고받고 서로 집을 방문하기도 하며 삶을 공유했다. 그녀는 10년간 다른 도시에 살다가 나와 같은 도시로 옮겨 왔다. 난 기뻐하면서 더 가깝게 지내리라 기대했다. 친구도 그러고 싶다고 말했지만 실망스럽게도 우정은 깊어지지 않았다. 난 어리둥절해서 관계가 소원한 이유를 찾으려 했다. 그 생각을 하다가 친구의 인생관, 스타일, 가치관, 지향점이 급변했다는 점을 알아차렸다. 이 변화가 못마땅해 한번은 그 사실을 알렸다. 여전히 그녀에게 따뜻하고 친근한 감정을 느끼지만 10년 전처럼 좋지는 않다고도 말했다. 이 말에 친구는 상처받아 울음을 터뜨렸다. 나는 울게 해서 미안하다고 사과하고 다른 말은 하지 않았다. 그녀의 감정을 상하게 했다는 걸 알고 몇 달 뒤 나는 그녀에게 사과하고 용서를 구했다. 내게 그녀의 가치관, 야망, 생활양식을 의심할 권리가 없다고 말했다. 그런 점이 '나쁜' 게 아니라 다를 뿐이라고 생각한다고, 자존심을 건드린 걸 용서해달라고 덧붙였다. 몇 달 뒤 망설임 끝에 그녀는 진심으로 나를 용서했다. 그렇게 말하지는 않았지만 느낄 수 있었다.

망각이라는 선물

♦

이슈: 다른 사람에게 당한 멸시, 상처, 매몰찬 말, 냉대, 모욕.

때로 다른 사람들이 나를 멸시하고 자존심을 건드리면 동요하기 쉽다. 분노를 누그러뜨리려면 상대가 의식적, 무의식적으로 준 마음의 상처를 잊어도 좋다. 상처를 잊기 위해 할 일은 다음과 같다.

- 기꺼이 잊거나, 차단하거나, 지나간 것은 지나간 대로 놓아둔다.
- 과거에 아픔과 고통을 준 부정적인 감정들이 누그러져 이제 같은 의미나 힘을 갖지 않는다는 점을 인식한다.
- 고통스러운 사건이나 이슈가 지각 안으로 들어오면 마음에서 밀어내고, 즐거운 기억이나 공상에 집중한다.
- 이런 사건들의 기억이 흐려지게 한다. 곱씹고 기억하고 재연하지 않으면 날카로운 윤곽이 가장자리부터 녹기 시작해 뿌연 이미지로 변한다.
- '과거사를 들춰내지 않는다.' 괴로운 사건과 자존심 상하는 감정을 상기시키는 자극을 피하려 노력한다. 그 기억들로 동요될 때마다 신경을 딴 데로 돌려 머릿속의 영화를 멈춘다. 전심전력해 관심과 에너지를 쏟

아야 하는 일에 몰두한다.

○ 깊이 각인된 상처들을 잊는다. 이는 어렵고 까다로운 실천법이다. 기억은 자율적인 특성이 있어서 의도적으로 잊으려고 할수록 이슈가 더 또렷이 부각된다. 하지만 망각을 '유도'하거나 이슈를 무시하게 만들 방법을 찾을 수 있다. 잊는 데는 시간이 약이라는 점을 기억하면 좋겠다.

그 자리는 내 자리가 아니었다

◆

이슈: 노인 차별. 나이 때문에 일자리나 집단에서 배제되는 일과 그에 따른 서글픔, 분노, 모욕감.

잊으려고 노력하는 것 외에 자신을 괴롭히는 상처를 어떻게 잊을 수 있을까? 어떻게 하면 그 문제를 '나'와 분리해 감정의 영역에서 내보낼 수 있을까?

물론 어떤 일은 쉽게 놓을 수 있는 반면 어떤 일은 놓지 못할 것이다. 그 둘을 구분할 수 있는 것은 직감이다.

'놓아버리는' 방법은 다양하다. 인생에서 일어나는 사소한 사건이니 대수롭지 않다고 떨쳐버리고 가볍게 넘기면 된다. 사소한 문제보다 중요한 일에 몰두해 그 이슈를 초월할 수도 있다. 나를 홀대한다면 무가치한 일자리이니 신경 쓰지 말자고, 배제당했어도 속상할 것 없다고 합리화한다. 단체에 속한 사람들에게 느끼는 부러움을 인정하고 직면해 이런 감정에 빠질 필요 없다고 자위하거나 질투심이 곧 사라지리라 믿는다.

분노를 삼키기보다 그 감정에 몰입함으로써 놓아버릴 수도 있다. 그러면 카타르시스가 생겨 '내 속을 훑고 지나' 빠져나간 느낌이 든다. 분노를 씻어낸 것이다.

다른 집단이나 개인들의 수용, 지지, 포용으로 이슈를 간접적으로 해결할 수도 있다. 실은 다른 걸 원했는데 인식하지 못하고 그 자리에 가고 싶어 했다고 볼 수도 있다. 이제 그 '다른 것'을 추구하면 된다. 그 경험으로 자신에 대해 알았으니 배제된 데에 고마워할 수 있다.

의도적으로 노력해 상처를 밀어두고 그 존재를 부정해 머리에서 지울 수도 있다. 선택적으로 무시하거나 방어적으로 상처를 부정하라는 뜻이 아니다. 오히려 이슈가 있다는 점을 인정하되 마음을 차지하거나 커리어를 쌓는 노력을 방해하지 못하게 하라는 뜻이다.

내가 그 사람이라면 어땠을까

◆

이슈: 깨졌거나 불화하는 관계.

자기와의 대화를 통해 깨졌거나 불화하는 관계를 다르게 볼 수 있다. 관계가 깨지게 된 사건과 과정의 기억을 되짚어본다. 머릿속으로 상황을 상세히 말해 기억을 되살린다. 사건, 상황에 대한 감정, 내 말과 행동, 상대의 말과 행동, 감정적으로 어떻게, 어떤 방식으로 개입했는지, 그런 개입이 과거와 어떤 관련이 있는지, 내 행동이 어떻게 반복되었는지, 과거의 비슷한 경험들을 분석하는 게 어떤 도움이 될지 속으로 말한다. 어떤 장면이었으면 좋았을지, 지금 어떤 장면으로 해결되면 좋을지 그려본다. 자기와 대화하며 그 일을 재해석하고 다른 시각으로 볼 수 있다. 당시의 감정과 관계 파탄에 내 책임이 얼마나 되는지 알게 된다. 이는 감정 변화, 관계 개선의 의지, 내적 수용으로 이어진다.

상대의 입장이 되어 상황을 보면 내 상처를 더 멀리서 깊이 통찰할 수 있다. 상대의 관점에서 상황을 보고 이해해 부정적인 감정이 줄어든다. 상대의 관점으로 보면 내 안에 큰 변화가 생길 수 있다.

내가 지도하는 그룹의 일원이 이런 이야기를 했다. 그는 어려서 계모에게 반발심이 컸다. 계모는 친자식들만 예뻐하면서 그를 방임하고 적대했다. 이 일로 오랫동안 계모를 미워했다. 하지만 어른이 되고 그 일을 떠올리면서 계모가 그런 이유를 깨달았다. 계모는 새끼를 지키는 곰과 비슷하게 처신했다고 이해했다. 그 점을 받아들이고 인정한 끝에 계모에 대한 미움을 내려놓았다. 계모의 입장이었다면 자기도 그랬을 거라고 생각했다. 나중에 그는 계모와 친해져 그녀가 친자식보다 자신에게 속내를 더 털어놓는다고 자랑했다.

관계가 깨진 과정을 반추하고 되새겨보면 자신과 상대와 관계에 대해 배운 것을 확인하고, 상처에서 다른 데로 시선을 돌릴 수 있다. 그런 점들을 알아내면 그 일을 긍정적으로 느끼고 더 쉽게 받아들이게 된다.

공감의 대화

◆

이슈: 내 어리석은 실수와 친구의 배신.

비판 없이 공감하면서 경청하는 상대와 대화하는 일은 내 실수를 인정하고 받아들이는 계기가 된다. 또 과거에 당한 배신을 극복하는 데 도움이 된다.

어리석은 실수를 저질러 얼마나 끔찍하고 후회되는지 털어놓아보자. 아쉬움을 토로하고 그 행동 때문에 얼마나 속앓이하는지 말한다. 고백을 통해 내적 고통에서 벗어나 이 이슈를 받아들일 수 있다.

들어주는 이에게 배신자를 향한 원망과 분노를 쏟아놓을 수도 있다. 이때 중요한 점은 부정적인 감정을 풀어낼 적합한 표현법을 찾는 것이다. 이렇게 감정을 표출하면 배신과 배신이 남긴 깊은 감정을 놓아버릴 수 있다.

먼저 손 내밀기

♦

이슈: 깨졌거나 두절된 관계 받아들이기.

자신이 망가뜨린 관계를 바로잡고 싶다면 그 상황을 후회하고 반성한 뒤 상대에게 다가가 화해를 청하고 관계 개선을 시도하자. 후회와 반성 외에 슬픔, 수치심, 죄책감 등 다른 감정이 화해를 시도하게 하는 동기가 될 수 있다. 자신의 잘못에 대해 상대방에게 사과하고 억울함을 표현하고 싶을 수 있다. 또 상대방에게 준 고통과 상처를 얼마나 미안해하는지 밝히고 싶을 수도 있다. 진정한 화해 의사 외에 상대가 받아들일 적합한 관계 개선 방법을 찾아야 한다. 연락했을 때 상대도 나와 같은 감정을 느끼고 있으며 화해하고자 하는 의지와 열망을 드러낸다면 열린 장이 마련된다. 거기서 서로 사과하고 후회를 전하며 각자 관계를 훼손한 데 대한 공동의 책임에 대해 자유롭게 대화해야 한다. 상대를 설득해 상황을 어렵게 만든 자신의 행동과 당시의 감정에 대해 공감을 나눠보자. 오해와 입장 차이에 대해 서로 이야기 나누고 분석한 뒤 관계를 개선하기 위한 방법을 찾아보면 된다. 차이를 좁히려는 노력이 분노와 상처를 떨치고 하나가 되는 길을 만들어준다.

진심은 통한다

◆

이슈: 나를 부정하고 거부하는 까다로운 손주.

나를 거부하는 손주와 타협할 비법은 참고 버티면서 포기하지 않는 것이다. 상황 때문에 낙심하지 말자. 손주에게 변함없이 관심을 보이며 너무 나서지 말고 조용히 돕는다. 관계에 꾸준히 성실성을 보이면 결국 반전이 생긴다. 당장은 자신을 거부하는 데 적개심을 갖지 않고, 언제까지든 참고 기다린다는 의지를 손주에게 확실히 보이자.

그룹 테라피

◆

이슈: 친밀한 사람의 상실.

이웃이나 인근에 가족이나 친구를 잃은 사람들을 돕는 모임이 있을 것이다. 이 모임은 상실을 받아들이도록 도와준다. 관점과 아픔을 공유하고, 감정을 표현하고, 경험과 어려움을 교환하며, 구성원들과 숙고하고, 집단으로부터 지지받으며 혼자서는 얻기 힘든 해결책을 얻을 수 있을 것이다.

나를 만든 지난날

♦

이슈: 인생을 돌아보게 하는 상황이나 사건.

개인사를 살펴보면 사건, 상황, 사람들에 대한 기억을 되살릴 기회가 확대된다. 예컨대 기억 속에서 지난날의 생기와 에너지를 떠올려 현실에서 다시 경험할 수 있다. 과거를 새롭게 보고 삶을 더 포용적이고 즐겁게 살다 보면 과거의 아픔이 달라질 수 있다. 기억에서 벗어나 과거에 어떤 일이 있었을지 상상하고 추측하면서 각색과 변화를 즐길 수 있다. 자신의 이야기를 시나 소설 같은 작품으로 표현하며 기억으로 창작 활동을 해봐도 좋다. 기억을 살펴보며 그 일에서 가르침을 얻을 수 있다. 기억에 남는 생각, 행동, 감정 그리고 현재까지 걸어온 길을 추적해볼 수 있다. 기억과 현재 경험을 비교하고 분리해 좀더 객관적으로 바라볼 수도 있다. 과거를 궁금해하는 손주들에게 들려줄 이야깃거리로 삼아도 된다.

인생에서 일어난 즐겁고 좋은 일들을 회상하고, 기쁨을 나눈 시간과 장소, 사람들을 기억할 수도 있다. 이것이 나의 경험이었고 현재 나의 일부임을 잊지 말자.

조시는 사고로 부상당해 병상에 누워 지낼 때 자신의 과거를 회상했다.

나는 대체로 과거에 삽니다. 별별 경험을 회고하고 되살리죠. 기억들이 주마등처럼 떠올랐어요. 아마 자서전을 쓰려고 생각해서 그랬을 거예요. 기억이 많아요. 특히 유년기 기억이요. 어린 시절은 소박했어요. 어머니는 좋은 분이셨어요. 아버지와는 그리 잘 지내지 못했고, 한 번에 1년씩 집을 비우곤 하셨어요. 특히 아내와의 결혼생활, 아내와 함께한 여행이 기억에 남습니다. 언제 떠났는지, 어떤 배를 탔는지, 어디로 갔는지, 언제 돌아왔는지 등이 떠올라요. 사고를 당한 뒤 긴 시간 동안 신혼 초를 되돌아봤어요. 정말 즐거운 시절이었으니까요. 그때를 떠올리면 당장의 고통에서 벗어나게 되니까요. [사고 전 조시는 대단히 현재 지향적이었다. 하지만 이제 다리 부상으로 움직이지 못하니 긴 시간 동안 친구들, 교단에서 보낸 멋진 시간, 흥미로운 사건들을 내게 회고한다. 그러다 이야기를 멈추고 과거보다 평범한 일상에 집중해야겠다고 말한다. 나는 병상에서 회복하면서 생각나는 것들을 더 말해달라고 조른다.]

3년 전 세상을 떠난 첫 아내와 55년 동안 함께한 활기차고 행복했던 결혼생활이 기억납니다. 전부터 알고 지냈지만 최근 가까워진 여성과 사랑에 빠진 것을 깨닫고 그 생각을 하게 됐어요. 2차 세계대전 때 제복을 입고 무척 으스대던 일이 떠올라요. 병사가 되니 굉장히 흡족했어요. 진짜 사나이라는 뜻이었으니까. 이탈리아의 도시를 행군할 때 얼마나 마초 같았는지 기억나는군요. 생각이 이런 식으로 흘러가더군요. '날 건드리기만 해봐, 단단히 혼내줄 테니'. 마초 군인의 감정과 권위 의식에 깜짝 놀랐죠. 그런 감정을 가진 게 너무 부끄러웠어요. 싫었고 이런 이야기는 아무에게도 하지 않았습니다. 너무 육체적이고 나치 같았어요. 내 성격에 맞지 않았고, 다시는 그런 감정을 느껴본 적 없습니다. 나는 나 자신을 온화한 사람, 모성애가 넘치는 사람이라 생각해요. 그때 감정은 내 부드러운 성격과 정반대였어요.

인생 다시 보기

♦

추억을 확장하면 인생을 과거와 현재 그대로 받아들여 의미와 일관성을 넓은 시각에서 파악할 수 있다. 누가 아는가? 내가 누구인지, 어떤 삶을 살아왔는지 더 이해하게 될지도 모른다. 인생을 다시 보는 일은 아직 해결되지 않은 이슈와 받아들이고 싶은 이슈를 파악하고, 그동안 얻은 지혜, 인간애, 영성을 알아내고 이용해 나 자신과 다른 사람들의 인생을 향상시키려는 시도이다. 이 모든 일을 통해 온전한 존재에 대한 감각을 키우고 각자가 특별한 존재라는 점을 인정하게 된다. 인생을 다시 보며 이해하면 내면이 평온해지고 이슈를 밀어낼 수 있다.

부정하고, 회피하고, 없었던 일인 척하며, 행동의 책임을 인정하지 않고 남을 탓하는 일은 이슈를 받아들이지 못하게 한다. 심지어 실제로 그 상황이 자신에게 감정적으로 영향을 미쳤는데도 그 사실을 부인하려 하기도 한다. 이런 방식으로 당장은 안도감을 느낄 수 있을지 모르지만 이슈는 사라졌다고 생각할 때 다시 나타나 당신을 괴롭힐 수 있다.

어떤 이슈가 지독히 깊게 각인되어 위 방법들이 소용없다면 첫째, 소화하거나 해소되지 않은 채 최선을 다해 살아가거나 둘째, 전문가들에게 치료받거나 셋째, 고민되는 이슈를 받아들이는 자신만의 방법을 찾아볼 수 있다.

이슈를 받아들이는 게 중요하다고 강조했으니 이 경고도 해야겠다. 해결되지 않고 남은 이슈가 있다면 그대로 놔두는 게 좋을 수도 있다. 예컨대 친구의 죽음을 완전히 받아들이지 못한 후유증은 인생의 무상함과 지금 제대로 사는 일의 중요성을 일깨울 수 있다.

이슈를 받아들이는 방식은 나의 본모습과 삶의 방식에 영향을 미친다. 어떻게 늙을지에 영향을 주기도 한다. 어떻게 살지와 어떻게 늙을지는 내가 어떤 사람인지에 따라 달라진다. 중요한 이슈를 받아들이고 노년기에 가장 잘 나이 드는 방법을 찾으면 최대한 좋은 사람이 될 수 있다.

The Wisdom of Morrie

8장

이토록 멋진
인생이라니

이 책은 전반적으로 웰 에이징을 다루지만 이 장에서는 노년기에 삶의 질을 높이고 잘 사는 일(웰빙)에 초점을 맞춰보겠다. 여기까지 읽었다면 노후는 해결할 문제가 아니라 잘 살아내야 할 단계라는 점을 알 것이다. 꽃피우려면 영원히 변할 수 있어야 한다. 어떤 사람은 '웰 에이징'을 노년기의 유일한 목표로 삼는 데 만족한다. 또 어떤 사람은 '웰 에이징'을 잠재력 실현의 필수 요건으로 본다. 웰 에이징과 더 좋은 사람이 되는 일은 연결되어 있다. 나이 들면서 기분이 좋고, 나이 드는 일을 좋다고 느끼면 좋은 사람이 되어 좋은 일을 하게 된다. 더 나은 사람이 되는 것은 웰 에이징의 일환이다. 우리의 과제는 노화의 어려움과 기회 속에서 각자의 필요, 관심사, 능력에 맞는 최선의 노후 생활 방식을 찾는 것이다.

하지만 일은 잘 풀릴 때도, 그렇지 않을 때도 있다. 내 목표는 당신이 더 잘 나이 들고, 잘 풀리는 쪽으로 균형을 잡아 살도록 돕는 것이다.

웰 에이징은 행복하고 만족스러운 삶을 영위하고 다른 사람들의 행복에 기여하는 일을 포함한다. 노화와 관련해 자신을 어떻게 보느냐의 문제이기도 하다. 이 장에서는 만족스럽고 의미 있는 삶을 만들 몇 가지 방법을 제안하려 한다.

먼저 잘 나이 드는 사람들을 살펴보자. 그런 다음 어떻게 하면 노년기를 행복하게 보낼 수 있는지 체계적으로 살펴보자.

스탠리, 75세

위중한 심장 질환을 앓았지만 스탠리는 에너지가 넘친다. 현재 심장병은 어느 정도 관리되고 있다. 요즘은 몸 상태가 좋아 계단을 세 칸씩 오른다. 사물, 사람, 관계, 지적 담론, 정치 사건 등 일상에서 접하는 모든 면에 호기심과 관심을 쏟는다. 스탠리는 출중한 사진작가이자 솜씨 좋은 정원사이다. 첼로를 연주하고 숙련된 목수인 데다 전기도 잘 다룬다. 주업은 심리분석가로 환자 치료, 강의, 학생 지도, 분야 관련 컨설팅과 자문에 시간을 할애한다. 심리분석 이론에 기여할 만한 저서도 집필 중이다. 이 외에 오랜 세월 빈곤 소외 계층을 위한 의료원들을 연이어 설립했다. 의료원 인력을 선발해 감독하고, 운영 자금을 모으고 효율적으로 관리되는지 살핀다. 가족, 친구들과 깊은 유대를 맺고 손주들과 자주 연락한다.

공동체 사업으로 유명한데도 (의료 시설들을 개원한 공로로 상을 받았다) 스탠리는 가식이 없다. 전문 분야에서 위상이 높지만 업적에 대해 겸손하다. 무척 관대하게 베풀고, 필요한 이들에게 재정을 지원하며, 언제든 아이디어와 지식을 공유한다.

스탠리는 늘 열정적인 탐구자이다. 새로운 상황을 만나면 집중력과 호기심을 발휘해 다각도로 살피면서 몰두한다.

애비게일, 86세

애비게일은 남편과 사별하고, 두 자녀와 두 남동생, 손자, 증손자, 조카, 조카 손주 들을 거느린 집안의 가장이다. 편지, 전화, 방문으로 가족들과 자주 연락하고 가족 관계에서 큰 만족을 얻는다. 조카딸 몇 명이 자주 찾아와 애비게일을 살뜰히 보살핀다. 애비게일은 오랜 세월 대가족의 구심점으로서 도움이 필요한 가족에게 돈을 빌려주거나 내어주며 살아왔다. 온 가족이 서로 연락하게 하며 관계가 지속되도록 돕기도 한다.

애비게일은 오래전부터 사업체와 부동산 몇 군데를 관리하며 주식 시장을 면밀히 지켜보았다. 주식 거래 전문가가 되어 주식 흐름을 분석하고 자산을 점검하며 하루 중 대부분 시간을 보낸다. 다양한 주식 관련 소식지를 공부하고 어떤 종목을 언제 거래할지도 결정한다.

한 도시에서 계속 살았기에 애비게일에게는 친구가 많다. 그들과 카드 게임을 하고 연극, 음악회, 강연회에 다니며 함께 여행하고 서로 생일과 기념일을 챙긴다. 애비게일과 친구들은 긴 세월 동안 서로 도우며 동반자가 되어주었다. 하지만 애비게일은 무척 독립적이고 혼자 살면서 다른 사람에게 의존하지 않으려 애쓴다. 심장 이상으로 심장 박동기를 삽입했고 지병도 있지만 여전히 꿋꿋하고 흥미가 많으며 다른 사람을 배려한다. 고통스러운 시간도 있었지만 불평하지 않고 자립심, 용기, 회복 탄력성을 가지고 자신에게 닥친 일들을 견뎠다. 애비게일은 삶을 즐기고, 충만하게 살았다고 느끼며, 평온하게 미래를 마주한다.

마이클, 90세

마이클은 활달하고, 여전히 자세가 꿋꿋하고 민첩하다. 신중하고 탐구심 많은 사람으로, 정치적 사건뿐 아니라 지적인 이슈에 대한 토론을 즐긴다. 최고 관심 분야는 철학이며, 지적인 도전을 좋아한다. 책, 특히 역사서를 탐독하지만 주로 하는 일은 아니다. 주 관심사는 그림 그리기로, 특히 은퇴 이후 70대에 시작한 수채화 작업이다. 혼자 사는 그에게 그림과 미술 수업은 하루를 지탱해주는 주요 활동이다. 그는 아무에게도 의존하지 않는 것을 선호한다. 매일 정해진 일과에 따라 장을 보고, 요리하고, 살림하면서 자기만의 길을 가고 싶어 한다.

어느 정도는 두 딸에게 의지하지만 마이클은 혼자 힘으로 지내는 게 자랑스럽다. 오후에 낮잠을 자지 않을 정도로 나이에 비해 정력과 에너지가 넘친다. 일상생활 중 사람들과 많이 교류하지는 않지만 만족스러운 방식으로 시간을 보낸다. 얼마 전 가벼운 뇌졸중을 앓았지만 금세 회복했다. 그는 곧 독립적이고 자립적인 생활로 돌아왔고, 여전히 독립성에 자부심을 느낀다.

그레첸, 97세

그레첸은 눈이 불편하고 보행기를 사용하는 허약한 여성으로 50년간 혼자 지냈다. 움직임이 느리고, 신체적 제약이 있으며, 거동이 불편한데도 내면이 평온하다. 느리지만 분명하게 사고하고 말한다. 다른 사람의 말을 잘 이해하고 적절하게 반응한다. 매일 일어나 씻고 천천히 옷을 입는 데 몇 시간이 걸린다. 아침에는 문안 온 이웃과 식사를 하고, 나머지 하루 대부분은 혼자 보내며 음악을 듣고 창가에 앉아 바깥을 구경한다. 운동 삼아 집 안을 걸어다니기도 한다.

아들을 포함해 몇 사람과 연락하지만 방문객은 많지 않다. 계속 연락하는 이웃 몇 명이 전부이다. 그레첸은 늘 스스로 돌보면서 식사 배달 서비스로 따뜻한 음식을 받아보고, 장보기는 이웃에게 부탁한다. 시력이 좋지 않고 걷기 힘들기 때문에 이웃이 차를 태워줘야 외출할 수 있다.

사람들과 교류하는 일이 제한적이지만 동거는 원하지 않는다. 외로움을 타거나 잠들면서 아침에 깰 수 있을지 걱정하지 않는다. 편안하고 독립적으로 상당히 자족하면서 불평 없이 현재를 받아들이고 있다.

찰스와 켈리, 76세

찰스와 켈리는 50년 가까이 결혼생활을 했고, 은퇴한 뒤에도 활동적이고 만족스럽게 지내고 있다. 주로 두 아들과 손주들과 연락하면서, 자녀들이 사는 도시를 자주 방문한다.

부부는 여행을 즐기고, 노인 숙소를 이용하며 새로운 곳을 구경하고 사람을 만난다. 오래되거나 새로운 관심사들을 공유하지만 각자 다른 관심사도 있다. 찰스는 외국어 공부를 좋아해서 수년 동안 여러 언어를 익혔고, 켈리는 열렬한 탐조가이다.

둘은 40년 넘게 같은 집에 살면서 이웃에 친구가 많다. 예전부터 멀리 사는 사람들과도 우정을 유지해왔다. 부부는 지적 활동을 활발히 하고, 정치와 사회면 소식도 놓치지 않는다. 친구들의 일뿐 아니라 시사적인 사건에도 꾸준히 관심을 갖는다. 찰스와 켈리는 사람들을 만나고 사귀며 새로운 활동에 참여하고 또 다른 모험을 찾는 데 열심이다.

수, 88세

수는 체구가 자그마하고 말 그대로 여성스럽다. 50년 넘게 혼자 살았다. 인간관계와 관심사가 워낙 많아 하고 싶은 일을 다 하려면 시간이 부족하다. 네 자녀, 아홉 손주와 자주 통화하고, 늘 연락하는 단짝 친구가 있으며, 친구와 지인이 많다. 긴 대화를 즐기지만 다른 사람의 관심을 요구하지는 않는다.

도서관 모임과 교회 모임 회원이며 다른 모임에도 참여한다. 공공의 일에 지속적으로 관심을 갖고, 매일 아침 꾸준히 공영라디오를 청취한다. 평화, 에너지 절약, 반핵 운동에 특히 관심이 많다. 소외 계층 어린이들을 재정적으로 지원하며 편지로 연락을 주고받는다.

수는 특출한 에너지와 열정의 소유자지만 하루 열두 시간은 침대에서 휴식해야 하며 다리가 약해 많이 걷지 못한다. 그런데도 직접 운전하거나 차를 얻어 타고 매주 여러 모임에 참석한다. 많은 관계를 소중히 여기지만 동거나 사생활 침해는 사양한다. 수는 자립적이고, 배우자와 사별한 뒤 50년 이상 재정을 잘 관리해 왔다. 독립성을 워낙 중시해 주치의가 운전을 그만하라고 권하자 화가 나 주치의를 바꾸기도 했다. 수는 여전히 운전한다.

수의 성격은 그리 내성적이지 않으며 호기심이 왕성하고 계속 배운다. 자신의 삶을 매우 좋아하고 침울해지지도 않는다. "화낼 일이 없기 때문"이다. 수는 사람, 다양한 활동과 관심사를 낙천적이고 쾌활하게 받아들인다. 설득력 있고 합리적으로 대화한다. 찾아오는 손님들과 긴 대화를 즐기지만 그들에게 관심을 요구하지는 않는다. 오히려 사람들이 매력적인 그녀에게 깊은 인상을 받고 함께하고 싶어 한다.

존, 89세

존은 매력적이고 강렬한 사람으로, 대단지 고령자 아파트에 산다. 그녀의 뛰어난 특징 중 하나는 자신의 환경과 삶의 많은 면을 스스로 통제하려는 결단력을 지녔다는 점이다. 아파트 단지 주민들은 존에게 감탄하고, 존과 친해지고 그녀에게 관심받고 싶어 한다. 존은 근사한 장점을 많이 가졌으며 카리스마가 넘친다. 사교 모임에서 사람들은 그녀 주위에 모여들어 환대하며 유명 인사로 대접한다. 스스로 챙길 수 있는데도 사람들은 존을 도우려 하고 그녀는 사양한다. 상냥하게 말하지만 존재감을 강하게 드러낸다. 또 책임감이 강하고 약속하면 반드시 지킨다. 어떤 상황에서는 여왕처럼 행동하면서 강한 의지와 단호함을 보인다. 자기 방식을 고집하지만 관철하는 과정에서 까다롭게 굴지 않는다. 자녀들은 존에게 관심을 쏟으면서 자주 연락한다.

키가 150센티미터도 안 되고 몸무게는 45킬로그램에 한참 못 미치지만 에너지가 넘친다. 아마 운동에 전념해온 덕분일 것이다. 존은 하루 두 시간씩 운동하고 운동 강습을 한다. 호흡법, 보행법, 체격을 유지하는 방법, 몸을 뻗거나 굽히는 방법, 안구 운동법을 가르친다. 이 외에 알츠하이머 환자들을 위한 수업도 진행한다. 그녀는 운동이 알츠하이머 질환에 효과가 있다고 믿는다. 이런 식으로 근거 없는 낙천성을 보이지만 자신의 능력을 깊이 신뢰한다. 걸을 때, 말할 때, 다양한 활동을 할 때 에너지를 분출한다. 존은 긴 세월 동서양의 영적 스승들을 다양하게 만났다. 지금은 동네에서 예배를 주관하는 랍비를 믿고 따르고 있다. 성실하게 예배에 참여하고 명상하며 긍정적인 것들을 상상한다. 다양한 수련, 특히 호흡 수련의 영적, 육체적 가치를 추구한다. 스스로 치료사라고 믿고, 여럿을 치유했다고 주장한다.

많은 이를 좋아하고, 마음에 안 드는 이들을 피하면서 누구와도 다투지 않는다.

나이, 몸 상태, 교육 수준, 일, 인간관계가 제각기 다르지만 내가 아는 이들의 이야기에서 웰 에이징의 필수 사항을 추론해볼 수 있다. 나는 그들과 대화하면서 웰 에이징에 몇 가지 주요 요소가 있다고 결론지었다. 이 요소가 전부 필요하지는 않지만 많을수록 더 잘 늙을 수 있다.

잘 늙으려면 상당 수준의 정신과 신체 건강, 명확히 사고할 수 있는 인지력을 갖춰야 한다. 강한 독립심을 고수해야 한다. 가족이나 친구들과 긍정적이고 따뜻한 사랑을 나누고, 서로 관심과 애정을 느껴야 한다. 자신과 다른 사람들의 행복을 위한 프로젝트는 소통을 이어가기에 좋은 방법이다. 좋아하고 관심 갖는 일도 마찬가지이다. 적극성, 호기심, 배움에 열린 태도가 핵심이다. 경이로움을 느끼면서 이미 지닌 지식과 기술을 발전시킬 수 있고, 새로운 방향으로 관심을 넓힐 수도 있다. 웰 에이징의 또 다른 특징으로는 열의, 꾸준한 동기 부여, 활기찬 활동, 내적 차분함과 평온 등이 있다.

여기 웰 에이징을 위해 몇 가지를 제안한다. 제안마다 행동, 과제 수행, 취할 태도, 추구할 목표, 발전시킬 특징, 노력할 주관적인 상태에 대한 권고가 포함되어 있다. 이 모든 요소는 어떤 조합으로든 웰 에이징에 도움이 될 것이다.

미생에서 완생으로

◆

행복하려면 자신이 끊임없는 변화의 과정에 있다고 생각해야 한다.

— 에이비스 칼슨, 『때가 되면』 중 허버트 켈름의 말 인용

자신을 과정에 있다고 보고, 언제 어디서든 성장할 수 있는 기회를 잡자. 때로 내가 좀 다르게 변하는 과정 중에 있다고 보자. 새로운 공상에 빠져보자. 자신을 미완성으로 볼 수 있다면 항상 발전하고 있다는 뜻이다.

호기심을 깨워 새로운 가능성을 끌어내자. 세상이 더 나빠지면 난 더 나아져야 한다. 상황에 적응해 더 좋아지게 만들자.

친절을 표현하지 못해 애먹는 사람이 많다. 그런 경우 좋아하는 이에게 마음을 직접 표현할 방법을 강구하자.

아직 실현하지 못한 포부들을 완성해보자. 살아보지 않은 인생을 지각하고 그 삶을 살기 시작하자. 잃어버린, 표현하지 못

한, 지각하지 못해 밖으로 나오려는 나의 일부를 찾아 활력을 불어넣자. 스스로 묻자. '나는 어떤 사람이 될 수 있을까? 어떤 방법으로 여전히 생산적이고 창조적이고 쓸모 있는 사람이 될 수 있을까?' 내가 의도하고 될 수 있는 모습을 더 지각하자.

자신을 늘 배움의 과정에 있는 학생으로 보자. 현재 상황을 더 배울 기회로 본다면 권태롭지 않다. 만년 학생으로서 계속 자신을 새롭게 하고 일깨울 것이다.

지평을 넓히자. 사고와 감정의 범위를 늘리자. 상상력을 깊게, 길게, 넓게 확장하자. 할 수 있는 일에 대해 전망을 키우자. 공감의 족쇄를 풀자. 달리 누구를 이해하고 관심 갖도록 배울 수 있을까? 수줍음, 겸손, 근시적인 사고가 숭고한 목표를 막지 못하게 하자. 그것들이 넓은 도량을, 신비한 체험을 탐구하고 찾는 일을 막지 못하게 하자.

자신을 새롭게 하고 재창조하고 되살리자. 힘을 주고 삶의 질을 높일 지식을 쌓자.

세상은 아름다워

◆

우리 주변에는 우리가 감상하고, 즐기고, 경험하고, 강렬하게 느끼기를 기다리는 아름다움이 가득하다. 이런 순간에 집중하면 개방적이고, 흥미롭고, 미학적으로 풍요로운 삶을 유지하는 역량이 강화된다.

평범한 풍경에 대한 감상을 간단히 적어봤다.

나무들

창밖으로 나무를 내다본다. 그 뒤로 높이가 비슷한 나무가 한 그루 더 있다. 아름드리나무 두 그루가 집 위로 솟아 도로 쪽으로 뻗었다. 주위를 둘러보니 좌우로 나무 두 그루가 더 보인다. 숲은 아니고 군데군데 나무가 몇 그루씩 서 있는 교외 도로이다. 바로 앞에 있는 나무에 집중하고 가지를 살펴본다. 어떤 가지는 곧게 뻗어 있고, 어떤 가지는 비스듬히 누웠다. 가지가 워낙 많아 다른 나무가 몇 그루나 있는지 구분되지 않는다. 봄이라 꼭대기의 가지에는 잎이 무성하고 꽃이 흐드러지게 피었다. 윗부분에 다닥다닥 붙어서 수가 많지 않아도 흐드러져 보인다. 큰 가지에서 작은 가지들이 뻗었고 거기서도 나뭇잎이 자란다. 산들바람이 불자 나뭇잎들이 살랑이기 시작한다.

다시 넓은 풍경으로 눈을 돌리니 초록의 향연에 황홀해진다. 움트는 새 생명에 대해 생각하기 시작한다. 활기차고 원색인 나뭇잎들에 비해 나무줄기는 무척 앙상하고 어두워 보인다. 이 나무가 이런 잎들을 만들다니 얼마나 신기한지! 얼마나 흥미롭고 경이로우며 이해하기 힘든 일인가. 나무는 오른쪽으로 약간 기울어졌지만 약하지 않아 쓰러지지 않을 것이다. 제법 오래, 분명히 나보다는 오래 거기 있으리라.

나무들을 바라보는 나를 보면서 이게 참나무인지 다른 수종인지 모르겠다고 중얼댄다. 나무에 기댄 것도 아닌데 내가 왜소해 보인다. 나무는 거대해 보인다. 나무들과 자연을 보면서 보낸 시간이 너무 짧아 후회된다. 더 오래 봐야겠다.

어떤 분야든 창작 욕구를 불러내자. 요리든 원예든 풍경화 그리기든 새로운 것을 만들고, 여러 가지를 혼합해보자. 뭘 하든 생기 넘치는 충동으로 세상에 새로운 것을 내놓으면 그 과정에서 삶도 새로워진다.

코니 골드먼은 이렇게 표현한다.

> 삶 속의 창의력, 새로운 것의 창작, 모색, 실천은 자신을 나아가게 하고 지탱하고 새롭게 한다.
> 우리가 할 일은 창의력을 찾는 것이다. 창의력은 훌륭하지 않아도, 재능이 없어도, 젊지 않아도 누구나 지닌 특징이다. 하지만 늙음이 한물갔다는 뜻으로 통하는 세상에서 나이가 들수록 자아가 풍요로워지고 새로운 만족감을 얻을 수 있다는 사실을 기억하기는 쉽지 않다.*

---

* Connie Goldman, "Late Bloomers: Growing Older or Still Growing?," *Generations: Journal of the American Society on Aging*, no. 2 (Spring 1991), 41-44.

마음을 열어 하늘을 보라

◆

가슴을 활짝 열자. 다른 사람들에게 공감하고 그들을 연민하고 배려하자. 마음을 열자. 새로운 개념과 경험을 받아들이고, 시도하고 싶었지만 꺼렸던 경험에 도전하자.

노년기의 노화는 불확실하고 당혹스러우며 예측 불가하다는 점을 인식하자. (언젠가는 끝나겠지만 언제 어떻게 끝날까?) 그러니 불확실성과 타협할 최선책을 느긋하게 찾아보자.

가능할 때, 너무 어리석게 느껴지지 않을 때 내면 아이를 밖으로 나와 놀게 하자. 늘 어른 노릇만 하기에 인생은 너무 짧다.

존중하기

◆

다른 사람들에게 존중을 기대하자. 나를 특별한 사람으로 평가하고 자존감을 높여줄 사람들을 찾아보자. 자신을 긍정적으로 보자. 내 존재와 생활양식의 가치와 의미를 수긍하자.

자신을 잘 대접하자. 자신에게 친절하자. 약점을 인정하고 실수를 용서하자. 고작 이 정도냐며 자책하지 말자. 시간이 지나면 더 나은 사람이 될 거라고 차분히 기대하자.

몇 살이든 자부심과 힘을 느끼자. 필요하고 적절할 때 능력을 드러내고 다른 사람들도 그렇게 하도록 돕자.

젊을 때 자리로 돌아가려고 자신을 소모하지 말자. 지금의 나와 지금 할 수 있는 일을 하는 것을 높이 평가하자. 단점과 한계를 무시하지 말고 자신을 예우하자.

삶에 열정적으로 참여하기

♦

인연을 이어가고 일어나는 모든 일에 온전히 집중하자.

나아가는 삶에 지속적으로, 그리고 되도록 최고도로 몰두하자. 자신에게 벌어지는 일에 뜨겁고 열정적으로 참여하자. '소외된' 느낌이 든다면 참여할 만한 상황을 찾아보자. 개입할 만한 새로운 가능성에 집중하고 흥분하자.

바버라 마이어호프는 저서 『우리의 나날을 헤아리라』*Number Our Days*에서 한 연구 대상자에 대해 이렇게 묘사한다.

그는 탐구자였다. 벌어지는 모든 일에서 늘 인생의 의미를 탐구했다. 그는 늙어가는 우리에게 모범이 되는 사람이었다. 늙었다고 해서 외로워하고 자기 연민에 빠질 필요는 없다. 그는 마지막 순간까지 삶의 일원으로서 차분하고도 정력적으로 살다 죽는 방법을 우리에게 일깨워주었다.*

92세 버나드 베렌슨의 말을 들어보자.

이 나이에 온갖 장애를 안고 사는 생활을 소풍이라 할 순 없을 겁니다. 그런데 왜 삶에 매달릴까요? 일부분은 단순히 동물저 본능이죠. 일부는 내일과 모레에 대한 호기심 때문이고. 또 일부는 포기하지 않고 여전히 성취하고 싶어서겠죠, 영감을 주는 사람으로서…

하지만 나는 여전히 배우고 싶어요. 여전히 이해하고 싶고 여전히 글을 쓰고 싶어요. 어떻게 이런 욕구들을 없앨까요? 불편한 육신은 나를 육신의 노예에서 해방시키지만 이건 어떤 종류의 해방일까요? '최후'의 옆방이 아닐까요? 그래도 나는 여전히 햇살, 자연, 폭풍우 몰려오는 하늘, 석양, 나무와 꽃, 잘생긴 인간을 포함한 동물들, 그리고 독서와 대화를 즐긴답니다!

웃으면 복이 와요

◆

할 수 있다면 언제든 즐겁고 황홀한 기분에 잠겨보자. 매일 웃을 거리를 찾아보자. 웃을 때마다 웃음으로 '몸을 채워'보자.

적절한 상황에 장난을 치고 즐거운 시간을 보내자. 상황 속에서 유머를 찾아보자. 스스로 상황이 적당하면 장난치고 재미

＊ Barbara Meyerhoff, *Number Our Days* (New York: Simon & Schuster, 1980, 75).

나게 보낸다. 상황에서 유머를 찾아본다. 스스로 시무룩한 사람으로 느끼지 않도록 심각하지 않고 가벼운 태도를 자주 취하자.

우리는 모두 탐험가

◆

새로운 지평선을 탐구할 때면 한계를 넘는다는 두려움이 방해하곤 한다. 예상되고 관습적인 경계를 허물기가 두렵고, 낙심하거나 파괴적으로 변하거나 미칠까 봐 겁난다. 하지만 바로 거기가 독창적이고 황홀하고 신나는 일을 찾을 지점이다. 그러니 움직이는 것을 겁내지 말자. 낯설고 변하는 상황을 더 수용하자.

탐험가가 되자. 자신을 초월해 옮겨가는 것에 마음을 열자. 위대한 열정, 숭고한 행위, 발산되는 창의력에 실려 가는 일에 마음을 열자. 내 안의 외진 곳과 이국의 땅을 깊이 탐구하자. 생경한 생각과 개념, 이상한 상상, 새로운 감성의 영역을 파고들자. 새 과제를 수행하고 새로운 도전에 뛰어들 기회를 환영하자.

안정감을 주는 상황을 추구하되 거기서 멈추지 말자. 위태롭고 불확실한 상황을 모색한다면 내가 뭘 하는지 알고 안전지대로 돌아갈 길을 알아두자.

모험에 나서는 데는 나이가 없다. 늙었다고 해서 매력적인 신비와 수수께끼를 풀지 못하는 것은 아니다.

태풍이 지나간 뒤

◆

다른 사람들이 주는 실망, 공격, 힘겨루기 따위는 무시한다. 이런 골칫거리가 스트레스나 불안 수위를 높이지 않도록 처리하는 법을 배우자. 지나가게 놔두거나 적극적으로 밀어내자.

겉으로는 강인하게 필요한 일을 하며 불쾌하거나 어려운 상황을 처리하고, 안으로는 따뜻하고 부드러우며 필요할 때 보살피는 사람이 되자.

노년기에 겪기 마련인 질병과 역경을 다루는 법을 배우자. 이는 질병에 몰두하라는 뜻이 아니다. 병을 밀어내고 나머지 삶을 살라는 말이다. 병세가 깊어지기 전에 치료 기간 동안 병에 집중하자. 회복을 긍정적으로 보고 병의 암울한 영향을 밀어내자. 용기, 끈질긴 결단이 넘치는 '투지', 약부터 명상까지 모든 수단을 동원해 병을 이긴다는 확신을 모아 병세를 돌려놓자. 희망을 포기하지 말자. 계속 병과 싸울 의지와 고집으로 건강을 향해 지체 없이 나아가자. 차도나 회복을 진심으로 믿고 기대하자. 그러면 의료상 필요한 조치와 병을 이기려는 정신, 마음, 소망, 믿음, 영혼, 행동의 힘이 발휘될 것이다. 노화의 부침을 감당할 내공도 쌓일 것이다.

역경을 배우는 기회로 바꾸고, 회복을 이용해 회복 탄력성을 키우자. 역경을 이긴 세월을 활용해 효과적인 대응력을 키우자. 태도, 정신력, 지식을 모아 역경을 감당할 방법을 최적화하자.

존 나이하트(John Neihardt, 인디언 수Sioux족의 역사를 다룬 시를 쓴 미국 시인—옮긴이)는 저서 『경험의 노래들』*Songs of Experience*에서 비전 퀘스트 가운데 젊음을 경험한 수족 인디언 노인의 사연을 밝힌다. 노인은 말했다. "귀를 기울이니 어떤 힘이 내 몸 안에 흘렀고 지금도 계속 남아 있습니다. 늙었는데도 말이죠. 마지막이다 싶었을 때 매들의 외침이 들렸어요. '꽉 잡아라, 꽉 잡아라, 더 있다'."*

『뉴욕 타임스』1993년 11월 8일 자에는 84세 마비스 린드그렌의 사연이 실렸다. 그녀는 장거리 달리기 선수로 전국 마라톤 대회에 참여했다. 70세에 달리기를 시작한 마비스는 어느 대회에서 넘어져 팔목이 골절됐지만 다른 사람이 옆에서 뛰면서 팔목을 받쳐준 덕분에 완주했다.

조금만 용기를 내자

◆

내면의 용기를 찾아 간직하고 키워서 기막힌 운명의 '맹공'을 당할 때 사용하자. 역경에 대처할 때뿐 아니라 노년기의 전반적인 삶을 맞이하고 포용할 때도 용기를 내자.

---

* John G. Neihardt, *The Giving Earth: A John G. Neihardt Reader* (Lincoln University of Nebraska Press, 1991), 273.

엘리너 루스벨트(미 루스벨트 대통령의 부인, 공민권 지지자로 활발하게 활동했다—옮긴이)는 자신에 대해 이렇게 말했다. "저는 상당한 운명론자예요. 무엇이든 다가오는 일은 받아들여야 하고, 중요한 점은 용기와 최선을 다해 마주하는 것뿐이죠."*

인생은 작은 행복들의 합

◆

엘리자베스 그레이 비닝Elizabeth Gray Vining은 뉴베리 상(미국의 아동문학상—옮긴이) 수상 아동문학가이자 교육자, 사상가이다. 평생 예순 권 넘는 저서를 발표한 그녀는 인생을 소중히 여겨야 한다고 강조했다. 비닝은 인생을 성스러운 신탁물로 보았다. "삶이 끔찍하고 무의미하다고 말하는 건 유치하고 무례해 보인다. 인생은 조심히 간수하고, 잘 사용하고, 즐기고, 때가 되면 돌려줘야 하는, 우리 손에 맡겨진 위탁물이다."**

이미 아는 삶의 의미를 포용하고 강화하자. 아직 의미를 모른다면 알아내자!

지금 하는 일을 의미 있게 만들어 인생의 의미를 간직하자. 어떤 일이든 과정 자체가 결과 못지않게 뜻깊을 수 있다.

* David Michaelis, *Eleanor* (New York: Simon & Schuster, 2020), 526.
** Elizabeth Gray Vining, *Being Seventy: The Measure of a Year* (New York: Viking Press, 1979), 168.

거시적으로 의미를 탐색하자. 무엇이 궁극적이고 실존적으로 의미 있는가? 미시적으로 소소한 일상에서 의미를 찾아내자.

소중한 관계의 가치

♦

자신보다 나이가 많거나 적은 사람들 모두와 인연을 이어가자. 공동체를 비롯해 넓은 세상과 관계를 맺자. 특히 나를 아끼고 존중하는 이들과 관계를 유지하자.

잘 늙어가고 있어 존경하고 롤 모델로 삼을 만한 사람을 찾아보자. 그에게 도움을 받은 뒤 자신의 경험과 지혜를 다른 사람들에게 공유하자.

손주들이 잠재력을 발휘하도록 도울 방법을 알아내자. 이때 자녀와 손주의 관계를 방해하면 안 되겠지만 오히려 자녀들이 반길 수도 있다.

최대한 여러 사람과 따뜻하고 정겨운 관계를 맺고, 그들에게 책임감을 느끼자. 하지만 필요할 때는 방해받지 않는 사적 공간을 확보해야 한다.

인간관계의 어려움을 해결할 방법을 개발하자. 자신이나 타인에게 상처 주지 않으면서 답답함, 실망, 짜증스런 감정을 표현하자.

관계를 유지하려면 노력이 필요하지만 그만한 가치가 있다.

좋아하는 일에 몰입하라

◆

확실하게 전진하려면
불굴의 인내는 필수저이다. 위대한 일을
성취한 사람들은 예외 없이 한 가지 일에 열정적으로
몰입한다. 매일 천 가지 일을 하지만 그 뒤에는
최고로 여기는 한 가지 일이 우뚝 서 있다.

— 휴스턴 스미스, 『세계의 종교』 중에서

대의를 위해 싸우는 일은 무척 도발적이고 삶을 고양시킨다. 아침에 깨서 종일 활력을 주는 엄청난 관심사이기 때문이다. 열정적으로 추구하고 싶은 일을 찾아 신중하게 집중하고 몰입하자.

한 살바도르인은 빈곤 개선과 조국의 민주주의를 위해 노동조합에서 오래 일했다. 살바도르 군은 그를 구금하고 암살하려 했다. 군인들이 노동 운동가의 머리에 총을 겨눴다. 그저 위협할 목적이었기에 쏘지는 않았다. 석방된 뒤 그는 처형을 앞두자 많은 생각이 스쳤다고 말했다. 특히 아내와 어린 자녀들이 남편과 아버지를 빼앗긴다는 사실이 고통스럽고 절망스러웠다. 하지만 그가 죽은 뒤에도 사람들이 깃발을 들고 그가 목숨 건 명분을 위해 싸우리라 깨닫자 다시 평온해졌고, 임박한 죽음을 차분히 받아들일 수 있었다. 이처럼 최우선인 명분은 삶을 가치 있게 하고, 용감하고 포용력 있게 죽음을 받아들이게 만들었다. 그에게 이 명분은 자신보다 중요했다. 그것은 믿고 추구하며, 필요하다면 죽음을 불사할 일이었다. 석방 뒤에도 그는 계속 대의를 위해 활동했다.

호기심을 갖고 도전하고, 의미 있는 프로젝트에 참여해 건설적인 에너지를 쏟으면 하루가 목적의식으로 채워진다. 사회생활의 업무와 비슷할 수도 있고 다를 수도 있다. 나를 끌어내고 개입시키고 독려하는 프로젝트에 참여하자. 좋아하는 일에 몰두하자. 이런 활동에 온전하고 즐겁게 힘껏 참여하자. 프로젝트를 '수행하는' 과정은 결과를 얻는 것보다 신나고 만족스러울수 있다. 열정과 동기를 불태우는 데 더 중요할 수 있다.

크고 작은 프로젝트는 존재 이유가 된다. 사고의 초점이 되어 상상력에 불붙이고 에너지를 집중시킨다. 혁신적인 아이디어와 통찰을 일으키고, 새로운 관점을 찾게 한다. 중요한 프로젝트에 몰입하는 일은 좋은 삶의 지표이다. 크고 작은 프로젝트에 참여하는 일은 '삶'에 몰입하는 비법이다. 그게 없으면 상실감, 표류하는 느낌, 스스로 무용지물이라고 느끼기 쉽다. 프로젝트가 있으면 생동감 있고 활력이 돈다.

자신을 바쁘게 하는 프로젝트와 사람, 자극되는 환경을 직접찾고 개발하자. 자신의 이익이 아니라 나보다 중요하고 타인의 행복에 기여하는 대의명분을 위해 일하자. 세상에는 멋지게 늙은 유명인들이 있다. 프로이트, 피카소, 베런슨, 미켈란젤로, 레오나르도, 융, 오키프, 그랜마 모지스(모지스 할머니. 노년에 따뜻한 그림을 그린 미국의 민속화가—옮긴이), 아르투르 루빈스타인, 블라디미르 호로비츠, 존 듀이, 버트런드 러셀, 알베르트 슈바이처, 마틴 부버, 아인슈타인 등 적지 않다. 그들이 잘 늙을 수 있었던 것은 자신의 미술, 음악, 철학, 프로젝트에 열정적으로 투신하고, 더 높은 목적을 추구한다고 믿었기 때문이다.

버트런드 러셀은 80대 후반 영국에서 핵무장 반대 운동을 이끌었다. 쿠바 미사일 위기 때는 90세의 나이에 각국 수뇌들 사이에서 중재자 역할을 맡았다. 알베르트 슈바이처는 90세에 세상을 떠나기 전까지 가봉의 병원에서 환자들을 보살폈다. '너무 늙어서'라는 어구는 이들 사전에 없었다.

자유를 활용하라

♦

은퇴하면 적당하게 쓸 수 있는 자유가 기다린다. 문제는 '목적', 즉 자유를 무엇에 쓸 것인가와 이 목적을 추구할 '수단'을 알아내 계획을 세우고 실행하는 것이다. 핵심은 자유를 이용해 내적 자아, 즉 오래 억압된 자아, 나오기 두려워하는 자아를 표현하는 것이다.

몸과 마음의 건강 챙기기

◆

할 일이 넘치는데 시간은 부족한, 바쁜 생활이 스트레스를 유발한다면 속도를 늦추는 법을 배우자. 할 일이 너무 적어 생활이 느리고 덤덤하다면 속도를 높여보자.

집착하지 말고 신중하게 자신을 보살피자. 몸에 적당한 음식, 휴식, 운동, 맑은 공기가 공급되는지 확인하자. 감정적으로 해롭고 파괴적인 상황을 피하자. 특정 집단이나 분위기가 불안이나 자괴감을 일으킨다면 다른 곳에서 다른 집단과 함께해보자.

육체, 정신, 감정적으로 계속 움직이자. 움직임은 활기와 생명력의 증거이다. 휴식은 재충전이며 일시적 멈춤일 것이다.

육체, 정신, 감정, 영혼이 변함에 따라 계속 자신을 파악해야한다. 어디 있는지, 언제 충만한지, 어떤 한계와 제약이 있는지, 무엇을 추구할 수 있고 거부해야 하는지 알아야 한다. 마라톤 경주나 밤샘 뒤 다음 날 말짱하리라는 믿음처럼 가당치 않은 기대는 점잖게 내려놓자.

느긋하고, 정신이 맑고, 자신이나 세상이 평온한 내적, 외적 장소를 알아내자. 그리고 자주, 원하는 시간만큼 거기 머물자.

긍정성 유지하기

◆

이슈들과 아쉬움에 정신이 팔려 압도되지 말자. 되도록 현재에 살자.

누구도, 특히 자신을 포기하지 말자. 삶이 있는 곳에 희망이 있으니.

건설적인 태도를 취하고 긍정적인 면을 강조하자. 부정적인 것들을 무시하거나 부인하라는 말이 아니다. 상황을 가늠하고 최대한 긍정적인 태도를 취하라는 뜻이다.

나를 공격하는 해로운 요소들을 처리할 방법을 배우자. 괴롭거나 비참하거나 불안한 상황이 내면 깊이 숨지 못하게 하고, 거기서 꺼내 떨쳐낼 수 있는지 살펴보자.

삶에 '예스'라고 말하고 인생을 긍정하는 태도를 견지하자. 절망을 거부하자. 삶을 사랑하고 나와 다른 사람들에게 벌어지는 일에 계속 유의하자. 무슨 일이 있어도 삶이 중요하다는 점을 명심하자. 내가 차이를 만든다는 태도를 유지하자. 냉소, 트집, 비판, 불평, 비난 같은 부정적인 감정을 피하거나 최소화하자.

계속해서 모든 생명을 경외하고 자연을 존중하자.

미래를 들여다보기 싫어하는 마음과 싸우자. 앞날을 현실적으로 계획하자. 기대를 안고 그 안으로 들어가고, 다가올 날을 현재의 일부로 바라보자.

인생을 되돌아보자. 전성기, 환희, 심원한 순간들을 회고하자. 인생이라는 여정을 돌아보며 완성에 가까워질수록 이 여정 전체가 하나임을 느껴보자.

시간을 어떻게 쓸지 신중하게 선택하자.

진정한 나

♦

나는 진실을 말한다, 내가 원하는 만큼이 아니라
감히 말할 수 있는 만큼만 말한다. 그리고
나이 들수록 더 그렇게 한다.

— 몽테뉴, 『에세 3』 중에서

진정성을 추구하자. 자신에게 진실하고 다른 사람들에게 정직하자. 진실되게 행동하자. 계산적으로 굴거나 타인을 조종하려 들지 말자. 개인의 이득을 위해 얼버무리거나 속이지도, 진실을 왜곡하지도 말자. 진정한 나를 열고 내적 자아를 표현하자. 남들이 인정할 법한 내가 아니라 참된 나를 드러내자.

자신과의 약속을 지키고, 다른 사람들에게 한 약속도 지키자. 어떤 약속을 지키고 실행할 수 있는지 현실적으로 가늠하자.

원칙을 지키자. 진실을 말하고 약속한 일을 하는 미덕은 오래 힘을 발휘한다. 가치관을 포기하지 말고, 그것을 고수하기 위해 필요하면 저항하자. 자신에게 가치 있으며 다른 사람들이 본받을 윤리적인 삶을 살자.

관능과 열정에는 나이가 없다

◆

노인 차별주의는 노령자가 생기, 관능, 성적 관심이 없는 말라비틀어진 대추 같으리라 예상한다. 다행히 우리는 그런 사고가 틀렸음을 증명한다. 프랭클린 루스벨트 정부의 내무장관 해럴드 이커스는 80대에 자녀를 가졌다.

노인 대부분은 노년기에도 성적인 감정을 느끼고 경험한다. 가능하고 즐거운 경험을 찾자. 중요한 것은 '행위'가 아니라 부드러운 관능적 표현이다.

있는 그대로 받아들이다

◆

이제 인생에서 돌이킬 수 없는 것을 받아들이자. '받아들이다'는 에이비스 칼슨Avis Carlson이 말한 의미이다. "받아들이는 것은 이렇게 말하는 것이다. '맞아, 난 점점 늙고 있지. 지금도 그렇고, 계속 그럴 거야. 늙음을 경험할 기회와 그것이 가져올 새 기회들이 생기니 고맙지'."*

오래 살았던 집처럼 중요한 것들을 잃기 시작한다면 포기하는 법을 배우자. 그러면 계속해서 생기는 상실들을 슬퍼하면서 받아들일 수 있다.

떠나야 할 때는 이별을 받아들이고, 할 수 있을 때는 더 큰 것을 추구하자.

노화를 한탄하면 병이 악화되고, 받아들이면 누르고 다스릴 수 있다.

누구나 죽는다

◆

나는 아직 토마스 만처럼 결국 만물이 죽는다는 생각이나 감정을 온전히 소화하지 못했다. 그는 이렇게 말했다. "죽음을 종교적으로 보는 방법은 삶의 일부이자 단편으로 여기는 것, 삶의 신성한 상태로 이해하고 느끼는 것이다."**

하지만 노년에 접어들자 그 이슈가 내면 깊이 들어와 타협을 종용한다. 관건은 죽음을 삶의 자연스런 과정으로 보는 것이다. 내 죽음에 어떻게 반응할지 결정하고 체념하며 평온하게 죽기를 바라는 것이다.

---

* Avis Carlson, *In the Fullness of Time* (Chicago: Contemporary Books, Inc., 1977), 132-133.

** Thomas Mann, *The Magic Mountain*, trans. by John E. Woods (New York: Vintage, 1996), 237.

죽음을 상상하면서 만족스런 해결책을 얻으면 현재 삶이 더 자유로워진다. 죽음이 불가피하다는 사실을 받아들이면 더 충만하고 자유롭게 살면서 활기차게 목표를 추구하게 된다.

나는 잘 늙으려면 죽음에 대한 입장을 정해야 한다고 믿는다. 이 입장은 다양해 사후를 믿어서 태연한가 하면, 불가피한 이슈이지만 무시한다. 또 죽음과 마지막 시기에 대한 두려움을 받아들이기도 한다. 한 가지 방법은, 이를 탐구하면 죽음을 마지막 단계로 인정하게 될 것이라 기대하면서 스스로 몇 가지 묻는 것이다.

The Wisdom of Morrie

9장

멘시mensch,
좋은 사람

나이는 머릿속에, 마음의 태도에 자리한다.

관심을 기울여야 할 것은 잠재성 실현이다.

우리는 잠재성을 충분히 갖고 있으면서도 잘 모른다.

— 애슐리 몬터규, 『그로잉 영』 중에서

이 장의 목적은 잠재성을 발견해 실현할 방법을 찾도록 돕는 것이다. 우리 내면 어딘가에는 아직 발현되거나 표현되지 않은 특징이 있다. 이 잠재성은 자신의 일부이자 존재를 세상에 실현하길 기다리고 있다.

이미 최선의 내가 되려고 노력해오고 있다면 당신의 과제에는 아직 미진한 부분이 있을 수 있다. 아직 노력해보지 않았다면 최선의 내가 되는 일을 목표로 삼기 바란다. 멘시(mensch, 진정한 인간)가 되려고 애쓰라는 뜻이다. 또 내적 변화를 추구해 내가 누구인지, 어떤지 알라는 뜻이다. 그걸 알면 더 진솔하고 조화롭고 온전해진다.

멘시, 진정한 인간이 된다는 것은 무엇을 뜻할까? 레오 로스텐(Leo Rosten, 미국 시나리오, 저널리즘, 유대어 사전 편집 분야에서 해학가로 유명하다―옮긴이)은 『유대어의 기쁨』 *The Joys of Yiddish*에서 멘시를 이렇게 정의했다. "반듯하고 영예롭고 고결한 사람. 중요한 인물, 감탄하고 본받을 인물, 숭고한 인격의 소유자. 진짜 멘시가 되는 열쇠는 바로 인품이다. 정직함, 기품, 올바름, 책임감, 예의가 무엇인지에 대한 인식이다."*

다음은 내가 멘시로 여기는 사람의 묘사이다.

앨리스는 86세로 상냥하고 강인하면서도 인정이 많았다. 같이 있으면 나에게 집중하고 온전히 몰두하는 특징이 있었다. 그녀는 내가 몰입하게 한다고 느끼게 했다. 내 말이 들을 가치가 있고 지지받을 만하다고 느끼게 했다. 앨리스와 있으면 내가 각별히 관심받을 자격이 있고 괜찮은 사람이라 특별히 존중받는 기분이 들었다. 그녀는 경청하면서 내 감정을 깊이 이해하고 내 이야기에 공감하는 듯했다.

사람들은 앨리스를 진지하고 깊이 있으며 고결한 사람이라고 느꼈

* Leo Rosten, *The New Joys of Yiddish* (New York: Crown Publishers, 2001).

다. 심리치료사였던 앨리스는 고통받는 친구들이나 환자들의 배우자가 곤란에 처해 자신을 필요로 하면 언제든 대화에 임했다. 그녀를 만난 이들은 하나같이 앨리스가 지혜롭고 친절한 사람이라고 말했다.

앨리스는 누구에게든 부담 주지 않고 조용히 따뜻하게 대했고 요란스럽지 않았다. 상대는 도움을 받지만 자신이 과하게 노출되거나 의존한다고 느끼지 않았다. 그녀의 편안함과 자기 억제는 영향력이 강해 상대가 불안감을 덜고 자신감을 얻게 했다.

나치 독일의 난민이었던 앨리스는 인류가 지닌 악의 잠재성을 깊이 이해했다. 그 때문에 더 적극적으로 사람의 선량함을 찾고 격려했다. 살면서 온갖 인간의 상황을 직간접적으로 보고 체험했기에 타인들에게 깊이 공감했다. 노련한 심리치료사로서 타인들의 아픔과 고민을 덜어주었다. 특히 인생의 비극적인 일들을 잘 다뤘으며, 용감하고 품위 있게 받아들였다. 개인적으로 큰 충격을 받았을 때도 계속 일하면서 끝까지 다른 사람들을 도왔다.

멘시가 되라는 것은 득도하라는 뜻이 아니다. 성인이 되라고 채근하는 것도 아니다. 오히려 성취할 때마다, 최선의 인간형에 가까워질 때마다 희열을 얻을 수 있다. 예상컨대 한 걸음 다가설 때마다 삶의 질이 높아지고 만족감이 쌓여 자존감과 자기 존중이 커질 것이다.

멘시라는 점과 좋은 인간성은 일상에서 자연스럽게 나타나는 경우가 많다. 예상하기 어려운 방식으로 갑자기 튀어나오기도 한다. 이럴 때 당신은 '멘시가 되려고' 애쓴 게 아닐 것이다. 의식적이거나 의도적으로 노력하지 않았을 테니까. 어떻게 이런 일이 일어나는지 알고 싶다면 일상을 잘 살펴 거기에서 배울 점을 찾고 자신을 확장할 기회로 삼는 것이 중요하다.

어떤 상황, 사건, 관계도 인격을 성장하고 발전시킬 목적에 적합할 수 있다. 감동적인 곡을 듣는 일, 아기의 탄생을 지켜보는 일, 가까운 이가 세상을 떠난 일, 친밀한 사람과 기적 같은 순간을 경험한 일, 두려운 경험에 흔들린 일, 해결하기 어려운 감정의 소용돌이에 휘말린 일, 길에서 걸인을 만난 일, 어떤 가족의 빈곤과 불행을 지켜보며 충격받은 일, 딸이 결혼한 일, 조부모가 된 일, 용감하거나 숭고한 행동에 대해 듣거나 직접 참여한 일, 치명적인 질환을 극복한 일, 바라던 상을 받은 일, 소중한 관계를 잃은 일, 영감을 주는 강연을 듣거나 연극을 본 일, 책을 읽고 저자의 출중함에 매료된 일, 감동적인 인간애를 지닌 사람을 만난 일, 어떤 민족의 집단행동이 자유, 정의, 더 나은 삶을 가져온 사연을 들은 일처럼 평범한 일상사뿐 아니라 독특한 사건들도 감정에 영향을 주고 사고와 행동방식을 변하게 한다. 새 지평이 열리는 일을 더 지각하게 한다. 이런 사건들은 '나'에 대한 인식 범위를 넓히고 공감 능력을 키운다. 직관력을 개선시키고, 인간 본성을 알게 하며, 인간 조건에 대한 통찰력을 심화시킨다.

하지만 멘시답지 않게 행동하는 때도 있을 것이다. 그런 경우도 자신을 꼼꼼히 살피는 기회로 삼을 수 있다. 연민이 부족하고 내 이익만 챙기며 타인들에게 무심했는가? 남을 이용할 대상으로만 봤는가? 비열하거나 무분별하게 행동했는가? 중요한 약속과 책임을 저버리거나 잊었는가? 완벽하게 정직하거나 믿음직하지 않았는가?

이처럼 멘시답지 않은 행동을 교정하려면 그렇게 행동한 동기와 이유를 따져봐야 한다. 그러면 변화할 방법을 찾을 것이다.

마찬가지로 타인들에게 가장 호감을 주는 행동들을 알아내 강화할 수 있다. 좋은 행동을 찾아내려면 적절한 질문을 해보자. 나는 언제, 어디서, 어떻게

- 타인을 공감하고 깊이 이해했는가?
- 위엄 있고 자존감 있게, 고결하고 정직하게 처신했다고 느끼는가?
- 특히 삶을 수긍하는 관점이나 행동을 취했는가?
- 집단의 이익과 공익을 신경 쓰고 그것을 위해 행동했는가?
- 타인과 깊이 있고 배려하는 관계를 유지했는가?
- 일상적인 활동이나 특별한 상황에서 삶에 대한 경외심을 보였는가?
- 어려운 결정을 내릴 때 특히 현명했는가?

앞서 웰 에이징의 요소들을 논의했을 때처럼 좋은 사람이 되는 단 하나의 열쇠는 없다. 하지만 살아가는 일이 더 수월해지게

하는 방법들은 있다.

지혜로운 사람

♦

**늙는 방법을 아는 것은 지혜의 결작이며,
삶이라는 위대한 예술에서 가장 까다로운 장이다.**

— 앙리 프레데릭 아미엘, 『아미엘의 일기』 중에서

지혜는 사랑하는 이들과 세상에 줄 수 있는 위대한 선물이다.
우리는 지혜가 무엇인지 본능적으로 알고, 누군가 지혜로우면
금방 지각한다. 그럼에도 지혜를 정의해보면 앞으로 논의에 도
움이 될 것이다. 랜덤하우스 사전에 따르면 지혜는 "행동에 대
한 공평한 판단과 관련해 진실하거나 옳은 것에 대한 지식; 명
민함, 인식력, 통찰력"이다.

헬렌 루크(Helen Luke, 『노년』*Old Age*의 저자—옮긴이)는 지혜를 이
렇게 묘사한다.

이제 추수가 끝나 인생의 가을에 서 있으니, 당신의 노는 내면과
바깥 세계의 바다를 가로지를 추진력이 없다. 하지만 매 순간 인생
의 낟알과 왕겨를 구분하는, 분별력 있는 지혜의 정신이 있으니 당

신은 낟알과 쭉정이가 다 의미 있고 우주 안에서 나름의 가치가 있음을 안다.[*]

지혜는 행동하기 전의 신중함과 숙고에서 나오기도 한다. 이것은 사물을 최소한 왜곡하고 최대한 객관적으로 보는 방식이다. 인간의 경험, 특히 삶이 어떻게 의미 있게 만들어지는지 이해한다. 지혜는 '사고하는' 방식, 즉 정확하게 판단하고 신중하게 평가하며 이슈를 예리하게 정하고 평가하는 데서 발휘된다. 느끼는 방식에서 연민, 공감, 직관과 함께 드러난다. 지식과 도덕성을 갖추고 행동하는 '올바른 처신'에서 나타난다. 지혜는 자신과 타인들의 행복을 보존하고 키우고 더하기 위해 행동하게 한다. 지혜가 있으면 서로 돌보고 존중하며 모든 사람의 자존심을 지키는 관계가 지속된다. 지혜는 말투, 말의 내용, 의견을 솔직하게 표현하는 상황에 발휘된다. 조언과 지도 여부, 조언 방식과 내용에 드러난다.

결국 지혜는 이해의 깊이이다. 이런 이해에서 도덕적이고 정의로운 행동이 나온다. 이런 행동은 타인의 발전에 기여하고, 보살피는 공동체를 만들며, 생명을 경외한다. 인간과 지구의 상호 의존에 대해 이해하고 지구의 다양한 생명체를 보호한다.

나는 자기 예상보다 많이 알고 이해하며 지혜로운 사람이 많

[*] Helen Luke, *Old Age: Journey Into Simplicity* (Great Barrington, MA: Lindisfarne Books, 2010), 18.

다고 확신한다. 그러니 이 논의가 내면에 숨은 지혜를 풀어내는 데 도움이 되면 좋겠다.

흔히 나이가 들면 지혜로울 것이라 예상한다. 어떤 지혜든 세월의 경험이 쌓여 인간 조건과 그 장단점을 깊이 이해하리라 예상한다. 조건을 개선하려면 뭘 해야 되는지 안다고 본다. 지혜는 더 발전적이고 긍정적인 인간이 되게 한다. 더 수준 높은 윤리적 행동을 하게 한다.

현명한 사람들은 자신이 아는 진실을 타인들에게 가르친다. 지혜를 전할 수단을 강구해 타인들이 이익을 얻게 한다. 그들은 자신, 특히 자신의 노화와 지혜롭게 타협한다. 또 지혜를 공유해 집단적으로 지혜를 발휘하게 한다. 개인의 지혜보다 집단의 지혜가 더 훌륭하기 때문이다.

우리는 지혜를 얻기 어렵다고 보는 경향이 있다. 하지만 우리에게는 모두 지혜의 잠재력이 있으며 이를 활용해 삶을 개선할 수 있다. 다행히 지혜를 가꾸고 깊이를 더할 방법도 있다.

지혜로운 이들에게 귀를 기울이면 지혜를 배울 수 있다. 지혜가 담긴 책들을 읽어도 좋다. 그런 책들을 구하기는 어렵지 않다. 특히 자신에게 큰 영향을 준 괴로움이나 위기를 되새겨보자. 주요 인생사를 의논하고 가르침을 얻으려고 노력하자. 삶에서 생긴 변화와 전환을 돌이켜보자. 거기서 무엇을 배웠는가? 지혜로운 이들의 삶, 특히 그들의 인생관을 살펴보자. 상상력, 직감, 이성, 지각, 공상 능력을 동원해 특정 상황의 지혜와 일반적인 지혜를 알아보자.

나에게 강력했거나 변화를 일으킨 상황이나 사건에 대해 묻자.

- 그 일이 내게 어떤 영향을 주었는가? 다른 사람에게는 어떤 영향을 주었는가? 그 일을 어떻게 느끼는가? 또 '왜' 그렇게 느끼는가?

- 그 사건은 내게 어떤 의미가 있는가? 어떻게, 왜 의미 있었는가?

- 그 일로 인성이나 역할, 인간의 조건에 대해 무엇을 배울 수 있는가?

- 자신이나 상대가 어떤 종류의 동정이나 이해를 보였는가? 어떤 점이 부재하고 존재했는가? 그게 어떤 영향을 주었는가?

- 사회, 심리, 경제, 개인, 영적인 힘 등 어떤 다양한 힘이 그런 경험을 만드는가? 이런 힘들은 어떻게 함께 또는 따로 작용했는가?

- 서로의 인간성에 닿았는가? 그렇다면 어떼 보였는가? 아니라면 왜 무시하거나 놓쳤는가?

- 그 일이 타인과 유대를 경험하는 데 기여했는가? 그 유대는 무엇으로 이루어졌는가? 어떻게 그 일이 일어났는가?

- 경험이 성장이나 자신, 타인, 관계, 인간 본성, 사회를 이해하는 데 도움이 되었는가?

- 일어난 일에 얼마나 개방적이거나 폐쇄적이었는가? 무엇이 상대와 일체감을 느끼게 했는가? 아니면 반대로 무엇이 상대와 일체감을 느끼지 못하게 했는가?

- 타인들의 관점과 신조가 나의 상상력을 깨우고 키워 새 시야를 열었는가? 생각해볼 새로운 통찰과 아이디어를 주었는가? 이 새로운 사고방

식과 감정에 대해 무슨 말을 할 수 있는가?

◦ 자신의 소통에 대해 뭔가 발견했는가? 그것이 얼마나 효과 있었거나 없었는가? 어떤 상황에서 가장 효과 있었는가?

지혜는 다양한 형태와 차원으로 나타난다. 이것들이 자신은 물론 일상의 사건과 상황에 대한 지혜를 이룬다고 나는 믿는다.

너 자신을 알라

♦

내적 에너지와 외적 행동을 더 지각해 내가 누구인지 깨닫자. 진솔하고 조화롭고 온전한 사람으로 자신을 발전시키자.

나의 어두운 면, 즉 파괴적이고 냉소적이며 지독하고 비열한 면들을 직시하자. 이런 양상들을 알면 파괴적인 충동에 따라 행동하지 '않는' 법을 배우기 시작한다. 그런 충동을 통제하고 바꾸는 법을 배우기도 한다. 인간의 이중성, 즉 선함과 약함을 모두 지각할 수 있다면 우리 자신과 타인의 삶을 더 긍정적으로 볼 수 있다.

자신의 이익과 개인적 이익이 공동의 이익과 연결되어 있고 상호 의존적이라는 사실을 인식하자. 다른 사람과 관계를 맺고 그들을 지도할 때 넉넉한 마음, 시간, 애정, 이해심을 갖자.

필요한 것, 원하는 것, 선호하는 것, 참을 수 있는 것, 견딜 수 없는 것, 절대 용납할 수 없는 것을 구별하자. 그러면 자신이 원하는 삶을 더 분별력 있게 선택할 수 있다.

인간은 미약한 존재라는 세계관

◆

매사에 역사적으로나 발달적인 면에서 거시적으로 보자. 문제의 핵심을 파고드는 깊이 있는 시각으로 들여다보자.

삶의 과정에 대해 직관적인 신뢰를 유지하자. 이는 특히 괴롭거나 불안한 상황에서 살고자 하는 의지를 인정하고 이해한다는 뜻이다. 그런 상황을 바꾸려면 살려는 의지를 불러내야한다. 하지만 인간 조건은 죽도록 계속될 수 있고, 살려는 의지가 패배할 수 있다는 사실도 알아두자.

관점과 시야를 넓혀 내가 자연의 일부라는 점을 알자. 모든 생물은 죽는다는 사실, 죽음은 삶의 자연스런 연장선이라는 사실, 생명은 세대로 이어지며 새로워진다는 사실을 알자. 우리는 인간 존재라는 사슬의 고리이다.

현재의 사회 조직과 제도를 인류 진화에서 일시적인 장치로 보자. 장치가 존재한다고 해서 최선이거나 '옳다'는 의미는 아니다. 지평을 넓히고 상상력을 발휘해 새 형태의 사회, 정치, 경제, 심리적 연결과 조직을 떠올리자. 특히 보살핌 공동체가 발전할 수 있는 제도를 그려보자.

사람과 사정이 제각각이라는 사실을 인식하자. 세상에는 흑과 백만 있는 게 아니다. 미묘한 회색 색조들도 구분해야 한다. 우리는 큰 그림과 결과뿐 아니라 세부 사항들과 과정 속에서 살아간다는 점을 이해하자. 전체에서 부분을, 부분에서 전체를 발견하고 서로 어떤 영향을 주는지 알자.

인생의 많은 부분이 우연히 무계획적으로, 통제할 수 없게 흘러가는 반면, 다른 한편으로는 예측하고 통제할 수 있으며, 계획해서 예상대로 실현할 수도 있다. 이 모순과 타협해야 한다는 점을 인정하고 방법을 배우자. 맥락에서 자신을 볼 수 있다면 이 맥락 안에 자체의 맥락이 있다는 것을 깨닫는다. 다시 말해 상황은 독자적으로 벌어지지 않는다.

너와 나, 우리의 공통점

◆

자신의 잠재력을 최대한 발휘하려면 단순한 지혜 이상이 필요하다. 인간성을 최대로 표현한다는 것, 즉 인간성의 질과 범위, 깊이를 키우려 노력한다는 것을 의미하기도 한다. 우리는 인간성의 장점을 늘리는 한편 인간의 어둡고 파괴적인 면을 인식해야 한다.

인간의 어떤 점도 낯설지 않도록 경계를 넓혀보자. 그러면 모든 감정과 경험을 포용할 만큼 공감 능력이 커진다. 누가 아는가? 자신을 남과 크게 다르지 않은 사람으로 볼지? 자신과 다른 사람들이 비슷하게 느끼고 생각한다는 점을 발견할지도 모른다. 그러면 타인에게 더 공감하고 어떤 형태로든 인간의 경험을 이해하는 데 마음을 열 수 있다.

연민을 넓히고 '선한 마음'을 키울 기회를 잡자. 이는 타인의 행복에 기여하는 일을 하고, 그들을 존중하고 염려한다는 뜻이다. 또 타인의 존엄을 지키고 영혼을 유린하는 일에 반대한다는 뜻이기도 하다.

사회생활에서 인간적인 부분을 찾아 포용하자. 경제, 정치 및 다른 사회 조직들이 개개인에 영향을 미치는 양상을 알아내자. 그것들이 생명을 보존하고 삶을 개선하는지, 그렇다면 어떻게 하는지 질문하자.

타인들을 귀하고 특별하게 여기며 타인들의 존재를 인정하자. 또 함께하자. 즉 같이 있을 때 온전히, 집중해서 관심을 쏟자.

자신의 인간애를 탐구하자. 해리 스택 설리반(Harry Stack Sullivan, 미국 심리학자로 대인 관계 이론을 정립했다—옮긴이)처럼 "우리는 다름 아니라 그저 인간"임을 발견하고 더 "단순한 인간"이 되도록 자극받을 수 있다.

자신이 속한 집단과 경험을 초월하는 정체성을 갖자. '인간 전체'라는 정체성을 개발하고, 공통된 인간성을 가진 일원으로서 나를 바라보자.

인간의 공통점은 뭘까? 어떤 행위가 인간 고유의 독특한 행동으로 보일까? 이 질문을 궁리한 결과 나는 누구나 가진 인간 조건의 특징, 즉 공통된 인간성을 알아냈다.

공통의 기원과 기본 욕구. 우리는 모두 여성에게서 태어나, 처음에는 생존을 위해 먹이고 보살펴줄 사람이 필요하다.

상호 의존. 우리가 계속 존재하려면 서로가 필요하다.

고립. 우리는 소통, 관계, 집단 정체성, 융합 속에서도 자기만의 경험에 갇혀 겪은 그대로 전달하지 못한다. 또 타인들의 경험을 그대로 '흡수'하지도 못한다. 일단 어머니와 분리되면 다양한 종류의 유대를 맺지만 기본적으로 홀로 존재한다.

한계. 우리는 모두 육체, 심리, 사회적 한계와 직면해 회피나 복종, 거부, 인정, 적응을 통해 타협해야 한다. 한편 누구나 적어도 일시적으로나마 이런 한계를 초월하는 공통의 능력을 가진다.

취약성. 우리는 누구나 사고, 부상, 질병, 소위 운명이나 우연이 가져오는 변화의 대상이 된다. 또 누구나 취약성의 결과를 감당할 능력을 미약하게나마 갖는다.

감정. 강도, 폭, 성격은 달라도 우리는 모두 비슷한 감정들을 경험하고 표현한다.

언어 사용. 우리는 언어를 사용한다. 일상생활에서 끊임없이 음성과 문자 기호를 사용하고 그것으로 사고하며 삶을 형성해나간다.

유한성. 우리는 모두 죽음이라는 공통의 운명을 공유한다. 어떤 식으로든 자신의 죽음, 무無라는 개념, 죽음을 대면할 때 생기는 감정들과 타협해야 한다. 불안과 두려움으로 대응하기도 하고 체념과 수용으로 대응하기도 한다. 두려움은 잠잠하거나 또렷이 드러날 수 있으며, 우리는 이슈를 인지하고 해결하려 노력한다. 혹은 회피해서 해결하지 못하지만 삶 속에 기본 주제로 남아 있다.

인류에 대한 공통의 책임감. 우리는 모든 인류가 사는 지구를 보호해야 한다.

결국 우리는 타인을 인간 공동체의 일원으로 확립시킬 능력을 공통적으로 갖는다. 타인의 인간성도 나와 똑같이 인정하고 존중한다는 뜻이다.

공통의 인간성을 공유하는 데 예외는 없다. 누구도 인간 가족에서 쫓겨나서는 안 된다. 누구나 사람이라는 점에서 존엄할 자격이 있다.

공통의 인간성을 가진 타인을 어느 정도 동료 인간으로 인정하느냐로 인간성의 크기를 가늠할 수 있다.

바버라 마이어호프는 저서 『남은 나날을 세다』에서 한 인터뷰이의 말을 인용한다.

노년기에는 인간이 무엇인지, 어떻게 인간의 가치를 가질 수 있는지 발견할 기회가 생깁니다. 자기 안에서 용기를 발견하고 살아 있다고 느낄 수 있죠. 그러면 다른 수준에서 살게 됩니다. 그러려면 뇌를 사용해야 하지만 그것만으로는 부족합니다. 뇌는 영혼과 연결되어 있죠… 이 사실을 일찌감치 이해할수록 좋고, 그걸 알고 죽는다면 요절이라 할 수 없겠죠. 죽을 준비가 된 셈이니까요.[*]

물론 인간성을 키울 방법은 무수히 많다. 자녀의 탄생이나 사망처럼 매우 감정적인 사건에 대해 다른 사람들과 논의해도 좋다. 그들도 신체적 질병이나 쇠약과 씨름하고 있을 수 있다. 결혼식이나 졸업식 같은 인생의 다음 단계로 넘어가는 행사에 참여하고, 다른 문화권을 여행하며 다른 관점으로 세상을 경험하고, 역경을 딛고 일어선 인류의 역사를 읽고, 다른 삶을 살아온 사람

[*] Barbara Meyerhoff, *Number Our Days* (New York: Simon & Schuster, 1980), 198.

들을 만나고 교류함으로써 우리는 더욱 인간적이 된다.

공통의 인간성을 절감하면 모든 사람을 존중하고 인간 공동체를 보존할 책임을 느끼게 된다. '나'는 '우리'의 일부가 되고, 인류를 이루는 모든 '나'와 어우러진다.

안타깝게도 문화, 제도, 개인적 편견과 왜곡은 인간애를 공유하는 데 걸림돌이 된다. 따라서 인종차별은 타인을 의식적, 무의식적으로 비인간화해 동료 인간으로 여기지 않는다. 동성애 공포증은 성적 지향이 다른 이들을 인간 가족에서 자동적으로 배제하고 틀렸거나 무가치하게 보게 한다. 국수주의, 특히 전쟁 중의 국수주의는 적을 비인간화해 같은 인간을 죽인다는 양심의 가책 없이 죽이게 한다. 이 모든 것이 비인간화의 사례이다.

영적인 믿음이 주는 변화

◆

나이 들수록 우리 대부분은 존재의 의미를 더 깊이 이해하려 한다. 탄생, 죽음, 불멸에 흥미를 느끼고 매료된다.

폴리 프랜시스는 영적 교감을 다음처럼 표현했다.

새로운 능력이 작동하는 것 같다. 창조의 거대함과 다양성을 조금이나마 엿볼 수 있는 더 큰 경이의 세계에 눈뜨고 있는 듯하다. 인생의 어느 때보다 회전하는 지구와 창공의 아름다움을 더 잘 알게 된 것 같다. 그리고 이제 그것을 즐길 시간이 생겼다. 나이가 들면 인식이 더 예리해지는 것 같다.*

원숙한 인간이라면 반드시 영적인 삶을 살고, 영적 태도와 신앙을 갖거나 소위 영적 차원과 교감한다고 믿는 이들이 있다. 많은 사람이 평범한 현실, 즉 세속적이고 실용적이며 과학적인 것 너머의 뭔가를 갈구한다. 자신보다 '높은' 존재를 숭배하려는 강한 열망을 갖는다. 정말 중요한 일에 관여하고 싶어 한다. 토인비처럼 '인간은 자신을 초월할 수 있다'**고 믿는다. 영적인 믿음을 도덕 기준의 토대로 느낀다. 또는 영적인 태도가 삶의 기반이며 자기 존재를 설명한다고 믿는다.

알베르트 아인슈타인은 영성에 대한 관점을 이렇게 설명한다.

우리의 둔감한 능력으로는 그저 가장 원초적인 형태로만 이해하는 지고의 지혜와 가장 빛나는 아름다움으로 나타나는, 불가해한 것이 실재한다는 것을 아는 것. 이 앎, 이 느낌이 진정한 신앙의 중심에 있다. 이런 의미에서, 또 이런 의미에서만 나는 독실한 신앙인의 대열에 든다.***

---

*   Polly Francis, "The Autumn of My Life," *Friends Journal*, Nov. 1, 1975, 556.
**   Arnold Toynbee, *Experiences* (New York: Oxford University Press, 1969).
*** Albert Einstein, *Living Philosophies* (New York: Simon & Schuster, 1931), 7.

시도해본 사람이라면 알겠지만 영성을 정의하거나 이해하기란 불가능에 가깝게 어려운 일이다. 영성이란 그 감정을 형언할 수 없더라도 우리가 스스로 고민하고 느껴야 하는 것이다. 존 나이하트는 이렇게 말한다.

> 영적 깨달음의 순간에 확장된 인식이 고양되는 것은 좋은 일이다. 영적 통찰은 순간적으로 일어나 세상을 찬미하게 할 수 있고, 며칠 동안 세속적 번민 위를 떠다니면서 누구나 친숙하고 사랑스러워 보이게 하기도 한다. 이 상태는 자연스럽게 생기기도 하지만 금식과 기도를 통해 접어드는 경우가 많다.*

73세인 메리 앤은 신과 관계를 유지한 덕에 잘 늙는다고 말했다. 신은 그녀를 보살피고, 좋은 일을 하면서 착하게 살게 해준다. 신과의 특별한 관계는 메리를 긍정적으로 살고 자주 침체에서 벗어나게 한다. 그녀는 신과의 관계와 부활 신앙을 고수하며 거기서 지탱할 힘을 얻는다.

많은 사람이 신성한 존재를 접하는 수단으로 명상을 한다. 명상은 우주의 에너지가 모이는 느낌을 주고, 내적 평화와 세상과 조화롭게 관계 맺게 한다.

---

* John Neihardt, *The Giving Earth: A John G. Neihardt Reader* (Lincoln, NE: University of Nebraska Press, 1991), 271.

여러 종교의 신자들은 일상을 성스럽게 보내고, 다른 사람들과 정직하고 자비롭고 친절하게 교류하면서 선을 행하려 애쓴다. 하지만 '선'의 정의는 다양하며, 종교마다 이를 바라보는 시각이 다르다. 어떤 종교는 죄책감, 수치심, 편협성을 설교한다. 자기 신앙만 진리라고 주장하는 대신 모두의 행복과 지혜를 바라는 영성을 찾는 일이 중요하다.

영성을 알려면 그게 내 삶에 어떻게 작용하는지 보면 된다.

종교에 관계없이 매일 영적 수행을 하는가? 세속적인 활동을 어떻게 신성하게 만드는가? 어떻게 흘러가는 순간을 경외하고 일상에서 성스러움을 추구하는가? 자신에게 신성한 장소, 사물, 사람이 있는가? 모든 이를 예우하고 존중하며, 그들에게 발현되고 실현될 잠재성을 보는가?

일상을 신성하게 사는 일이 내게 어떤 의미인가? 영성에 힘입어 타인들과 공통의 인간애를 나누는 것처럼 느끼고 생각하고 행동하는가? 영성 덕분에 나를 자연과 상호 의존하는 자연의 일부로 보는가?

물질적인 세상사에 영성을 불어넣으면 자신과 타인과 현실적인 사회 환경 속에서 사는 방법에 변화가 생길 것이다.

세상에 남기는 선한 기여

◆

노년기에 접어든 많은 사람은 자신의 잠재력을 발휘해 미래에 다다르고, 그 속에서 흔적을 남기고, 그 속에서 살아가며, 떠난 뒤에도 지속될 유산을 남기고 싶어 한다. 대부분 사람이 자녀와 손자녀를 미래에 남기는 가장 큰 기여라 여긴다. 특별한 방식으로 앞날에 이바지해 기억되고, 미래의 모습과 가치관에 영향을 주고 싶어 하는 이들도 있다. 이런 목표를 달성하는 방법에는 여러 가지가 있다.

예를 들어 나보다 젊은 사람에게 롤 모델이나 멘토가 될 수 있다. 피터 유스티노프(Peter Ustinov, 영국 극작가, 영화배우—옮긴이)는 이렇게 말한다. "젊은이에게는 노인이 필요하다. 나이를 부끄러워하지 않고 그들처럼 한심하지 않은 이들이 필요하다."[*] 우리는 인도주의 원칙, 윤리적인 태도, 대의를 지지하는 행동을 보여줄 수 있다. 잠재성에 대한 의식 수준을 높이고, 개개인이 가능성을 실현하도록 도울 수 있다.

삶에서 지혜, 인간애, 영성을 어느 정도 드러내느냐에 따라 젊은이들에게 멘시가 되도록 멘토링하는 롤 모델이 될 수 있다.

결점 없는 처신을 강조하기보다는 협조와 협력을 소통의 최우선으로 삼아야 한다. 남는 것을 쌓아두기보다 나누어야 한다.

[*] John Lahr, "Ustinov's Many Lives," *New York Times*, September 25, 1977, 266.

자기 이익과 공동선을 반대 개념이 아니라 상호 보완하고 보강하는 개념으로 봐야 한다.

현명하고 영적으로 처신하면 노후의 가능성을 보는 새로운 시각을 제공할 수 있다. 노년기의 삶이 변할 수 있다는 사실을 보여주고 단언할 수 있다. 사회 공동선에 기여할 뿐 아니라 지속적인 의미와 발전을 이룬다. 지금까지는 생각하지도, 상상하지도 못했던 새로운 가능성들을 시도할 수 있다. 이미 여기, 나와 타인들과 사회 안에 있는 자원들을 일깨워 움직이기만 하면 된다.

아버지가 서재에서 꿈꾼 세상

1995년에 돌아가신 뒤에도 아버지는 오랫동안 내 삶에 생생한 존재로 남아 있었다. 이 원고를 편집하면서 아버지의 존재감은 더 커졌고, 둘이 함께했던 특정 시기에 관심이 생겼다.

1989년 봄이었다. 나는 18개월 동안 아시아 배낭여행을 마치고 막 보스턴에 돌아온 참이었다. 서티베트 오지와 카일라스 산지 구간에서 히치하이킹을 했다. 연락할 수단이 없었기에 그 여행은 가족과 나 사이에 긴장을 유발했다. 심지어 아버지는 이 책 4장에 내 티베트 여행에 대한 두려움을 밝혔다.

아버지는 정신 건강을 강조하는 사회학자로, 브랜다이스 대학교 명예교수였다(아버지는 이 교수직을 "장점이라곤 없는 자리"라고 농담하곤 했다). 직업상 사회를 예리하게 주시하면서 노인층이 소외되고 열등감을 갖는다는 사실을 속상해했다. 고령자들이 무용지물이란 감정을 내재화해 조용히 비애감에 젖은 채 말년을 보낸다는 사실은 더 언짢아했다. 그래서 손을 뻗어 노년의 노을을 찬란히 빛나게 할 방법을 제시하겠노라 결심했다. 아버지는 이 책을 쓰기로 마음먹었다.

웨스트 뉴턴 언덕의 한적한 길에 있는 우리 집 앞에서 티베트의 먼지와 인도의 자갈을 털고 낡은 배낭을 내려놓을 즈음, 아버지는 이미 집필을 결정했다. 아이디어들의 윤곽을 잡고 글을 쓰면서 최초의 생각을 더 파고들었다. 그러니 내가 아시아 여행에서 돌아와 일본으로 떠나기 전 4개월이 아버지가 이 책을 가장 열정적으로 집필한 시기였던 것은 순전히 행운이었다. 나는 아버지와 어울려 지내면서 아버지의 견해에 관해 토론할 수 있었다. 일거리도 없고 신비로운 아시아에 가지도 않은, 내게는 독특한 시기였다. 당연히 아버지는 젊은이가 노화 관련 원고의 공명판이 된 걸 즐거워했다.

아버지는 사람들이 늙는 일을 반기도록 도울 책임을 느꼈다. 또 이 책을 강의와 치료 시간에 말한 개념들을 종합할 좋은 기회로 봤다. (아버지는 강의 외에 매사추세츠주 캠브리지에 공동 설립한 '그린하우스'라는 저가/무료 센터에서 상담치료를 했다.) 이 개념들은 '인간으로 남는' 방법부터 삶에 적극적으로 임하는 방법, 계속 배우는 방법, 공동체에 지속적으로 관여하는 방법, 관계를 유지하는 방법까지 다양했다.

1989년부터 1992년 사이 아버지는 집필에 집중했고 성과가 좋았다. 집필 뒤 루게릭병이 발병해 책에 신경을 못 썼던 것 같다.

내가 원고를 다시 발견했을 때 어머니는 이 책의 출간을 열렬히 지원했지만 엄격하기도 했다. 우리는 원고를 어떻게, 왜 편집해야 되는지를 두고 오래 논의했다. 내가 일본에 거주하면서 가끔 보스턴을 방문했기에 논의 과정이 길어졌다. 아버지는 감응력이 대단해서 때로 여러 아이디어를 한꺼번에 쏟아냈다. 모든 걸 포괄하기를 좋아해 때로 아이디어 목록이 감당할 수 없을 정도로 산만해지기도 했다. 반드시 편집해야 했다.

어머니는 완벽한 자격을 갖춘 도우미였다. 우리는 아버지가 첫 학술서인 『정신병원』_The Mental Hospital,_ 1954과 『간호사와 정신질환자』_The Nurse and the Mental Patient,_ 1956를 발표할 때 어머니가 어떻게 편집하고 교열했는지 자주 이야기했다. 부모님은 『정신질환자 치료에 대한 사회적 접근법』_Social Approaches to Mental Patient Care,_ 1964을 공동 저술하기도 했다.

『정신병원』은 아버지의 중대한 분기점이 된 책이다. 당시 저명한 정신과 의사였던 알프레드 H. 스탠턴과 공저한 논문집으로 환경, 의사와 간호사와 직원 간 관계, 그들의 특별한 관심이 정신병동 환자들에게 큰 영향을 미칠 수 있다는 점을 다뤘다.

이 책으로 아버지는 사회심리학과 사회학 분야의 권위자가 되어 브랜다이스 대학교 정교수 자리를 제안받았다. 이 글은 한 세대의 간호 인력에게 영향을 주었고, 간호 분야가 환자를 인도적인 관점으로 보게 했다. 나는 아버지가 두 번째 논문집

『간호사와 정신질환자』를 발표하기까지 오래 걸릴 줄 알았지만 그렇지 않았다. 2년 뒤 그 책은 정신의학계, 특히 간호사의 역할에 접근해 환자와 소통하는 방법에 큰 영향을 주었다.

어머니는 아버지가 학술서를 집필하는 데 중요한 역할을 맡았고, 독립적으로 연구해 다수의 글을 발표했다. 그리고 1968년부터 MIT 대학 정신의학 클리닉에서 근무하기 시작했다. 어머니는 유명한 정신과 의사인 머턴 카네와 여러 논문을 공동 집필하고 단독 집필하기도 했다. 그래서 아버지의 생각을 잘 아는 것은 물론 이 글의 편집과 관련해 전문적인 조언을 할 자격과 경험이 충분했다.

과정은 길었지만 즐거웠다. 1989년 서재에 계시던 아버지가 이 글이 마침내 발표된 사실을 알았다면 무척 기뻐했을 것이다. 아버지의 만트라를 기억하자. '인간다움을 유지하라!'

2021년 6월 매사추세츠주 브루클라인에서
롭 슈워츠

보살핌 공동체

나를 챙기면서 자기 이익만 추구하는 것으로는 부족하다. 나의 행복과 생존을 위해서라도 공동선과 집단 이익에 기여해야 한다. 사회가 무너지면 다양한 형태의 상처가 생기고 생존을 위협받는다.

최선의 인간이 되는 가장 좋은 방법은 보살핌 공동체의 설립, 참여, 유지에 기여하는 것이다.

보살핌 공동체는 거의 모든 사회적 맥락에서 만들 수 있다. 핵심은 상호 존중과 관심, 타인의 견해 존중, 공통의 관심과 목표 공유, 각기 집단 이익에 기여하는 일이다. 사람들은 보살핌 공동체에서 공통의 목표를 이루고, 집단과 개인 모두의 이익을 위해 일한다.

따라서 우리는 친구, 가족, 이웃, 지역 공동체와 보살핌 공동체를 만들 수 있다. 국제적으로 환경보호를 위해 활동하는 그린피스, 오듀본 협회(미국 야생조류 보호단체—옮긴이), 아프리카 야생보호재단에 가입해도 좋다. 이런 단체에서 세계적으로 활동하거나 내부적으로 보살핌 공동체를 가꿀 수 있다.

개인 활동 외에 뜻이 맞는 이들과 단체 행동에 참가해도 좋다. 나이에 상관없이 보살핌 공동체를 위해 변화를 일으키려는 사람들이면 된다. 개중 낫긴 해도 미국 사회의 도덕의식이 쇠퇴하고 있다고 본다면 사람들과 합세해 사회를 고치고 변화시키고 싶을 수 있다. 사회에 파괴적인 요소가 만연하니 건설적인 자세로 좀더 공정한 정치, 경제, 사회 질서와 지구 보존과 보호를 위해 일해야 한다. 국가가 제도적 역기능, 냉소주의, 불평등, 불의, 일상적인 왜곡, 진실 은폐, 편견, 이미 시작된 지구의 위기에 더는 미흡하게 대처하지 않도록 집단 지혜와 행동으로 힘을 발휘할 수 있다. 변화를 향한 집단행동으로 보살핌 공동체와 인류의 지속에 기여하고, 거대한 존재 사슬에서 긍정적인 고리 역할을 할 수 있다.

보살핌 공동체를 만들고 참여하는 방식은 다양하다. 조직화된 공동체에 가입하지 않았다면 자신과 사랑하는 이들을 위해 단체를 만들어도 된다. 보살핌과 후원의 조직망을 넓혀 우리가 원하는 보살핌과 사랑과 성장으로 이뤄진 삶을 가꿀 수도 있다.

여기서 다양한 문화권이 오래전부터 고령자 보살핌 공동체를 형성한 방식들을 일일이 다루지는 않을 것이다. 몇몇 공동체를 살펴 장기적으로 가능한 방식과 당장 가능한 방식을 들여다보자. 이 내용이 상상력을 자극해 여러분이 직접 보살핌 공동체를 만들고 싶어지면 좋겠다.

창의적인 은퇴 센터

◆

'창의적인 은퇴 센터'가 그런 공동체이다. 이름에서 드러나듯이 센터에서는 은퇴 연령의 성인들에게 기술과 능력을 사용할 기회를 제공한다. 노령자들이 자원봉사 활동을 하고 더 교육받고 다양한 관심사를 추구할 수 있도록 지원한다. 센터는 노인들의 기술들을 취합해 꼭 필요한 곳에 쓰이도록 배치한다. 규모가 비슷한 도시들에도 이런 공동체를 세울 수 있겠다.

다음은 『퍼레이드』 1991년 7월 14일 자에 실린 내용이다.

> 노스캐롤라이나주 애슈빌 주민들은 은퇴 후 소일거리를 걱정하지 않는다. 이곳에서는 나이를 장점으로 본다.
> 최근 노스캐롤라이나주 애슈빌에 가서 공동체의 리더 격인 시민 몇 명을 만났다. 캐롤린 로젠탈은 운영 중인 지역 독서 클럽들의 모임 중간에 내게 시간을 내주었다. 얼 히치콕은 자원봉사 프로그램을 운영하느라 바쁜 일과 중에 만나주었다. 물리 화학 실험실로

밥 에터를 찾아갔고, 도심 학교로 가서 멜 헤틀랜드와 이블린 스미스를 만났다. 밥과 페기 팅클러는 비교적 여유로웠다. 그들은 힘든 선거운동을 마치고 평소의 학생 생활로 돌아온 참이었다.

모두 애슈빌 토박이는 아니었다. 이들에게는 공통점이 별로 없었다. 무용수, 사업가, 기업 리서치 간부, 교육자, 보험 판매원, 여행사 직원까지 직업군이 다양했다. 전에 중서부의 북부 지역과 북동부 지역에 살던 이들도 있었다. 한 사람은 사이공과 부에노스아이레스에서 일했다. 모두 65세 즈음 커리어가 끝나기 시작했다. 나머지 세상은 이들을 은퇴자라고 불렀다.

애슈빌에서는 이들을 '리더'라고 부른다.

미국 인구의 13퍼센트(약 3200만 명)가 65세 이상이다. 정확한 통계 수치는 없지만 전문가들은 고령자 대부분이 건강하다고 본다. 미국인의 기대 수명은 성별, 인종, 다른 인구 요소들에 따라 다르지만 요즘은 많은 노인이 80대까지 생존한다. 이제 30년 뒤 베이비붐 세대가 은퇴 연령이 되면 미국의 고령자 숫자는 50퍼센트 증가하기 시작한다.

애슈빌 소재 노스캐롤라이나 주립대는 이런 통계 수치에 자극받아 창의적인 은퇴 센터를 설립했다. 센터장인 로널드 J. 만하이머는 이렇게 말한다. "최근까지 고령자에 대한 국가의 관심은 병약자, 취약 계층, 빈곤층에 집중되었습니다. 그 계층도 무척 중요합니다. 하지만 다른 노인들은 배제되었지요."

적당한 생활비, 온화한 기후, 블루릿지산맥의 절경 덕분에 애슈빌은 고령층의 주거지로 인기가 높다. 도시 인구 6만 2,000명 중 은퇴자가 1만 6,000명이다. 매년 창의적인 은퇴 센터 프로그램에 참여하는 사람이 1,500명이다.

센터에서 운영하는 학점 미취득 노인 대학에서 공부할 수도 있다. '세대 간 학습 시니어 아카데미'에서 젊은이들에게 지식을 전수하고, '리더십 애슈빌 시니어'를 통해 지역 내 학교, 병원, 교도소에서 봉사할 수 있다.

애슈빌에서 '은퇴자'들은 시골 주민을 위해 토론 모임을 운영한다. 병원, 도서관, 오케스트라의 재정 관리와 마케팅을 돕고, 대학생들에게 직업 상담을 해준다. 론 만하이머는 말한다. "재능이 많죠. 박식하고, 똑똑하고, 능력 있는 분들입니다. 미개발 자원이었던 셈이에요."

센터 프로그램에 참여하는 노인층은 자가에 거주하면서 일터나 캠퍼스 안팎 강의실에 다닌다. 일주일에 두 시간만 시, 물리학, 군축 관련 강의를 듣는 이들도 있다. 일부는 주중 거의 매일 센터가 후원하는 프로젝트에 참가한다. 67세인 밥 틴클러는 이렇게 말했다. "이 주변에서 활력을 잃고 빈둥대는 사람은 별로 없습니다."

72세의 얼 히치콕은 나와 만났을 때 빈둥대지 않았다. 그는 잔뜩 쌓인 서류 더미를 가리키면서 명랑하게 말했다. "할 일이 태산이네요." 몇 해 전 히치콕은 뉴저지의 사업가였다. 요즘 애슈빌 지역의 공립학교 자원봉사자 80명을 관리한다. 히치콕은 말했다. "은퇴할 때는 딱히 하고 싶은 일이 없었습니다. 테니스를 치고 싶은 건 알았고 그건 계속합니다. 하지만 우리 부부는 '유나이티드 웨이' '컵 스카우트' 가족 상담 서비스 등 늘 공동체에서 활동적이었고 계속 그렇게 지내고 싶었죠."

히치콕은 리더십 애슈빌 시니어의 7주짜리 프로그램을 이수했다. 여기서 정치, 교육, 자선 관련 리더들은 참가자들에게 공동체에 필요한 사항을 가르쳤다. "마약 중독, 학업 중단자, 흔한 도시 문제들에 대해 배웠습니다. 이런 문제가 모두 교육과 관련 있다고 느꼈죠."

히치콕과 수강생들은 지역 학교장들과 협력해 개인 지도나 치료 도움이나 대화할 어른이 필요한 학생들과 연결되었다. 한 자원봉사자는 1년 사이 보호 가정을 네 군데 전전한 어린 소녀를 지도했다. 스웨터를 떠주고 읽기를 가르치고 고민을 들어주었다. 다른 봉사자는 수학 과목에서 낙제한 중학생을 지도했고, 아이는 수학 시험에서 85점을 받았다. 히치콕은 말했다. "취학 자녀가 없으니 노인들이 학교에 무관심할 것 같죠? 하지만 우리 중 그런 사람은 없었습니다."

센터에서는 70세인 멜 헤틀랜드에게 좋아하는 업무를 하면서 공동체에 봉사할 특별한 일을 제안했다. 그는 애슈빌의 위험 지역에 있는 랜돌프 초등학교에서 봉사한다. 매주 한 번 1학년과 3학년 학생들에게 읽기를 가르치고, 5학년생들을 위해 과학 실험을 준비한다. "교육 과정 장학사와 교육학 교수로 일할 때 얻은 풍부한 경험으로 교사의 교수법 개발을 돕는 게 큰 보람입니다."

애슈빌 소재 노스캐롤라이나 대학교 실험실에서 존 스티븐스 교수와 학생들은 뫼스바우어 효과(과학자들이 물질의 구조를 연구하는 데 사용하는 핵기술)에 관해 연구 중이다. 스티븐스는 오래전부터 적극적인 학부생 수백 명을 연구에 투입했다. 지난여름부터는 학부생들을 센터 회원들과 한 조로 짝지었다. 그는 "20년 연구하면서 가장 큰 결실을 거둔 학기"라고 평했다.

58세인 밥 에터와 21세인 테리 스팽글러는 눈에 띄게 파트너십을 발휘했다. 화학박사인 밥은 2년 전 존슨스 왁스의 연구 부문 부사장으로 은퇴했다. 테리는 노스캐롤라이나 대학교 3학년 학생이다. 밥은 이렇게 말했다. "은퇴하면 봉사하리라 생각했습니다. 자원봉사를 많이 합니다. 하지만 과학 경력을 활용할 수 있는 봉사활동은 이게 유일합니다." 밥과 테리는 같이 공부하면서 특수 장비에 대해 열심히 분석한다.

프로그램의 학부생들은 처음에는 은퇴 과학자들이 지켜보는 게 부담되었다고 인정한다. 하지만 이제 테리는 프로그램을 극찬하면서 "은퇴하면 저도 이런 일을 하고 싶어요"라고 말한다.

과학자나 사업가 리더가 아니어도 센터에서 도움을 받는다. 한 노인 대학 수강생이 말했다. "최우수 수강생들 중에는 고졸자들이 있어요." 67세인 캐롤린 로젠탈은 뉴욕시와 워싱턴 D. C.에서 사서로 근무했고, 애슈빌 인근 시골에서 성인 독서 모임을 시작했다. 그녀는 이런 말을 해주었다. "처음에는 누구나 독서 모임을 할 수 있다고 설득해야 했어요. 이제 많은 사람이 노인 대학 강좌에 참가합니다."

오늘날 '노스캐롤라이나 창의적 은퇴 센터'는 독특한 시설이지만

론 만하이머는 전국에 창의적 은퇴 센터가 생길 수 있다고 믿는다. 센터는 대학교와 재단 보조금, 학생들 수강료로 충당한 35만 달러라는 비교적 적은 비용으로 운영된다. "헌신적인 이들이 있으면 프로그램들을 반복해서 시행할 수 있습니다"라고 만하이머는 말한다. 이미 은퇴 공동체들과 정부 담당자들이 센터를 견학했다. 백악관은 이것을 부시 대통령의 '빛의 1000포인트'라고 불렀다. 만하이머는 창의적 은퇴 센터가 모든 사람에게 필요한 시설은 아니라고 인정한다. 정원에서 시간 보내기, 골프, 손주 방문으로도 풍요롭고 행복한 은퇴 생활을 만끽하는 이들도 있다. 하지만 은퇴자라면 이 센터의 철학에서 중요한 교훈을 얻는다. 얼 히치콕의 표현대로 "은퇴해서 뭘 할지 생각나지 않는다면 상상력이 부족한 것"이다.[*]

핀드혼 가든

◆

스코틀랜드에 있는 핀드혼 가든은 열두 개국 이상에서 온 300여 명이 모인, 짜임새 있는 영성 공동체이다. '창의적 은퇴 센터'와 달리 영아부터 80대까지, 공통의 목적을 지닌 전 연령대가 모여 있다. 구성원들은 여러 농장에 헌신하며 영적인 삶과 농장을 같이 가꾼다. 방문하면 누구나 변화해서 떠난다. 스스로, 서

---

[*] Michael Ryan, "Here, They See Age as an Asset," *Parade*, July 14, 1991, 4-5.

로서로, 지구를 치유하는 것이 이들이 일하는 동력이다. 농장들이 증거라면 이들은 옳은 일을 하고 있다.

『마더 어스 뉴스』(미국에서 발행되는 격월간지—옮긴이)는 다음과 같이 덧붙인다.

3개월 과정인 원예 학교에서도 배움의 환경을 제공하려 애쓴다. 이곳에서 구성원들은 먹거리, 꽃, 무엇보다 자신을 가꾼다. 아일린의 내면의 소리가 지적했듯 사람이 먼저이다. (핀드혼 가든은 피터 캐드, 아일린 캐시, 도로시 매틀린 등이 영성이 풍부한 자연친화적 삶을 위해 핀드혼의 척박한 땅을 농장으로 바꾸면서 꾸린 공동체이다. 아일린은 내면에서 조언하는 목소리에 따라 살았다—옮긴이)

사랑과 포용을 바라는 내면보다는 경제, '직장', 물질 소유, 정치력, '옳은 일'을 중시하는 세상에서 이 단순하고 건전한 태도는 놀랄 만치 신선하다.

외형적으로 공동체는 카라반 파크(이동용 주택이 주차하는 단지—옮긴이)의 절반, 방갈로 여러 채, 영주의 저택 두 채, 저택 한 채(15에이커의 부지), 옛 철도역, 헤브러디즈 제도(스코틀랜드 서쪽 500개의 섬으로 이루어진 군도—옮긴이) 에랄드섬의 관리권을 보유하고 있으며, 1975년 (에일린 내면의 목소리가 오래전 예상했듯) 핀드혼 재단은 '클루니 힐 호텔'(현재 '클루니 힐 칼리지')을 매입해 연간 5,000명의 방문자가 참여하는 교육 프로그램을 실시한다.

주민의 거주 기간은 평균 3년이지만 공동체는 세상에 이식될 신개념 사회와 문명의 온상을 자처한다. 아일린, 피터, 도로시도 거기 살지 않는다. 이미 1971년 아일린은 주민들이 그녀에게 과하게 의존한다는 내면의 소리를 들었다. 그녀가 마지막으로 공동체에 전한 메시지는 "내면으로 들어가 스스로 길을 찾으세요"였다. 도로시는 1973년 고국 캐나다로 떠나, 그곳에서 '로란 협회' 설립을 도왔다.

현재 (핀드혼의 키워드는 변화이지만) 운영 기구는 관리부, 교육부, '집약자들과 공동체'Focalizer and Community이다. '집약자'는 37개 부서의 관리자들로, 담당 부문에서 에너지를 '물이 깔때기를 통과하듯' 집약(지시가 아니라)시킨다고 말한다. 모두의 에너지를 적절히 흐르게 하는 주요 도구는 '조율'이다. 부서원들이 잠깐 (중요한 문제나 이견이 생기면 더 오래) 손을 잡고 눈을 감고, 집단의 '어우러짐'과 당면 과제를 경험한다.

이 방법의 효과는 다양한 방식으로 드러난다. 격월간 잡지 『원』One 과 핀드혼 출판과 시청각센터가 제작하는 도서와 테이프에서, 건물에 드는 투명하게 빛나는 햇빛에서, 다채롭고 맛 좋은 건강식에서, 통신 센터가 세계 공동체들이나 사건들과 연결하는 '네트워킹'에서, 손님들을 편히 대하는 방문객 집약자들의 열린 마음에서.

또 인상적인 것은 미소와 아이처럼 빛나는 눈, 공동체에 퍼지는 새소리 같은 웃음소리이다. 최소화한 신조와 규칙, 지구와 생물들과 관계 맺는 새롭고 오랜 방식들의 탐구, 전형적인 뉴에이지의 답답함과 허튼소리를 찌르는 유머. 이 중 단연 최고는 대화로, 우리가 평소 얼마나 피상적으로 소통했는지 일깨운다.

유토피아는 아니지만 핀드혼은 즐겁게 집단적 지지를 받으며 개인의 특성을 펼치는 역동적인 곳이다.*

노인 대학교

◆

중국은 고령자들을 존경하는 오랜 전통을 지닌 나라이다. 노인 대학교는 고령자들이 다시 학교에 가서 정규 교육뿐 아니라 평생 잠자던 재능을 개발하게 한다. 또 동기가 부여된 다른 노인들과 함께한다. 아래는 『뉴욕 타임스』에 실린 기사이다.

102세에 동년배들과 학교에 다니다

치엔 리쿤은 모범적인 대학생이다. 근면한 학생이자 운동선수로, 도보 경주에 나가고 학습 성적이 우수하며, 여학생의 미니스커트에 한눈 팔지 않는다.

치엔 씨의 나이는 보통 대학생의 다섯 배이다. 여느 학생들은 1900년 의화단 운동(산둥, 화북 지방에서 의화단이 일으킨 외세 배척

---

* "Findhorn Foundation: A Bright Light in a Dark World," *Mother Earth News*, published September 1, 1981, https://www. motherearthnews.com/sustainable-living/nature-andenvironment/findhorn-foundation-zmaz81sozraw/

운동―옮긴이)과 1911년 청 왕조의 몰락을 공부하지만 102세인 천 씨는 그럴 필요가 없다. 모두 기억하기 때문이다.

치엔 씨가 공부하는 노인 대학교는 양쯔강 연안 주요 도시인 우한에 있다. 재학생 수는 8,000명이다. 지난 8년간 중국에서 노년층을 위한 네트워크가 형성되었고, 그 일환으로 5년 전 이 대학교가 설립되었다.

중국은 전통적으로 노인을 공경하고, 노인들을 위해 개발도상국치고 무척 인상적인 국가 프로그램을 운영한다. 일부 중국 마을에는 자녀에게 의존할 수 없는 고령자들이 사는 '노인의 집'이 있으며, 대부분 도시에서 은퇴자를 위한 체력 단련, 오락, 교육 프로그램을 운영한다.

미국에 묻다

중국인들은 왜 가족들이 부모를 시설에 보내는지, 왜 그렇게 부유한 나라가 고령층을 위한 일을 더 하지 않는지 미국인들에게 자주 묻는다. 이 질문에는 비난도 약간 깔려 있지만 불효를 의아해하는 궁금증이 주이다.

우한 노인 대학교 루 지안에 부총장은 이렇게 말한다. "우리는 노인들이 가족과 사회의 의존도를 줄이도록 자립을 돕고 싶습니다. 또 사회 기여도를 높이고 미술, 서예, 심지어 안마 같은 취미를 개발해 노후를 즐기도록 돕고 싶습니다."

이 대학은 학기당 5달러 미만의 수업료를 받고 123개 과목을 제공한다. 그림, 디스코 댄스, 서예, 브리지 게임, 영어, 문학, 노인 건강 관리 강좌가 포함된다.

의자 옆 지팡이

우한 시민 대부분은 글을 읽을 수 있지만 대학은 몇 군데 지역에서 읽기와 쓰기 강좌를 연다. 주로 무학 여성 노인들이 수강한다. 중국 인구 11억 명 중 은퇴 연령을 넘긴 인구는 1억 1500만 명, 그중 남성이 6000만 명, 여성이 5500만 명이다. 앞으로 몇십 년간 베이비붐 세대가 늙고 가족계획 정책으로 젊은 인구가 감소하면 노령 인구 비율은 급격히 증가할 것이다.

최근 우한 노인 대학교를 방문하니 강의실마다 활기찬 학생들이 가득했다. 의자 옆에 지팡이를 두고 열심히 서로의 그림을 평하고, 기본 영어 구문을 외우고, 고시古詩를 분석했다. 직업 가수생활을 하다 최근 은퇴한 56세 여성 얀 빈은 "우린 치매에 걸리고 싶지 않아요"라고 말했다. 그녀는 세 사람과 테이블에 둘러앉아 브리지 게임을 했다. 덩샤오핑을 비롯해 많은 중국 노인에게 사랑받는 카드 게임이다.

은퇴한 의사인 은발의 64세 여성 무 요우킹은 말했다. "전에는 브리지를 안 배웠어요. 하지만 교양 있고 세련된 게임이고 중국에서 긴 역사를 자랑하죠."(카드놀이는 중국에서 시작되어 서양에 전해졌다고 한다—옮긴이)

뇌 활성화

브리지 멤버 4인 중 막내인 56세 샤오 칸푸는 호리호리한 남성이다. 조기 은퇴한 그가 거들었다. "건강을 챙기고 뇌를 활성화시키고 싶습니다."

중국 고령층 대부분은 자녀와 거주하며, 손주들을 돌보는 경우도 많다. 노인 대학교는 수강생들의 자녀는 직장에, 손주는 학교에 있는 아침나절과 이른 오후에 강좌를 연다.

그 외에 외출하기 어려운 노인들을 위해 대학은 도시 인근 주거지 열세 군데에 분교를 세웠다. 운영비는 수업료와 지자체 보조금에 의존한다. 교수진은 인근 대학교 교원들로, 소액의 강의료를 받고 기꺼이 출강한다.

"강의 수준은 보통 대학교처럼 높지 않고, 젊은 학생들의 수업처럼 깊이 들어가지 않습니다." 조우 우가 말했다. 그는 중학교 교사로, 노인 대학교 분교에서 중국 문학을 강의한다. "하지만 노인들은 다양한 경험과 뜨거운 열정을 안고 수강하기 때문에 중학생들을 가르칠 때보다 훨씬 재미있을 때가 많죠."

"유쾌한 달리기"

조우 씨 강좌의 가장 근면한 수강생은 102세 치엔 씨이다. 농업 조사관으로 은퇴한 그는 매번 성실하게 수업을 준비하고 때로 자기 관점을 제시한다.

어느 날 조우 선생이 칠판에 적힌 시를 분석하자 치엔 씨가 말했다. "이 시는 당나라 수준으로는 그리 대단치 않군요. 하지만 오늘 배운 시들보다는 낫습니다."

치엔 씨는 혼자 걸어서 강의에 오고, 대부분 수업을 따라갈 만큼 잘 보고 듣는다. 첫 수강 과목은 노인층을 위한 건강 관리였는데, 아내와 딸을 보살피는 데 유용했다고 한다. 그의 부인은 몇 달 전 100세 나이로 세상을 떠났고, 81세 딸은 건강이 악화되고 있다.

올봄 대학이 '유쾌한 달리기'(fun run, 편한 속도로 원하는 거리만큼 즐겁게 뛰는 대회—옮긴이) 대회를 열자 노인 300명이 약 3.5킬로미터를 완주했다. 그중 치엔 씨도 있었는데 대학 직원은 그가 달리기보다 절면서 걸었다고 말한다.

중국 시 애호가인 치엔 씨에게 몇 구절 읊어달라고 청하자 그는 주저하지 않았다. 그가 중국 고시를 암송하자 강의실에 고요가 내려앉았다.

오늘 아침 구름은 희미하고
바람은 가볍네.
나는 연못을 지나면서 꽃과
버드나무를 보네.
행인들은 내 마음속 기쁨을 알지 못하네.
나는 뛰노는 아이 같네.*

* Nicholas D. Kristof, "At 102, He's Back in School, With So Many Like Him," *New York Times*, December 6, 1990, A4.

인간, 언제나 인간

♦

마지막 예는 앞선 보살핌 공동체들과 확연히 다르다. 한 사람이 평생을 통해 혼자 힘으로 만든, 완전히 비조직적인 보살핌 공동체이다. 많은 이가 이처럼 지지하고 서로 풍요롭게 하는 네트워크를 만든다. 누구나 사적인 인적 네트워크와 인간관계를 강화할 수 있다. 데이비드는 스스로 보살피는 것 못지않게 타인에게 관대해, 감탄스럽고 모범적인 보살핌 공동체를 가졌다.

86세인 데이비드는 정말 예사롭지 않은 인물이다. 하지만 보통 사람들, 특히 여성들도 비슷한 유형의 보살핌 공동체를 만든다. 데이비드의 '선행'은 자연스럽고 우발적인, 계산하지 않은 행동이다. 타인들에게 베풀고 귀하게 대접한다. 자연스러운 처신이지만 그가 선행하고 친절을 베풀고 싶어 한다는 점에서 의도적이기도 하다.

데이비드는 40년 이상 지역 공동체를 위해 일했다. 임대료 규제, 지역 학교들의 과밀 해소 같은 대의를 위해 열심히 활동했다. 또 오랜 세월 풀뿌리 조직화에도 힘썼다.

그에게는 개인적이지 않은 만남도 사적인 관계로 바꾸는 재주가 있다. 거리에서 노동자를 보면 그냥 지나치지 않는다. 곧 친근하게 말을 걸고 진중하고 따뜻한 목소리로 묻는다. "어디서 왔나요? 왜 이 일을 합니까? 일이 마음에 드나요? 일한 지 얼마나 되는지요?" 몇 분 안에 두 사람은 이방인이 아니라 서로 존중하는 상대로서 대화한다. 둘 사이에 좋은 느낌이 오가고, 이 감정은 자신과 상대를 푸근하게 한다. 마찬가지로 데이비드는 국내외에서 기차 여행을 할 때도 옆자리 승객과 대화를 시도한다. 여행이 끝날 무렵 둘은 친구가 되고, 평생 우정으로 이어지기도 한다. 심지어 서로 집을 오가기도 한다.

데이비드는 가정부와 단짝 친구로 지낸다. 학생들과도 마찬가지이다. 긴 세월 많은 사람과 친구가 되었고 계속 활발하게 연락을 주고받는다. 개인이나 커플들을 집에 들여 위층 아파트를 무료로 제공한다. 오래전 머물다 떠난 어떤 사람은 데이비드가 심한 사고를 당해 꼼짝 못 하자 독일에서 날아와 곁을 지켰다. 그는 몇 주 같이 지내다 떠날 때가 되자 필요하면 퇴직하겠다고 데이비드에게 말했다. 데이비드는 친구들에게서 이런 사랑과 헌신을 끌어낸다. 또 위층 아파트에 사는 젊은 커플은 곧 자식처럼 되었고, 그는 그들에게 아버지가 되어주었다. 커플은 데이비드를 사랑하는 마음으로 매일같이 살뜰히 보살폈다.

데이비드는 타인들에게 마음을 쏟고, 그들도 마찬가지이다. 서로 마음을 연다. 그는 사람들을 챙겨주고 따뜻하고 다정하게 대하고, 그들도 보답한다. 100명 넘는 이와 계속 연락하면서 우정을 이어간다. 안부를 전하고 방문을 청하고, 사람들이 전화하거나 찾아오면 반기며 고마워한다. 사람들은 그의 진중하고 부드러운 태도에 끌린다. 가식 없는 진정한 관심을 경험하기 때문이다. 같이 있으면 주눅 들지 않고 중요한 사람이 된 기분이

든다. 데이비드가 상대를 동료 인간으로 존중한다는 게 핵심이다. 어떤 관계도 피상적이지 않고, 즉흥적으로 베푼다. 그는 지역 사회와 외국에 사는 친구들로 보살핌 공동체를 만들었다. 사방에 흩어진 공동체의 중심에 데이비드가 있다.

친구들 외에 형제자매와 조카들도 있다. 특히 조카 한 명은 늘 곁에서 도우면서 데이비드를 챙긴다.

인터뷰 중 젊은이들에게 주는 조언을 부탁하니 데이비드는 이렇게 답했다. "마음을 따르고 경험에서 배우세요." 그는 이 깊은 인간관계들을 어떻게 설명할까? "모든 사람과 공통의 인간애를 나눈다고 믿습니다. 난 우쭐대지 않고 남보다 우월하다고 보지 않아요. 속물근성을 싫어합니다." 그는 타인에게 무비판적인 태도를 취하고, 그게 남을 이해하는 데 도움이 된다고 설명했다. 극복해야 할 힘든 경험을 많이 했기에 남을 돕고 싶어 한다. 그래서 살면서 겪는 일들과 인간의 조건이기에 견디는 고통에 깊이 연민을 느낀다. 데이비드는 말한다. "항상 피해자들이 측은합니다. 난 호기심이 많고 사람과 사연에 끌립니다. 다들 외로움을 타고 자기 확신이 부족해 보입니다. 동시에 단점을 벌충할 특징들이 있으니 끌어내야죠. 어릴 적 자신감이 없었던 경험에서 나온 생각입니다. 난 불안정했어요. 그게 동병상련을 일으킵니다. 능력이 되면 다른 사람들이 부족함을 메우도록 도울 책임이 있어요. 좋은 이들과의 인연에서 즐거움을 얻으려면 대가를 치러야죠. 난 사람들과 있는 게 좋아요. 환심을 사려는 의도인지 의심스러울 때도 있지만요. 살수록 내가 행운아인 걸 절감하니 행운을 나눠야겠죠. 나이 먹을수록 타인의 고초가 잘 보입니다. 측은지심이 더 커집니다. 아직도 강한 감정이 느껴지다니 놀랍죠."

데이비드는 말을 이었다. "난 사람들에게 기대고, 지속적으로 관심을 쏟아 그들도 내게 기대게 합니다." 그는 늘 어떻게 도움이 될 수 있을지 자문한다. 예를 들어 외국 유학생이 거처가 필요하다는 말을 들으면 집을 제공한다. 며칠일 수도 있고 몇 달인 경우도 있다. 데이비드는 이렇게 설명한다. "그저 사람들이 좋아요. 그들의 고충이 안타깝습니다. 뭔가 해주는 게 좋습니다. 비위를 맞추려는 속셈도 있을 것 같네요. 결국 사람들이 나를 사랑하고 계속 연락하거든요. 아버지와 다른 사람이 되고 싶어서겠죠. 돈이 인생의 중심인 사람이었어요. 하지만 난 어머니를 닮았죠. 친절하고, 상냥하고, 이해심 많고 견실한 분이었어요. (젊을 때는) 나 스스로 착하거나 정다운 사람이 아니라고 느끼곤 했어요. 벌충하려고 과잉 반응하는 걸지도 모르겠습니다."

자신을 어떻게 보는지 말해달라고 조르자 데이비드는 말했다. "따로 시간 내서 자기 평가를 하진 않아요. 스스로 괜찮은 사람, 품위 있고, 너그럽고, 박식하고, 성급하고, 자제심이 부족하고, 응석받이라고 생각합니다. 하지만 내 가치를 부풀려 보진 않아요." 또 자신을 멘시로 생각한다고 털어놓았다. 그가 정의하는 멘시는 사람들에게 다가갈 능력을 가진 사람이다. 30대에

317

결혼하면서 그럴 수 있었다. 데이비드는 말한다. "멘시는 내 이상인 정직, 품위, 좋은 관계를 유지하며, 거짓 없고, 탐욕스런 돼지가 되지 않는 것을 뜻합니다. 하지만 내가 위선자가 될 잠재성이 있다고 봅니다. 하면 안 되는 일을 하고 싶은 유혹을 느끼거든요. 그러다 용납되지 않고 비난받을 일을 하는 건 유치하다는 걸 깨닫지요. 그래서 대개는 윤리적으로 선을 잘 지킵니다."

한마디로 진정한 인간 사랑과 관심이 삶을 향상시킬 수준까지 그의 인맥을 넓혔다.

다양한 보살핌 공동체 유형 중 네 가지를 살폈다. 네 유형은 서로 다르다. 체계가 잡힌 공동체가 있는가 하면 유기적으로 변하는 공동체도 있다. 철학이나 대의를 공유하는 공동체가 있고, 학습이나 타인들과 나누려는 공통의 욕구로 모인 공동체도 있다. 진정한 보살핌 공동체는 나름의 방식으로 구성원들에게 의미 있고 연결된 느낌을 준다. 물론 삶이 준 것을 돌려줄 길도 열어준다. 온 세상이 서로 보살피는 공동체로 이뤄진다면 얼마나 경이롭게 인간애를 실현할지 상상만 해도 가슴이 벅차다.

옮긴이의 말

25년 전쯤 처음 모리 교수를, 정확히는 그의 이야기를 다룬『모리와 함께한 화요일』의 원고를 만난 기억은 여전히 생생하다. 출판사에서 영문 원서를 받아 돌아오는 지하철에서 원고를 검토하기 시작했다. 그저 쭉 훑어보려고 읽기 시작했는데 곧 독자가 되어 글에 빠졌다. 루게릭병으로 몸을 움직이지 못하지만 정신만큼은 총총하고 삶에 관대한 모리 교수, 그가 들려주는 제대로 사는 삶에 대한 이야기는 긴 인생을 앞에 둔 내게 큰 각성과 위로를 주었다. 원고를 다 읽었을 때는 모리와 직접 만난 기분에 휩싸였다. 나 나름대로 인생을 잘 살아보고 싶어졌다.

세월이 흘러 모리의 유고집 출간 소식과 함께 원고가 내게 왔다. 삶의 다리를 절반 넘게 지나 다시 만난 것 같았다. 그사이 번역 작가로서도, 개인적으로도 많은 일이 있었다. 깊은 사랑을 주시던 아버지가 71세에 암으로 세상을 떠나셨고, 내가 일하면서 아이를 키우고 살림을 꾸릴 수 있게 큰 도움을 주던 어머니는 81세 때 알츠하이머 진단을 받아 하루아침에 환자가 되시더니 고관절 수술을 받은 뒤로 거동은 물론 24시간 도움이 필요한 상황이다. 『모리와 함께한 화요일』을 작업할 때 네 살이었던 딸아이가 혼인해 제 가정을 이루는 기쁜 일도 있었다. 하지만 번역 작업 외에도 챙기고 신경 쓸 일들이 늘었고, 늘 가슴을 짓누르는 염려와 부담 때문에 '젊지도 늙지도 않은' 시점에 끝이 안 보이는 터널에 갇힌 느낌을 자주 맛본다. 삶의 끝자락에서 쇠약해져 간병에 의존해야 되는 어머니가 걱정이지만, 한편으로 그 모습이 나와 남편의 미래일 것 같아서 불안하고 괴롭다. 또 몇 년 뒤 남편의 은퇴를 앞두었기에 평균적으로 기나긴 노후를 어떻게 보내야 될지도 몹시 염려된다.

미치 앨봄이 쓴 『모리와 함께한 화요일』은 모리가 루게릭병 투병 중이던 시절의 이야기이고, 병나기 전 모리는 사회심리학자로 강의와 상담을 병행하면서 노년층의 삶에 초점을 맞춰 연구 조사를 진행하며 원고를 집필했다. 하지만 책으로 발표하지 못하고 루게릭병을 진단받았고, 투병하다가 세상을 떠났다. 한참 지나서야 원고는 집필 과정을 지켜봤던 아들 롭의 편집을 거쳐 『이토록 멋진 인생이라니』로 세상에 나오게 되었다.

이 책은 노화를 전방위적으로 다룬다. 노인이라는 정체성, 노화의 문제, 노년의 심리, 노년층을 바라보는 사회와 노인 자신들의 시각, 노화의 과정과 삶을 건강하게 영위할 수 있는 구체적인 방법 등을 알기 쉽게 설명하고, 내용과 관련된 실존 인물들의 인터뷰를 실었다. 일반적으로 노년층이 처하는 여러 상황의 인물들이 자신의 목소리로 상황과 감정을 솔직하게 들려준다. 놀랍도록 적극적으로 사는 노인들도 있고 늙는 것을 수동적으로 받아들이는 노인들도 있다. 미국 노년층을 주로 다루지만 중국의 노인들이 늙어가는 풍경도 스케치하고 서로 다른 문화 속에서의 노화를 보여준다. 다양한 사례를 하나로 엮은 것은 모리 교수가 늙음을 삶의 능동적인 과정의 일부로 본다는 점이다. 죽기를 기다리는 사회의 잉여인간이 아니라 인생의 여정을 지나는 순례자이자 존엄한 인간으로 노인을 바라보는 관점이 가치 있는 것은, 투병 중 모리 자신이 보여준 삶의 태도가 글에서 주장한 내용 그대로였기 때문이다.

노인이 본 노년의 풍경. 이 글을 통해 인간 누구나 겪을 그 시기를 풍요롭고 아름답게 보내도록 패러다임을 바꿔보고자 한 모리의 열망이, 사람들을 향해 그가 내는 목소리가 고스란히 전해진다. 이 글을 번역하면서 다시 한 번 모리 교수의 제자이자 독자가 되어, 내가 '터널'로 느끼는 이 시공간을 힘내어 지내보자고 마음먹었다. 늙어가는 일에 관심 있거나 그것이 자기 앞을 가로막고 있다고 느낀다면, 연로한 부모님을 보면서 마음을 앓는다면, 노년으로 살아갈 나날이 암울하게 느껴진다면 모리가 나누고 싶었던 지혜에 마음을 풀어놓아도 좋겠다.

많은 이가 노화를 젊음과 반대되는, 피하거나 없애야 할 대상으로 생각한다. 하지만 여러 연구에 따르면 노년을 부정적으로 여기는 사람일수록 동년배에 비해 수명이 짧거나 노화 속도가 빠를 가능성이 많다. 노화를 거부하며 '항노화'의 비법을 열심히 찾아다닐수록 멋진 노년에서 멀어진다. 반대로 나이 듦을 균형 있게 바라보며 삶에 적극적으로 뛰어든다면 노년기는 청년기보다 더욱 충만할 수 있다. 이 책은 노년을 반가이 즐기기 위한 최고의 지침서이다.

— 서울아산병원 노년내과 교수 정희원

이 책은 나무옆의자와 모먼트오브임팩트가 협업한 '출판 기획 프로젝트'입니다.

모먼트오브임팩트는 '울림이 있는 순간'이라는 뜻으로, 그 순간이 주는 힘을 세상에 전하는 미디어 콘텐츠 회사입니다. 업계 최고의 기획자를 주축으로 한 'ONE TEAM'이 원고 기획부터 집필, 출판사 선정과 저작권 관리까지 최적의 결과물을 작가와 함께 만들어갑니다.

비즈니스 문의는 info@impacter.asia로 연락 주시기 바랍니다

옮긴이 공경희

서울대학교 영어영문학과를 졸업하고 성균관대학교 번역대학원 겸임교수를 역임했으며 서울여자대학교 영어영문학과 대학원에서 강의했다. 현재는 전문 번역가로 활동하고 있다. 『모리와 함께한 화요일』 『자기만의 방』 『봄에 나는 없었다』 『벨 자』 『파이 이야기』 『낭만적 은둔의 역사』 『포르투갈의 높은 산』 『길가메시 서사시』 『갈매기의 꿈』 『우리는 사랑일까』 『스틸 미』 외 여러 책을 우리말로 옮겼으며, 북 에세이 『아직도 서기, 머물다』를 지었다.

이토록 멋진 인생이라니

모리가 화요일에 다하지 못한 마지막 이야기

초판 1쇄 발행 2023년 11월 24일
초판 3쇄 발행 2024년 1월 3일

지은이 모리 슈워츠
옮긴이 공경희
펴낸이 이수철
주간 하지순
책임편집 모먼트오브임팩트 **디자인** 최효정
마케팅 오세미, 전강산 **영상콘텐츠기획** 김남규 **관리** 전수연

펴낸곳 나무옆의자
출판등록 제396-2013-000037호
주소 (10449) 경기도 고양시 일산동구 호수로 358-39 동문타워1차 703호
전화 02) 790-6630 **팩스** 02) 718-5752
전자우편 namubench9@naver.com
페이스북 www.facebook.com/namubench9
인스타그램 @namu_bench

ISBN 979-11-6157-157-7 03100